CB034088

RICARDO VIVEIROS

O Filho da Dona Anna

A VIDA DE RINO FERRARI, UM CONSTRUTOR DE SONHOS.

Editora
Cultrix
SÃO PAULO

2008

OBRAS DO MESMO AUTOR

Poesia

Tempo de Amor e Guerra (6ª edição)
Canto (quase) Sem Desencanto
Nas Asas do Vento (2ª edição)
Doces Beijos Amargos (3ª edição)
Por você, Por Mim, Por Amor

Arte

Da Arte do Brasil (2ª edição)

História

Vinhedo, o Principado dos Paisanos (3ª edição)
Santana de Parnaíba, a Vila que Descobriu o Brasil
Alphaville – O sonho, o tempo, o sucesso
Abigraf, 40 anos

Biografia

Edmundo Castilho – Ética e Solidarismo na Saúde
Conceição Cipolatti – Mamãe Noel Existe

Didático

O Signo da Verdade (com Marco Antonio Eid)

Infantil

O Poeta e o Passarinho

Crônicas

Sem Censura

A Editora Cultrix e o grupo Meio & Mensagem se uniram para publicar o que há de melhor e mais destacado na área de business. Trata-se de livros dirigidos a profissionais de comunicação e marketing, assim como a executivos e estudantes de visão, que sabem da importância de se conhecer novos caminhos no mundo dos negócios e conquistar a excelência pessoal e profissional.
Extremamente criativas e inovadoras, essas obras apresentam ao leitor os desafios e oportunidades do campo empresarial, na ótica de seus maiores líderes. Alguns dos nossos autores dirigem seu próprio negócio e outros chegaram ao ponto mais alto de suas carreiras em grandes multinacionais. Mas todos, sem exceção contam o que aprenderam em sua jornada profissional, levados pelo simples desejo de dividir com o leitor a sabedoria e experiência que adquiriram.
Esperamos que você, leitor, ciente de que vive num mundo cada vez mais exigente, ache essas obras tão inspiradoras e úteis quanto nós, da Editora Cultrix e do grupo Meio & Mensagem.

Editora
Cultrix
SÃO PAULO

meio&mensagem

Direitos reservados
EDITORA PENSAMENTO-CULTRIX LTDA.
Rua Dr. Mário Vicente, 368 – 04270-000 – São Paulo
Fone: 6166-9000 – Fax: 6166-9008
E-mail: pensamento@cultrix.com.br
www.pensamento-cultrix.com.br

O Filho da Dona Anna

A VIDA DE RINO FERRARI, UM CONSTRUTOR DE SONHOS.

O filho da Dona Anna

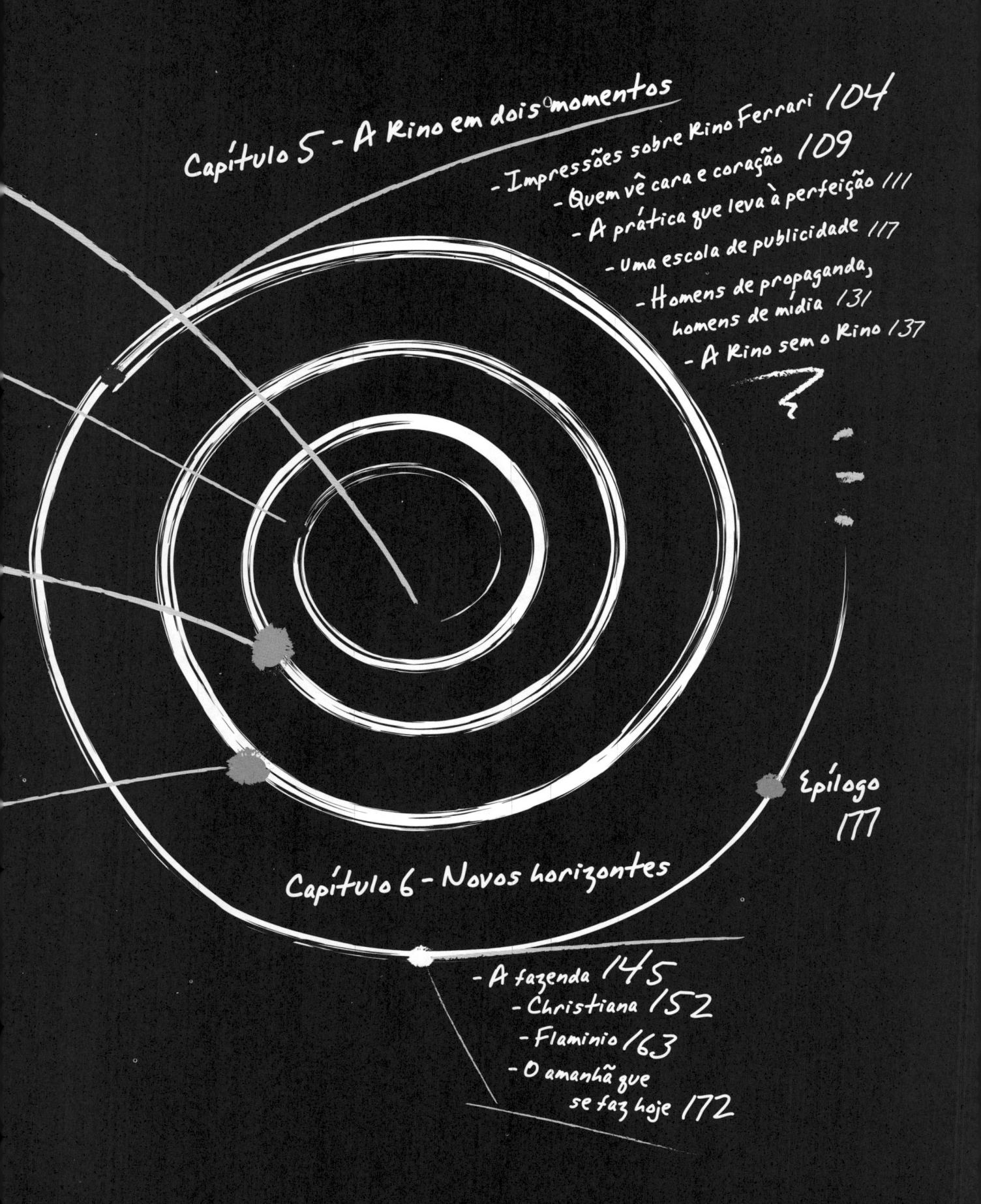

Apresentação

Toda e qualquer pessoa – como de resto tudo o que faz parte da natureza – é importante. Porque cada elemento é único, cada pessoa constitui um mundo diferente, com princípio, meio e fim. Nada é igual na vida, e tudo é valioso exatamente em razão dessa natural exclusividade.

Não há, portanto, certo e errado, bonito e feio, bom e mau. Há, apenas, o que nos parece ser melhor ou pior. E até isso é passível de mudar com o tempo. Porque tudo se transforma, nessa vida que não pára de acontecer. Na misteriosa presença, de cada ser, no planeta em que se encontra.

Viver é criar, empreender, progredir. Cada humano, desde antes de nascer, disputa com milhares de espermatozóides para fecundar um óvulo. E, nessa brutal competitividade, segue depois lutando por continuar vivo, realizar seus sonhos, construir sua história.

E é assim que, muitas vezes até sem perceber, construímos a História Universal.

As leis de Deus e dos humanos falam em igualdade entre todos os homens e mulheres. Nos direitos da fé e das leis, sim, isso é possível. Mas, biologicamente e, em especial, na prática da vida essa teoria não é verdadeira. Somos todos diferentes, únicos, incomparáveis.

Entretanto, há os comuns e os incomuns. Os muitos que integram as multidões e os poucos que são motivo de interesse dessas mesmas multidões. Os que as influenciam, comandam ou, até mesmo, se destacam no registro de cada época de uma rua, quarteirão, bairro, município, estado, país, continente e do planeta no qual estão.

Este livro conta a vida de uma dessas pessoas incomuns, que nasceu condenada a ser comum, mas cuja alma – essa força independente – não aceitou e mudou o destino. Embora Rino Ferrari, na sua simplicidade, até hoje insista que é um homem comum, sua biografia aqui contada vai mostrar o contrário. E de maneira incontestável.

Rino é um sobrevivente, em todos os sentidos. O espermatozóide que fecundou o óvulo da sua vida, com toda a certeza já era um guerreiro, um vencedor preparado para lutar contra tudo e contra todos. Não. Melhor dizendo, em favor de tudo e de todos. Porque, embora um sobrevivente, nosso biografado é um ser dedicado à paixão, ao amor e à felicidade coletiva.

Porque, vocês vão descobrir, Rino nasceu para servir ao próximo. Ser feliz, para ele, é fazer feliz. E foi assim que, nascido muito pobre, subiu a pulso a corda da vida e construiu um império. Não para ser o senhor de muitos súditos, mas para fazer de cada possível súdito um rei, rainha, príncipe e princesa. Mesmo que, em alguns momentos, ele próprio precisasse ser o bobo, o cardeal ou o comandante militar de sua corte.

Porque Rino é assim, múltiplo e eficiente na realização de sonhos. Seus e dos que o cercam.

Os medos, as assombrações de um menino sofrido constituem a força que alimenta sua imensa coragem. Nele, instinto e consciência equilibram razão e emoção. Rino sabe avançar tanto quanto recuar, com a sabedoria de propor o empate quando a derrota é irreversível. Porque na vida o mais importante é construir, porque as derrotas só deixam destruição. E foi assim que Rino aprendeu que perdoar é um ato superior, faz crescer.

E Rino é um menino que continua crescendo, mesmo depois dos seus primeiros 70 anos de vida...

Este livro conta a trajetória de um homem que, para seus semelhantes e para as futuras gerações, é um exemplo de que o sol nasce para todos. Mas brilha para poucos. E, neste caso, iluminou aquele que do nada chegou ao sucesso pessoal e profissional, sempre construindo e realizando sonhos. Que apaixonou pessoas e se apaixonou por elas, que amou mais do que foi amado; que gerou filhos; fez amigos.

E que, hoje – senhor de seu próprio destino –, faz da vida uma doce, terna, segura promessa de paz.

Ricardo Viveiros

Prefácio

Olho para o seu retrato atrás de mim e pergunto: "O que há de importante na sua vida para quem não o conhece?". Volto meu pensamento para este domingo em que estivemos juntos e pergunto: "O que ele fez hoje que os que estavam à sua volta não teriam feito?", "O que o faz diferente?".

Com esforço me desvencilho do papel de filho para olhá-lo à distância. Tenho que afastar-me também da nossa grande amizade. Então, um sentimento me vem forte à mente: admiração. Admiração pelo que ele faz e como o faz. Uma vida não necessariamente exemplar, mas cheia de exemplos, com altos e baixos, percalços, de tudo um pouco. Uma vida de verdade. Construída sobre a verdade. Entendo que esse é o valor de sua história para as pessoas.

Dá pra ser honesto e vencer. Dá pra ser duro e doce ao mesmo tempo. Dá para ser empreendedor apenas amando trabalhar. Dá para aprender já fazendo, desde que se esteja disposto a pagar pelos próprios erros. Dá para crescer como pessoa, não importa quanto tempo isso leve. Dá para desagradar e continuar amigo. Dá para ser transparente.

Muitos problemas sempre virão... Que bom! Porque não se cresce sem que eles existam e sem o exercício da sua superação.

Acho que a vida do Rino mostra que só não podem faltar duas coisas para quem busca a maturidade e o progresso: Fé e Coragem.

As histórias d' "O Filho da Dona Anna" estão repletas disto, e acho que esta é a resposta às perguntas que fiz no início. Os valores que ele reparte ao contar suas histórias são exemplos sempre de muita fé e coragem.

Todos os que o conhecemos bebemos muito desta fonte. Sem preconceitos. Beba você também. Se for com um bom vinho, melhor ainda...

Rino Ferrari Filho
(Muito honrado pelo convite de seu melhor amigo para escrever este prefácio.)

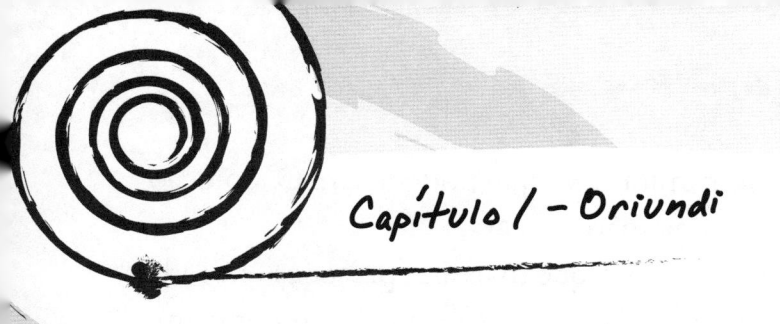

Capítulo 1 — Oriundi

Reminiscências

São 23 horas e o bairro da Lapa está tranqüilo em mais um dia do ano de 1940. Coisa rara de acontecer no agitado pedaço da cidade que abriga algumas das primeiras indústrias brasileiras: São Paulo, que prometeu nunca mais parar de crescer. Uma futura megalópole que começa a surgir com a definição dos seus primeiros traços geopolíticos; características da complexa e contrastante urbe em que irá se tornar ainda no século XX. Tal qual no bairro, reina a paz num cortiço localizado na Rua Coriolano, um dos muitos existentes na região. No centro de um dos seus pobres cômodos, aos 10 anos, o jovem Rino Ferrari, em movimentos silenciosos, prepara-se para mais uma jornada ao lado do pai. Juntos, durante a madrugada, fazem a entrega de pães aos clientes da padaria para a qual Flaminio trabalha.

O garoto sabe que irá caminhar muito. Segue, carregando nas costas dois grandes sacos de pães frescos, desde a padaria até o local de encontro com o pai. Na verdade, só irão se ver quando o sol ofuscar seus olhos cansados e despertar a cidade lá no horizonte. Se a tarefa não é fácil para os ombros frágeis do pequeno entregador de pães, fica ainda mais complicada porque Rino tem medo. Um profundo medo das sombras da fria madrugada, banhada pela teimosa garoa e ainda mal iluminada pela luz elétrica que recém-substituíra o sistema a gás. Eventuais ladrões não o assustam, muito menos a violência que impera no cotidiano paulistano. Seu pavor é de fantasmas, algo compreensível na infância de alguém humilde, solitário e sem perspectivas.

O sofrimento é grande. A caminhada longa, o peso e, principalmente, a idéia de que poderá ser assombrado por ameaçadoras "almas penadas" que povoam sua imaginação fazem com que seu pequeno corpo quase fique paralisado. Quando a escuridão da noite é intensa, muitas vezes o menino coloca suas encomendas no chão e dá alguns passos adiante para fiscalizar uma sombra mais misteriosa que surge de algum arvoredo que se move ao vento no caminho. O que poderá ser? O coração bate tão forte como um peixinho vivo preso na mão...

No entanto, num ímpeto de responsabilidade – algo que marcaria presença em toda a sua vida –, Rino lembra-se de que precisa ajudar o pai e se enche de coragem. Vale-se de uma inabalável fé em Deus para seguir em frente. Não há outra opção. Ele continua, vai deixando pelas casas a encomenda do dia. As caixinhas, ao lado das portas das residências, recebem os pães dos moradores, que acordarão dali a algumas horas para um feliz café-da-manhã, sem mesmo saber da sofrida trajetória do menino. É o pão que o medo do diabo entregou...

Dia claro, ele finalmente encontra o pai em uma vacaria na várzea do rio Pinheiros. Um local de criação de gado e venda de leite, bem comum na São Paulo da época. Apesar do cansaço, Rino saboreia o leite naturalmente aquecido, tirado na hora, acompanhado por ovos crus, ainda quentes. Após o simples, mas inesquecível café, pai e filho voltam juntos ao cortiço da Rua Coriolano. Flaminio, que fizera o mesmo trabalho do filho em outras ruas da região, conduz a carroça puxada por cavalos, enquanto Rino estira-se na área destinada à carga.

O pequeno, que ainda não pesa 50 quilos, sente o corpo cansado espetar nas migalhas de pão que ali restaram da entrega. Como está, vencido pelo exaurir do trabalho, nem mesmo sente as pequenas agulhadas daquela "cama de faquir". No balanço da carroça, o sono começa a chegar. Fecha os olhos e começa a pensar em sua família, seus pais e avós, que vieram da distante Itália. Uma terra que, um dia, quem sabe, ele poderá conhecer. Rino sempre soube acreditar no amanhã e, dessa fé indefectível, procurou construir cada momento de sua vida com amor no coração e inteligência na mente. Porém, sem dúvida, o que irá prevalecer em sua história é um apurado senso de oportunidade e uma boa dose de simpatia que, sedutor, ele sempre soube despertar no próximo.

O varão dos Ferrari nasceu em uma época de efervescência na formação da colônia italiana em São Paulo, Capital, em 8 de fevereiro de 1930, ano do primeiro mandato de Getúlio Vargas na Presidência da República do Brasil. O mundo, um ano após a quebra da bolsa de valores de Nova York, alcançava a triste marca de 21 milhões de desempregados. Os salários ficaram muito baixos, bancos e empresas faliram. A pobreza dominou o Planeta. Nasciam as primeiras favelas nas cidades e as pessoas descobriam a tristeza da falta de teto e comida. Os papéis de nascimento, casamento e desquite (não havia divórcio naquela época) tornaram-se tão caros, que esses registros quase não aconteciam mais. As pessoas existiam de fato, mas não de direito.

Os suicídios cresceram nas estatísticas. As dificuldades eram tão grandes, que os países mais ricos começaram a expulsar os imigrantes. A França, por exemplo, colocou para fora de suas fronteiras milhares de italianos. Ao mesmo tempo, a fuga do fascismo entusiasmou muita gente da Itália a buscar novas oportunidades no além-mar.

Os avós paternos, que Rino não chegou a conhecer, eram do Norte da Itália, de Gavinana, região de Florença. Fundada há 1200 anos, continua ainda hoje como nos tempos de seus avós, uma deliciosa vila na qual pouco mais de 800 habitantes vivem na tranquilidade das montanhas. A cidade guarda em sua história a proximidade de Pistóia, onde está localizado o cemitério dos brasileiros mortos na Segunda Guerra Mundial. Lembranças de uma época em que a Itália estava muito distante da bem-sucedida economia de mercado em que se tornou no atual mundo globalizado.

Rino se lembra com ternura das histórias contadas pelas tias e por seu pai, muitas vezes entre lágrimas de saudades, sobre uma vida pacata, embora repleta de imensas dificuldades. Reminiscências de quando, em rigorosos invernos, as crianças ficavam encarregadas de buscar gravetos nas montanhas nevadas para garantir o aquecimento das modestas casas.

Nessa vida simples, seu avô Ettore trabalhava como caseiro de uma propriedade rural, próxima à cidade. Para garantir mais algum alimento à família, o colono também matava porcos para os vizinhos e guardava para si a banha, utilizada para cozinhar e, em especial, fazer pães para vender. Um meio de ganhar a vida que o destino faria o neto brasileiro adotar muitos anos mais tarde. Como na maioria das famílias italianas, a avó, Anunziatta, permanecia em casa apenas tratando de "aumentar a prole".

Dentre os 15 irmãos da família Ferrari estava Flaminio, nascido em 29 de julho de 1905. Ainda adolescente, viu-se obrigado a arrumar as malas e fazer como tantos e tantos patrícios – descobrir o outro lado do mundo, "fazer a América", como se dizia.

O pai de Rino foi mais um dos milhares de italianos que saíram daquele país, apostando no sonho de mudar a sorte e o rumo da vida. À época, o país vivia sob miseráveis condições e qualidade de vida. Com o término da Primeira Guerra

Mundial, a Itália estava arrasada. Vencida por conflitos e pelo Tratado de Versalhes – assinado pelos países derrotados –, a insatisfação popular era enorme. Numa terra desestruturada econômica e socialmente, o povo passava fome, a inflação estava sem controle e as empresas faliam a cada dia.

Uma situação que, ironicamente, viria a mudar sob as mãos do governo fascista do ditador Benito Mussolini, que administrou o país de 1922 a 1943. Por meio de uma política autoritária de ordem pública e do fortalecimento da economia, Mussolini viu sua popularidade estender-se a um amplo setor da população no final da década de 1920. Naquela época, grandes obras foram realizadas para absorver o máximo de mão-de-obra e acabar com o desemprego; a industrialização foi financiada e a agricultura teve significativo incremento. Entretanto, sob a ditadura do "Duce" faltava o principal, a liberdade.

Flaminio contava que, não raro, assistia impotente à aflição de seu pai, ao ver os filhos crescerem sem alimentação adequada. Ele mesmo, quando criança, ajudava o pai na matança de porcos e, a despeito das privações, era muito feliz. Uma de suas mais doces lembranças estava na diversão com o único brinquedo que ele e os irmãos tinham: uma tábua que, passando por um esqui, proporcionava horas de risos e faces coradas quando deslizavam nas encostas das montanhas cobertas pela neve.

Naquele momento histórico, o movimento de emigração para a América estava intenso. Essa prática, que era muito comum em toda a Europa, aliviava os países de pressões socioeconômicas, além de alimentá-los com um fluxo de renda vindo do exterior, em nada desprezível. Afinal, era comum que os imigrantes enviassem suas economias aos parentes que haviam ficado na terra de origem.

No caso específico da Itália, depois de um longo período de mais de 20 anos de lutas para a unificação do país, sua população, em especial a campesina e mais pobre, tinha dificuldade de sobreviver, seja nas pequenas propriedades que possuía ou nas quais apenas trabalhava. E até mesmo nas cidades aonde se deslocava em busca de trabalho.

Nessas condições, portanto, a emigração não só era estimulada pelo governo, como se tornara uma solução de sobrevivência para muitas famílias. Esse movimento levou milhões de italianos a embarcarem como gado em navios que os levariam para destino muitas vezes incerto. A imigração italiana no Brasil teve como ápice o período entre 1880 e 1920. Em muitos casos, era subvencionada e visava a estimular a vinda de imigrantes para o desenvolvimento da agricultura: as passagens eram financiadas, bem como o alojamento e o trabalho inicial no campo ou na lavoura. Os imigrantes comprometiam-se em contratos que estabeleciam não só o local para onde iriam, como, igualmente, as condições de trabalho a que seriam submetidos.

A única esperança vinha da palavra "América", que lhes caía aos ouvidos como música, um pressuposto sinônimo de fartura e riqueza. Com apenas 15 anos, Flaminio sofreu o que foi, talvez, o maior impacto de sua vida. O pai Ettore colocou as mãos em seus ombros e disse sério: "Você tem que ir embora, porque aqui não há comida para todos.".

Rino lembra-se de ouvir o pai contar a história repetidas vezes. Sempre com o mesmo tom de mágoa e revolta na voz, porque fora obrigado a abandonar a vida e o país que amava. Por ele, em sua inocência quase infantil, não precisaria nunca mais comer. E, assim marcado pelo destino, ter dinheiro, para o jovem e também para o adulto já com família formada, nunca faria diferença em sua vida. Foi assim que Flaminio Ferrari e os irmãos deixaram o ninho de Gavinana e embarcaram para o imposto exílio econômico-financeiro.

Seu destino, tão desconhecido para ele quanto para os demais compatriotas, seria o Brasil. Flaminio e os parentes foram atirados no porto de Santos, bruscamente separados de um de seus irmãos, que seguiu viagem rumo aos Estados Unidos. Pelas poucas notícias que chegaram, ele também sofreu duras penas trabalhando como minerador na Filadélfia. Enfim, uma vida tão penosa quanto a dos demais imigrantes italianos que desembarcaram no Brasil. Outro tio e duas irmãs foram parar na França, em Le Creusot, cidadezinha na região da Borgonha, onde vivem até hoje. Na Itália permaneceram os avós de Rino e os tios mais novos, que, posteriormente, foram para Roma.

Quando chegaram ao Brasil, Flaminio e os irmãos foram recebidos por parentes que já moravam no país. Inicialmente, o jovem empregou-se em uma carvoaria no município de Ribeirão Pires, na Grande São Paulo, mas morava na Mooca – um dos principais bairros da capital a abrigar os imigrantes italianos. Durante as temporadas de trabalho, era obrigado a ficar em um inóspito barracão de sapé, nas proximidades da carvoaria. Esse foi seu trabalho durante alguns bons anos, mesmo depois de casar e ter os primeiros filhos.

Certa vez, Flaminio levou consigo a esposa e o filho para ficar um tempo no barracão da carvoaria. Rino tem essa lembrança clara em sua memória: sua mãe carregando em um dos braços alguns ramos de sapé e, no outro, ele próprio. As cenas passam como flashes rápidos, a mãe correndo sob um forte temporal, em busca de local de abrigo seguro. Embora vivendo no Brasil, na sonhada América, ainda uma vida de privações. Uma vida que, sob o manto escuro da fuligem da carvoaria, não permitia sonhos coloridos de felicidade.

Os Mattiazzos

A família da mãe de Rino fizera o mesmo caminho da Itália para o Brasil. O avô Tirso Mattiazzo casou-se com Emma Sturari Mattiazzo na Vêneta natal e veio, com os filhos, para tentar "fazer a América". Os Mattiazzo abandonaram a propriedade na qual viviam do plantio de uva e do trabalho de marceneiro empreendido pelo seu patriarca. A família vinha da cidade de Megliadino de S. Fidenzio, na grande área de Pádova.

Assim como os Ferraris, os Mattiazzos não seguiram o caminho de muitos imigrantes que iam de trem para o interior do Estado de São Paulo, a fim de se empregarem na lavoura. Também os avós maternos de Rino escolheram a capital para tentar a sorte. No entanto, Tirso não conseguiu desvincular-se totalmente da terra de origem. A cada ano, passava seis meses aqui e outros seis na Itália, mesmo tendo de viajar com toda a família na terceira classe. Com isso a maioria dos 15 filhos – quase a "média" das proles italianas da época – nasceu mesmo em alto-mar.

Outros tempos, outras oportunidades, Tirso, mesmo trabalhando como marceneiro, conseguiu também montar uma fábrica de meias para senhoras. Porém, em razão de seu falecimento, em 1935, o empreendimento foi vendido pelos genros, que ratearam o dinheiro entre a família. A viúva Emma continuou a residir nos fundos da fábrica, em um típico cortiço daquela época. Rino chegou a conhecer o "avô viajante", pois tinha cinco anos quando de sua morte. Sua mais forte recordação é um intenso sentimento de carinho pelo avô – o que era recíproco –, em alguns momentos que a memória preserva, com indisfarçável emoção, das conversas e do saborear de frutas colhidas no pé, sentados nos degraus da escadaria do cortiço onde moravam.

Com a avó Emma, no entanto, conviveu bem mais, até sua morte em um acidente, aos 86 anos, em 1961, quando fraturou o fêmur e, sem uma solução adequada naqueles difíceis tempos, veio a falecer após um período acamada. Muito ligado a ela, Rino sempre recebeu da avó cuidados, atenção e carinho. Quando ele sentia dores, a velha senhora italiana fazia benzeduras que acalmavam o sofrimento do garoto.

Angela Anna Mattiazzo, mãe de Rino, nasceu em 10 de maio de 1910, durante os seis meses em que a família estava na Itália, mas veio ainda bem menina para o Brasil. Desde criança, ela já demonstrava uma característica que seria a marca mais forte de sua personalidade: a da mulher de negócios. Conta-se que a pequena Anna pulava a janela de seu quarto e fugia para um pomar nos arredores da casa. Colhia laranjas não para comê-las, mas para vender...

Ferraris e Mattiazzos

Tão comum e natural aos imigrantes italianos que viviam na São Paulo do começo do século 20, os encontros entre os integrantes da colônia deram início a muitos namoros e casamentos. Assim foi também que começou o romance entre Flaminio Ferrari e Anna Mattiazzo. Eles se conheceram por intermédio de um tio, cunhado de Anna. Ele com 20 anos, ela aos 15. Rapidamente, como era a prática da época, os dois noivaram e se casaram.

No entanto, as dificuldades para viver continuaram. O casal foi trabalhar nas Indústrias Reunidas Francisco Matarazzo - IRFM, que na década de 1930 era o grupo industrial mais importante do País, tendo ramificações por todo o Brasil e dando emprego a milhares de pessoas. O conde Matarazzo, grande empreendedor, fundou o Centro das Indústrias do Estado de São Paulo - Ciesp e a poderosa Federação das Indústrias do Estado de São Paulo - Fiesp.

Flaminio tornou-se foguista, um trabalho muito duro, que consistia na alimentação dos fornos de fabrico das louças com lenha. Anna fazia a seleção da produção das peças já prontas. Curiosamente, muitos anos mais tarde, nas voltas que o mundo dá, uma das descendentes dos Matarazzo, a empresária Maria Pia, seria cliente da agência de publicidade de Rino Ferrari, que também acabaria comprando uma das propriedades dos Matarazzo, em Rio Claro, no interior do Estado de São Paulo.

Não demorou muito, porém, para que o casamento dos operários Flaminio e Anna entrasse em crise. Charmoso ao extremo, o italiano atraía as mulheres como as moscas vão ao mel. Ainda que nem sempre a iniciativa fosse sua, já que as mulheres simplesmente se encantavam com os belos traços do jovem Flaminio, o problema é que ele não se fazia de rogado. Namorador inveterado, aceitava as investidas e se deitava com quantas mulheres fosse capaz. Por seu lado, Anna mal segurava o ciúme, apaixonada que era pelo marido. Muitas vezes, as brigas levaram à separação temporária do casal. Quando sentia falta da esposa, Flaminio chegava sorrateiramente de madrugada, com a desculpa de trazer pão fresco, já que, nessa época, tornara-se empregado de uma padaria. Matava as saudades da esposa namorando na janela e partia de novo. As idas e vindas foram muitas, entre a sua casa, a casa da filha Myrian – para alegria do neto Fernando, que via no avô um atraente aventureiro – e as escapadas até a casa de uma jovem mulata, por quem Flaminio se encantara.

Além do perfil de bon vivant, de um homem que adorava a vida e, claro, a companhia das mulheres, Flaminio trazia em si as marcas daquele garoto que disse certa vez, ainda na Itália, que "poderia ter passado o resto de seus dias sem alimentar-se". Não se importava, em absoluto, em acumular dinheiro. Limitava-se a trabalhar para ganhar o sustento da família, e olhe lá!

É provável que Flaminio tenha seguido um dos dois extremos que atingem as pessoas vítimas de dificuldades quando jovens. Algumas se empenham na luta para melhorar de vida, para suprir aquilo que lhes faltou. Outras ficam de tal forma chocadas com aquela situação de necessidade, que, ao ter condições de buscar o progresso material, não o fazem pelo "costume" de viver com poucos recursos. O pai de Rino Ferrari seguiu este último caminho, sem lhe importar o dinheiro. Um playboy às avessas, já que trabalhava, mas não gostava de gastar.

Preocupado apenas em aproveitar as coisas boas da vida, Flaminio muitas vezes aceitava empregos que pagavam apenas um salário mínimo. Ele trabalhava duro, é verdade. Esforçava-se quase como se fosse dono da padaria, mas não se preocupava em receber o salário. E tal era sua falta de interesse, seu temperamento despreocupado, que a esposa, a cada cinco ou seis meses, se via obrigada a bater à porta do empregador para "resgatar" pagamentos do marido.

E lá ia ela brigar para que pagassem os atrasados. Anna não se conformava que o marido pudesse acreditar na conversa do patrão, que alegava má situação financeira.

Flaminio dizia: "Você está com dificuldade? Eu me viro, não tem problema", e enquanto isso sua própria família passava fome. Ou quase isso. A verdade é que a mãe tinha dinheiro conseguido com seu trabalho, mas tinha sérios problemas em administrá-lo.

Anos mais tarde, seu filho Rino, quando já bem empregado, chegou a montar duas padarias para o pai, mas os negócios, é claro, não foram adiante.

Nova tragédia viria atingir a família Ferrari. Em 1935, Flaminio foi uma das poucas vítimas não-fatais da epidemia de febre tifóide que assolou a cidade de São Paulo. A doença, causada por uma bactéria, transmitida pela ingestão de alimentos contaminados, acometeu inúmeras pessoas entre as camadas pobres. Devido à sua grande incidência, dificuldade de diagnóstico e amplitude do período de adoecimento, era chamada de febre quilométrica, febre renitente ou febre paulista, por ocorrer principalmente em São Paulo.

O belo homem de 90 quilos, com o físico de um "touro", quase capaz de "segurar" um caminhão com a força dos braços, regressou 40 quilos mais magro de uma longa internação no Hospital Emílio Ribas. Rino ainda hoje se lembra de uma tarde em que, voltando da escola, então com apenas cinco anos, sofreu violento choque ao ver o pai chegar em casa, desfigurado de tão magro e com inesquecíveis barbas ruivas. A doença de Flaminio, contudo, não foi o pior momento para a família Ferrari. Ao contrário do marido, Anna, mesmo tendo sido mãe por três vezes, e tendo de cuidar das tarefas do lar, buscava maneiras de conseguir mais recursos para sustentar todos. Ela queria ganhar dinheiro, seu principal interesse na vida. No entanto, embora conseguisse vez ou outra atingir esse objetivo, perdia-se em empreendimentos errados e acabava por voltar à estaca zero.

Quem era Anna Ferrari? Mulher apaixonada que se tornou materialista ao ver seu casamento em crise? Difícil dizer. Porém, seu temperamento emocionalmente desequilibrado sobressaía cada vez mais. Sem saber ler ou escrever – a despeito de, anos mais tarde, freqüentar o antigo Mobral, a campanha de alfabetização de jovens e adultos criada pelo Governo Federal em 1967 –, ela, ainda assim, era uma pessoa criativa e muito inteligente. Nos momentos em que não estava dominada por crises de ansiedade, Anna era capaz de transmitir ao filho Rino os muitos conhecimentos que adquiria apenas ouvindo as notícias nacionais e internacionais no rádio.

Vivendo ainda no cortiço, como inquilinos dos pais de Anna, a família Ferrari perdeu a oportunidade de se mudar para um lugar mais adequado por esse mesmo motivo.

Mais de uma vez, Anna conseguiu o suficiente para comprar uma casa. E lá iam todos, de malas e bagagens, para voltar, poucos meses depois, ao cortiço de origem, alugando a residência para outra família. Tudo porque a matriarca cismava que, todas as vezes em que saía de lá, "tinha um grande azar". E, apesar desse comportamento que poderia ser considerado "materialista", a família continuava vivendo em miseráveis condições.

Outro erro de cálculo de Anna Ferrari era emprestar dinheiro a juros de 3%, à época. O resultado é que acumulava não um capital, mas montanhas de promissórias nunca quitadas pelos devedores. Ainda assim, era mulher impressionantemente forte. Como o filho Rino faria anos depois, Anna construía residências para alugar e, para espanto, com as próprias mãos! Tudo para poupar o custo dos pedreiros e para não cair novamente no golpe de que fora vítima algumas vezes, com mestres-de-obras que recebiam adiantado, mas iam embora sem concluir o trabalho.

Rino Ferrari herdaria quase a "metade" da maneira de ser de cada um dos pais. O talento para ganhar dinheiro da mãe e o charme de seu pai. Mas essa é uma história que este livro irá contar mais adiante.

Infância

Apesar das crises conjugais, o casal Ferrari continuou vivendo sob o mesmo teto ainda durante um bom tempo. As brigas por ciúmes que Anna tinha com Flaminio eram freqüentes, provocando separações temporárias, que sempre terminavam em uma volta do casal. Assim, em 12 de janeiro de 1929, nasceu o primeiro filho, Tirso Ferrari, nome escolhido em homenagem ao pai de Anna. Em 8 de fevereiro de 1930, nasceria Rino.

A criança, registrada três dias depois, data do aniversário de casamento de seus pais, pouco conviveu com o irmão mais velho, que veio a falecer com apenas um ano de vida, de desidratação – algo comum entre os nascidos nas classes mais pobres naquela época.

A família ficaria completa somente sete anos mais tarde, com o nascimento de Myrian, em 1937, embora não fosse exatamente um plano do casal que, de fato, não pensava mais em ter filhos, já que os desentendimentos eram freqüentes e maiores. Por seu lado, Anna Ferrari pensava cada vez mais em trabalho, em ganhar dinheiro, em melhorar as condições de vida da família. Crianças nunca foram, não eram e jamais seriam, definitivamente, a sua prioridade. Ela os via como "acidentes", pequenos problemas que complicavam e encareciam a vida.

Talvez isso fosse conseqüência do trauma que sofreu ao perder o filho Tirso. Anna estava completamente só quando ele morreu. Naquele dia, estava morando no sítio que servia de residência às famílias dos trabalhadores da carvoaria onde Flaminio estava empregado. Quando o marido chegou, no final do dia, o bebê havia morrido.

Embora não tivesse conhecido o irmão mais velho, Rino carregaria por toda a vida uma inexplicável e dolorosa saudade de Tirso. Talvez porque, nos anos seguintes, sentir-se-ia um eterno solitário, com a ausência de um irmão que sequer conhecera, mas que sempre, por toda vida, desejaria ter. Talvez sentisse como se estivesse "tomando o lugar" do irmão morto por uma fatalidade. Talvez fosse apenas um reflexo das palavras da mãe, que nunca cansava de dizer ao pequeno Rino, em típico praguejar italiano: "Criei o outro, ele morreu. Agora já tenho outro empiastro para tomar conta?".

Para Anna, uma pessoa torturada pelos ciúmes do marido, pela ambição de ganhar dinheiro, aquilo era abominável, motivo de grande azar. Teria de "começar" de novo. Era assim o raciocínio da jovem senhora – uma pessoa abalada emocionalmente.

Claro que o pensamento de Anna Ferrari não fazia qualquer sentido. Porém, seu desinteresse pela criação dos filhos era uma realidade dura, enfrentada pessoalmente pelo filho Rino. Myrian veio ao mundo quando ele tinha exatos sete anos de idade. E não demorou muito tempo para que sua mãe o encarregasse dos cuidados com a irmã recém-nascida, para que ela, a mãe, pudesse dedicar-se de maneira integral ao trabalho que fazia como mascate, vendendo roupas em domicílio – o que hoje se denomina como "sacoleira". No futuro, a precoce missão faria com que Rino confundisse freqüentemente o papel de irmão com o de "pai".

Rino era um menino dócil e obediente, dotado de grande disposição para ajudar todos no cortiço onde residia. Gostava de servir, sentir-se útil. Desde pequeno, com sete ou oito anos, além da mãe e do pai, também ajudava um de seus tios e ainda arrumava tempo para colaborar com os comerciantes vizinhos ao cortiço. Trabalhava para a dona da tinturaria e o sujeito da padaria, fazendo entregas; tirava o almoço do sapateiro; entregava marmitas para a dona da pensão; para a quitandeira desembarcava as verduras e, até mesmo, se encarregava de fazer o jogo do bicho para a atarefada, mas sempre esperançosa lavadeira.

Essa senhora, com os palpites de Rino, ganhava regularmente no bicho, mas nada lhe dava. Ele também recolhia vidros, ferros e ossos e vendia a um depósito por alguns tostões. Enquanto isso, os meninos de sua idade iam jogar bola e nadar no rio Tietê, que, na época, era utilizado para pescarias, lazer e competições de remo. Rino nada ganhava por esses serviços. Nem mesmo pedia. Fazia, simplesmente. E os fins-de-semana eram para ajudar o pai com o trabalho da padaria. O pequeno ainda se encarregava das tarefas domésticas, lavava a louça, limpava a casa. Um garoto franzino que empunhava, com coragem, a escova para lavar o piso com água e sabão, como era usual naqueles tempos.

Mesmo assim, Rino assumiu com ternura a tarefa de se tornar o pajem da irmã. Era uma criança cuidando de outra. Entretanto, por outro lado, foram momentos terríveis que ele viveu, sempre atormentado pela responsabilidade imposta pela trágica morte do irmão mais velho — um descuido da mãe. Suas aflições eram muitas. A menina, como é natural em todos os bebês, sofria com dores de ouvido, e o irmão não tinha a menor idéia do que fazer para parar seu choro. Com as vizinhas do cortiço, aprendia truques caseiros usados na época, como uma colherinha de azeite quente no ouvido da criança, coisas assim.

Outros muitos apuros foram vividos por Rino. Um pouco mais crescida, a menina fugia do banho, corria nua para a rua, e lá ia o irmão, nem sempre munido de toda a paciência que gostaria de ter, para resgatar a fujona. Tudo isso em um ambiente de franca miséria no cortiço. A família ocupava um quarto e cozinha. O banheiro era público. Dormiam os três – Anna, Flaminio e Rino – no quarto, e Myrian ficava com a avó materna, que morava no edifício em frente, num cômodo grande com cozinha.

Quando Rino estava na escola, Myrian ficava sob os cuidados dos vizinhos. O desinteresse da mãe pelos filhos era tal, que, certa vez, quando Rino já trabalhava e passava a maior parte do tempo fora de casa, Myrian pegou sarampo. A menina foi levada ao médico por uma tia que morava no cortiço.

Mais tarde, aos sete anos, a irmã saberia recompensar os cuidados. Assim que aprendeu a cozinhar, prontificou-se a assumir essa tarefa. Esperava o irmão para esquentar o jantar à noite, quando este já estava estudando e trabalhando. Myrian recorda que a vida era muito difícil para ambos. Ela, porém, tinha acesso a algumas guloseimas, sorvetes, balas e biscoitos comprados pelo irmão.

Outro momento marcante era ver as fotografias que Rino fazia dela, quando em seu horário de almoço. Valiosos recortes do tempo, que guardaram, na memória e na história, as imagens de uma menina descalça e de vestido comprido brincando no quintal do cortiço.

Naqueles anos, o comum era que as crianças iniciassem os primeiros estudos aos sete anos. Jardim da Infância era, ainda, algo restrito às famílias mais abastadas. Aproximadamente em 1980, o Maternal foi regulamentado na rede pública. Foram criadas vagas para filhos de operários, mas, apesar disso, estas respeitavam uma relação com a situação econômica das crianças, já que as melhores eram ocupadas por membros das classes sociais mais elevadas. Provavelmente por falta de informação e cultura, os pais das crianças mais pobres só acreditassem na importância de as matricular na escola apenas a partir do primeiro ano do curso Primário.

Rino começou o grupo escolar um ano antes do convencional, ainda com seis anos, e esse fato traz embutida uma história também marcante em sua vida. Ao abrirem as inscrições, cerca de quatro meses antes do início do período letivo, o menino não havia, ainda, completado a idade necessária. A escola do bairro, por mera burocracia, recusou a matrícula. Sua mãe, preocupada em ter de esperar mais um ano para que o filho começasse a estudar, não hesitou. Numa época em que os farmacêuticos eram os "médicos" da família, e não havia como comprovar a legitimidade de documentos, Anna não perdeu tempo. Resgatou a certidão de nascimento do filho falecido, e Rino passou então a ser "Tirso", o irmão um ano mais velho.

Assim, o menino freqüentou os quatro primeiros anos de sua vida escolar como outra pessoa. Bom aluno no Grupo Escolar Tomás Galhardo, Rino mostrava, orgulhoso, o boletim para a mãe, que, apesar de seu aparente desinteresse pelos filhos, cobrava-lhe aplicação nos estudos.

Ainda como "Tirso", ao chegar à idade para cursar o Ginasial, o jovem Rino procurou o diretor da Escola Técnica Olavo Bilac, onde concluiria seus estudos, para lhe pedir a reversão do problema com seu nome. Sensibilizado com o drama, o homem optou por simplesmente ignorar os documentos prévios e concedeu um diploma no curso Comercial Básico, o equivalente à época ao curso Ginasial, só que, agora sim, em nome de Rino Ferrari.

O efeito disso, é claro, estendeu-se durante anos e anos seguintes. Ele, obviamente, fora proibido pelos pais de dizer a verdade. Poderia ser expulso da escola, e a mãe, talvez, processada, quem iria saber? Melhor não arriscar. Portanto, a chamada feita pelo professor diariamente deveria ser respondida com um sonoro "presente" ao ouvir o nome Tirso. Para os colegas do grupo ele seria "Tirso" para sempre, algo que o incomodava demais. O mesmo sentimento que lhe tomava ao ser chamado, nas ruas, pelo nome do irmão. Recusava-se a atender. Sabia-se Rino, e ponto final. E os trágicos reflexos psíquicos do garoto que viveu um bom tempo praticamente sem identidade levariam ainda muito mais tempo para serem revertidos.

Apesar de tudo, Rino tinha condições de se dedicar aos estudos. Aluno aplicado, inteligente, aprendia tudo com muita facilidade. Isso, ao menos, até começar a trabalhar, quando não teria mais tempo de estudar em casa. Mesmo assim, era o tipo do aluno que aprende tudo na sala de aula mesmo. Se dependesse de seu pai, ele seria apenas um operário, um carroceiro como ele, entregador de pão.

A mãe, ao contrário, apesar de seu alheamento psíquico, desejava que Rino estudasse. Mesmo assim, não tomava conhecimento do boletim do filho, que muito sofria com isso. Outros tempos de ensino no Brasil, o grupo escolar era de excelente qualidade, as professorinhas respeitadas com toda obediência e acatamento, bem como o diretor, que, na memória de Rino, ficou marcado como um verdadeiro "lorde inglês".

Essa formalidade, comum à época, não impediu que Rino se encantasse com uma das professoras, talvez os primeiros sinais de um homem que, no futuro, seria um apaixonado pelas mulheres como o fora seu pai. E pior, uma professora grávida. A ostensiva barriga não foi suficiente para impedir o garoto de cair de amores. Tudo por conta de um presente dado pela jovem, que deveria ter lá seus 18 ou 19 anos de idade, ao empenhado aluno, o melhor da sala.

A caixa de bombons, entregue no fim do ano letivo, apenas como símbolo pelo mérito de Rino, fez com que ele imaginasse que a tal professorinha, lindíssima por sinal, estivesse correspondendo aos seus sentimentos. Ninguém poderia culpá-lo. Afinal, o mimo veio em uma embalagem em equivocado formato de coração! Após alguns meses de "sofrimento" provocado pela frustrada paixão, Rino compreendeu a realidade e esqueceu o ocorrido, saindo-se dessa com apenas uma boa lembrança e nenhuma seqüela mais grave.

Ao lado de todas as responsabilidades, Rino também experimentava algumas frustrações na vida pessoal. Um de seus vizinhos, um marceneiro português, com situação financeira bem melhor do que a de sua família, organizava todos os anos uma grande festa junina. A família Ferrari, embora tivesse uma relação de amizade com o tal homem, talvez por diferenças sociais, jamais foi convidada.

Na criança que Rino era, ficaria marcada para sempre a vontade não realizada de participar daquela festa tão bonita, cheia de cores, luzes, rojões, músicas e guloseimas. Uma rara chance de alegria que estava ali nos fundos do cortiço em que morava. Tão perto, mas muito longe, já que a área da festa era fechada por um portão de arame. E esse sonho não realizado iria refletir-se também na vida do adulto. Rino não perderia mais, por toda a sua vida, qualquer oportunidade para celebrar, para promover uma grande festa.

A diferença social e a miséria também trouxeram danos ao seu coração. Certa vez, uma menina da vizinhança caiu de amores pelo jovem. O "brotinho" morava num casarão em frente à sua casa, um belíssimo sobrado. Portanto, não havia a menor chance de aproximação para Rino. Ao saber onde ele vivia, desistiu de imediato do pretenso romance. "Ah, mas ele mora no cortiço", disseram essa e, também, outras meninas apaixonadas pelo garoto bonito e de bons modos.

A moradia da família Ferrari testemunhava contra as investidas amorosas de Rino. A irmã Myrian lembra-se de que a vizinhança evitava manter relações de amizade com a "italianada do cortiço". Ela mesma, quando voltava da escola junto com as colegas, num dado momento, próximo de casa, seguia por outro caminho para fingir que morava em outra residência. E não adiantava disfarçar. A casa simplória, de telhado à vista, era feia de se ver. Na cozinha, o fogão a carvão deixava negras, de fuligem, as paredes. Myrian bem que se esforçava na tentativa de mudar o cenário, colocando alguns bordados aqui e ali, uma espécie de decoração, mas era inútil.

É verdade que, ainda assim, Rino era capaz de enxergar as belezas de sua infância, especialmente no carinho que recebia dos avós e das tias e tios – dentre os quais se destacavam Osvaldo, Quintilho e Jorge. Dentre os melhores momentos que ficaram em sua lembrança, estão os almoços na carvoaria onde os tios trabalhavam, na Rua Xavantes. Preocupado em estar elegante nessas ocasiões, Rino vestia-se com um terno de "linho branco 120", de quatro botões. Seu bom humor e o prazer de estar com os tios não iam embora nem mesmo quando, obrigado a passar por um estreito corredor para chegar aos fundos da casa antiga, ficava coberto de carvão. O terno, de branco passava a preto. Rino não se incomodava, batia o pó e aproveitava os raros sabores de felicidade que lhe proporcionavam as tardes na casa do tio Quintilho e de sua mulher América.

Esse convívio foi determinante na formação da personalidade de Rino Ferrari, pois, num primeiro momento, alimentou uma grande timidez, um receio profundo ao convívio social. Isso seria um problema que carregaria consigo por muito tempo. Mesmo bem depois, quando começava a se tornar um homem bem-sucedido, ele ainda teria receio de freqüentar a casa de alguns clientes que desejavam apresentar-lhe as filhas, muitas vezes candidatas a um noivado.

Na vida profissional, por outro lado, na sua determinação para vencer, por sua incrível tenacidade e capacidade de superação, ele se tornou um homem com quem a amizade vinha fácil. Anos mais tarde, se tornou uma pessoa dedicada a reunir amigos e familiares em torno de almoços, recepções e animadas festas. Uma doce vitória sobre o passado de privações? Talvez, mas, com certeza, também muito prazer em saborear a vida em companhia de outras pessoas, porque o egoísmo nunca foi uma palavra existente em seu dicionário pessoal.

O primeiro emprego

Entre os estudos, os cuidados com a casa e com a irmã mais nova, Rino Ferrari precisou arranjar mais tempo no seu dia. Aos 11 anos, percebeu que seria obrigado a se incumbir de mais uma tarefa, a de garantir o sustento da família. Uma decisão que não foi, de modo nenhum, sugestão dos pais, mas sim algo que Rino defende. Veio de maneira natural. Até mesmo para compensar as distrações cometidas por seu pai, que, justamente nessa época, muitas vezes por absoluto descuido, deixava de receber o salário, mínimo e minguado, de 50 mil réis.

Terminado o grupo escolar, o garoto foi em busca de um emprego. A mãe não apenas o apoiou, como lhe entregou dois passes de bonde. Rino saiu, numa manhã de sexta-feira, vestido com os trajes simplórios que denunciavam sua condição de vida: camisa e calças curtas de brim, costuradas por sua mãe e, nos pés, uma sandália de lona e cordas, a famosa "Alpargatas", que começara a ser fabricada no Brasil havia poucas décadas.

Talvez por intuição, uma vez que pouco sabia ainda sobre jornais, o menino decidiu comprar um exemplar do Diário Popular. O jornal era naquela época o principal veículo dos operários em busca de uma oportunidade de trabalho e manteve essa fama até ser extinto em 2001, quando foi comprado pelas Organizações Globo.

Rino, sem se dar conta, fruto de acasos positivos que o acompanham por toda a vida, fez pela primeira vez em sua vida algo em que se tornaria um especialista no futuro, pautando positivamente seus negócios nos ramos imobiliário e publicitário. Abriu o jornal na página de classificados e ali, num rápido vislumbre, identificou de imediato quatro ou cinco anúncios que poderiam lhe dar a almejada vaga como office boy.

Entrou, então, no primeiro bonde que passava pela sua frente, ao acaso uma das linhas com destino ao Centro da cidade, a "26/Lapa–Praça Ramos", que seguia para a Praça Ramos de Azevedo, subia a Rua Conselheiro Crispiniano, descia a Rua Xavier Toledo e voltava. Rino saltou na confluência da Marconi com a Barão de Itapetininga, local do primeiro anúncio dentre os quais selecionou para tentar sua estréia profissional. Lembra-se até hoje: a empresa era num prédio de esquina, número 131, no primeiro andar.

Aos 11 anos, foi conduzido pela primeira vez por sua "bússola" interior, que simplesmente indicava e o levava para seguir "fazendo", sem a orientação de ninguém – "chame a isso, se preferir, de uma entidade superior, Deus. Ou um anjo da guarda, talvez". O próprio Rino não se arrisca a definir. Enfim, esse comportamento seria a marca de sua personalidade por toda a vida. Assim, Rino Ferrari passou pelo saguão do prédio, rumo ao seu primeiro emprego.

O fato é que o destino sempre fez com que as coisas acontecessem na vida do herdeiro dos Ferraris quase como que "de fora para dentro". Assim, também, é esse episódio em sua vida. O tal endereço era uma pequena fábrica de gravatas. Quando Rino chegou estavam presentes o proprietário, Olavo Gonçalves Otero, e seu primo Mário. Sem qualquer traço de temor ou timidez, Rino foi direto ao assunto: "Eu quero o trabalho de office boy. Eu quero este emprego.".

A conversa com o candidato à vaga não demorou muito. Nem o anúncio mencionava o valor do salário, nem o jovem se preocupou com a questão. Queria o emprego, e pronto. Os proprietários ofereceram: "Oitenta mil réis, está bom?". Feliz com a oferta, quase o dobro do que ganhava seu pai, logo o garoto foi contratado e, absolutamente surpreso, viu pousar em sua mão a "fortuna" de 240 mil réis, valor somado de três salários. O dinheiro, dado pelos homens que não o conheciam, era para que o novo funcionário pudesse comprar roupas adequadas e se apresentar para o primeiro dia de trabalho na segunda-feira seguinte.

De volta à casa, o primeiro pensamento da mãe foi que Rino havia certamente roubado toda aquela fortuna. Explicada a história, no dia seguinte os dois foram às lojas populares da Rua José Paulino e o garoto ganhou um guarda-roupa totalmente novo.

Na segunda-feira, como combinado, apresentou-se ao seu posto. Sem ter quem lhe ensinasse a rotina de trabalho, Rino logo descobriu o que deveria fazer. Começava organizando os pedidos dos representantes nomeados em todo o Brasil, e pegava o tecido pelo código correspondente ao dos pedidos. Passo seguinte: levar a montanha de diferentes fios, de seda importada a nylon, que começava a surgir naquela época, para o cortador no bairro da Mooca.

Ao italiano Zucchi bastava receber os pedidos e os respectivos códigos, para fazer seu trabalho. Alguns dias depois, Rino retornava ao cortador e, em seguida, levava todo o material para as costureiras, fossem as que produziam em sistema industrial, a máquina, ou as que cuidavam das peças mais delicadas e feitas a mão, com cuidadosos apliques.

Além dos donos, Rino Ferrari viria a ser o solitário funcionário da pequena fábrica. O cargo de office boy, na verdade, compreendia todas as tarefas para fazer funcionar a fábrica. Rino era o mensageiro, como também o administrativo, o financeiro, o balconista e o gerente. Emitia notas fiscais, fazia as embalagens e despachava as gravatas já prontas pelo correio, via reembolso postal. Poderíamos imaginar aqui o prazer de um jovem Rino, que deixara há pouco tempo as calças-curtas, para desfilar pelas ruas da cidade, embarcar nos bondes, freqüentar os charmosos cafés e, sempre seguro, já que sob a vigilância da simpática Guarda Civil, policiais elegantes e educados, que falavam até cinco idiomas para atender os turistas.

Uma dessas visitas diárias era ao Banco do Brasil, onde o irmão de Olavo, Mário, ocupava um cargo de alta confiança no setor de câmbio. Para ele, Rino levava as duplicatas a fim de obter sua assinatura. Era atendido no guichê, de acordo com a formalidade da época. Em seguida, entregava os documentos na agência bancária que faria o processo de cobrança.

O prédio na esquina da Marconi com a Barão era – como ainda são hoje muitos edifícios antigos no Centro de São Paulo – um conglomerado de pequenas salas que abrigavam representações comerciais, escritórios de contabilidade e tantos outros pequenos negócios. No horário de almoço, sob alvoroço total, organizava-se um verdadeiro campeonato de pôquer entre os proprietários das saletas.

Era a época da ditadura Vargas, e o jogo, proibido por lei. Rino, como o gerente da fábrica de gravatas, via-se solicitado a ceder sua sala para a jogatina clandestina. O intuito dos contraventores era despistar a fiscalização da polícia. Ao se enfurnarem na sala de um meninote, os jogadores imaginavam que, por certo, não despertariam suspeitas. E isso, claro, com a autorização do primo de Olavo. A camaradagem, desinteressada e inocente, acabava por ter suas recompensas para Rino. O vencedor de cada rodada garantia uma ficha para ele, o que resultava em uma boa soma em dinheiro a cada dia.

Também se abriram oportunidades para novos e lucrativos negócios. Um dos jogadores era um sujeito folgazão, que chegava por lá no meio da manhã, para a partida de pôquer. Ele era vendedor de caixas de marchetaria fabricadas no Paraná, uma coqueluche da época. Todo mundo desejava ter uma. O sujeito, preguiçoso e mais interessado no jogo, fez um acordo com Rino. A cada caixa vendida, o menino ficaria com mil réis. Lá ia ele, então, em seu horário de almoço, visitar os clientes do boa-vida, levando nas mãos duas amarrações com 12 caixas, seis em cada uma. Seguia de bonde e visitava os clientes habituais do homem. Mais uma forma inesperada de ganhar dinheiro, dentre muitas que viriam a surgir no destino de Rino, que, por toda a vida, teria sempre, no mínimo, três empregos simultâneos.

Mesmo assim, o jovem não abandonou os estudos. Ia para a escola à noite, ou quase isso. Nunca mais foi aquele aluno dedicado, que merecera a famosa caixa de bombons da bela professorinha. Afinal, agora a situação era bem outra, e contribuíam as melhores condições econômicas de Rino. Depois de passar pela penúria de uma infância de privações, ele se dava ao luxo de aproveitar da situação mais fortuita. Com uma considerável soma em dinheiro nos bolsos, algo que jamais tivera antes, ele deixou de almoçar em casa. Batia ponto no famoso restaurante "Juca Pato", no Largo do Paissandu.

A deliciosa comida servida no balcão e o ambiente agradável eram motivos de verdadeiro regozijo. Então, por que não jantar por lá também? À noite, antes de ir para a aula, voltava ao "Juca Pato". Não eram raras as vezes em que mudava seu destino. Em vez da escola, o cinema para "esfriar" a cabeça do dia de tanto trabalho. Após o filme, ainda tinha fôlego para passar pela sala de aula. Era o que se consagrou chamar mais tarde de "turista", um aluno que passava por ali esporadicamente, e no período das 21 às 23 horas.

Pouco aproveitava das aulas, embora, na camaradagem com os colegas mais estudiosos, conseguisse os cadernos emprestados. Copiava as matérias e, véspera de provas, tinha as respostas na ponta da língua. E, assim, garantia a média necessária para passar de ano. Acabou o Ginasial e fez o curso Técnico de Contabilidade em três anos, concluindo em 1949, em uma escola particular, o Colégio Olavo Bilac.

Na formatura, vestiu um smoking de seda branca que pertencera ao Olavo Otero, o dono da fábrica de gravatas. Fez sucesso!

Apesar disso, sempre consciencioso com seu próprio dinheiro, Rino não gastava tudo. Uma parte do que recebia era depositada em uma caderneta de poupança da Caixa Econômica Federal, na agência da Praça da Sé. A caderneta verde de número 2.917, série 44, era cuidadosamente guardada e só saía de casa quando a família precisava fazer um saque extra. Nessas ocasiões, Rino ia ao banco acompanhado da mãe. A verdade é que mãe e filho eram duas pessoas economicamente independentes. Se Rino precisasse de dinheiro, a mãe emprestaria, a juros, é claro. Não que cobrasse. Ele é que fazia questão de pagar, até para ajudar a família.

A recíproca, porém, não era verdadeira. Quando a mãe pedia, o filho entregava sem esperar receber nada mais do que o valor emprestado. Assim mesmo, era uma relação de respeito – algo como dois bons investidores, que apenas por acaso eram mãe e filho. E, assim, o dinheiro era administrado com o requinte e o cuidado de uma corretora de valores, e por um garoto ao qual seria natural aproveitar a oportunidade para começar a freqüentar os "bailinhos" e investir em "becas" de qualidade.

Seu grande prazer era alimentar-se gostosamente, às vezes tomar uns goles de cerveja "Niger". Vestia-se bem, é claro. A época e o trabalho o exigiam. Porém, sua mãe comprava o tecido barato, e seu alfaiate era o primo Ivo Prupere, que continuou nessa tarefa durante anos e anos. Aos 13 anos, Rino vestia ternos feitos sob medida, e, até hoje, muitas roupas feitas pelo primo ainda estão bem conservadas, como se fossem novas, penduradas em seu guarda-roupa.

Com o emprego e os "bicos", lucros inesperados vieram. Porém, nunca se esquecia da irmã. Foi Rino quem deu a Myrian o primeiro anel, a primeira boneca que a garota tinha visto, com olhos encantados, na vitrina de uma loja em frente a sua escola. Tudo era comprado com o salário que ele ganhava na fábrica de gravatas.

Para si, Rino realizou um sonho do garoto que, sem perceber, estava deixando de ser. Como presente de Natal deu a si mesmo a desejada bicicleta. Mais do que um brinquedo de menino, o veículo foi rapidamente empregado para aumentar o capital. Afinal, nenhuma oportunidade de trabalho era recusada pelo jovem. Com ele, arranjou mais um bico, de carregador e entregador de presentes de Natal, no refinado bairro dos Jardins. Passou as madrugadas de muitos dezembros nesse vaivém.

Bem recebido por todos, ganhava gorjetas e guloseimas dos moradores que não se importavam em sair de suas casas, muitas vezes vestindo pijamas e camisolas, penalizados com aquele menino encantador. A melhora na situação financeira traria outras surpresas para a família Ferrari. Myrian se lembra, com emoção, a alegria que sentiu no dia em que um caminhão encostou à porta do cortiço para entregar uma farta cesta de Natal, um presente dos Oteros.

O emprego oficial durou dois anos, até 1943, quando Olavo Otero foi obrigado a fechar as portas. Na verdade, o próprio Rino já percebera que a tal fábrica fazia, sim, gravatas, mas era apenas um "negócio de fachada". Explicavam-se assim as constantes viagens do patrão, que seguia Brasil afora para vender ações da Companhia Belgo-Mineira, uma operação totalmente ilegal na época, mas que representava um negócio extremamente lucrativo, e que funcionou durante muito tempo. O esquema, embora ilícito, passou despercebido aos olhos das autoridades ou, sabe-se lá, teve o "apoio" de outros meios para que estas fechassem os olhos.

O fato é que ninguém se metia nos negócios da tal "fábrica". Ninguém até o dia em que chegou uma carta de Otero endereçada a Rino: "Fecha o negócio, porque sou fugitivo da polícia.". O patrão teve a chance de escapar das garras da lei, fugiu sem jamais ter sido condenado. Anos mais tarde, Rino viria a ter notícias do ex-patrão. Soube que ele instalara, mais uma vez em sociedade com o primo Mário, uma fábrica de cuecas e artigos masculinos. Chegou a procurar o antigo funcionário para contratá-lo, mas a vida já havia dado muitas e muitas voltas.

A última notícia que Rino teve sobre Olavo Otero veio, vejam só, outra vez pelo correio. Grossos livros sobre diversos temas que o homem editava, sabe-se lá com qual finalidade. O que vale registrar é que a gratidão do jovem pela primeira oportunidade também jamais foi esquecida. Ficou para sempre na memória de Rino.

Assim que foi incumbido de fechar a fábrica de gravatas, Rino, novamente, embora já houvesse aprendido muito em seu trabalho, assumiu uma responsabilidade maior do que seria normal para um menino de 13 anos. Tratou logo de comunicar aos representantes, por carta, que o negócio estava fechado. Rino acreditava que, bem ou mal, a fabricação das gravatas era, de fato, rentável. Desse negócio é que saía o seu salário, as despesas com aluguel, luz e tudo o mais. O segundo passo foi anunciar no Diário Popular, oficialmente, o encerramento da fábrica e a venda dos móveis e demais ativos, exatamente como o patrão recomendara na carta.

Naquela época, os garotos que buscavam um emprego e não tinham sequer alguns trocados para comprar um jornal faziam plantão na porta do Diário Popular. A prática era consensual, uma vez que as empresas, em vez de publicarem anúncios, mandavam seus representantes para buscar entre esses meninos um candidato a alguma vaga, em geral de office boy. Rino chegou ao prédio do jornal num dia de grande movimento. Muitos candidatos aguardavam ali uma oportunidade. Porém, uma vez mais o destino chegaria para mudar a vida, não da dezena de outros jovens, mas apenas a de Rino Ferrari.

Surge do nada uma figura conhecida, a de Antoninho Gimenez Lopes, um rapaz falastrão com quem Rino costumava conversar sobre futebol – Rino defendendo o seu Palestra Itália, e o Antoninho, o Corinthians. Vindo de família abastada, tendo um irmão que, paradoxalmente, era diretor do Palmeiras, Antoninho, ainda jovem, porém já casado, mantinha a família com três empregos. Um deles em uma agência de publicidade. Antoninho perguntou a Rino se ele estava procurando um emprego como os demais que ali esperavam. Rino explicou que viera ao "Diário" por outro motivo, para terminar de fechar a fábrica de gravatas onde trabalhava. Recebeu então um cartão do amigo com as palavras: "Quando você liquidar o assunto, se tiver interesse, me procure.". Um nome sobressaía no pequeno pedaço de papel: Publicidade Sem Rival.

Terminadas suas responsabilidades com o antigo emprego, Rino não teve dúvidas. No dia seguinte, seguiu para o endereço do cartão para dar início a uma das etapas mais importantes de sua vida. Aquela que definiria o rumo de tudo o que viria a conquistar no futuro.

Histórias de vida em família

Sem viagens, bailes, festas ou outras diversões, extremamente dedicado ao trabalho, a vida social de Rino Ferrari em sua adolescência estava restrita ao cinema, a arte pela qual seria um eterno apaixonado, e a algumas raras idas ao estádio para torcer pelo amado Palestra Itália. É verdade que tentou praticar esportes. Futebol de salão, tênis, basquete... mas nada foi adiante. Rino, apesar da vontade, assumia que não tinha vocação de esportista. E não tinha, principalmente, tempo. Seguindo a tradição familiar, a irmã Myrian tornou-se também muito fechada e caseira. Apenas estudava e cuidava da casa, da avó e da mãe. Anos mais tarde, se casaria com o primeiro namorado, pouco tempo depois de o irmão ter também o seu primeiro matrimônio.

Rino tinha uma grande preocupação com a irmã. Ela fora, afinal, desde sempre, sua responsabilidade. Com toda a paciência, era ele quem realizava algumas pequenas vontades da jovem em seus 11 anos, início da adolescência. Myrian lembra-se, com nostalgia, das festas de réveillon na casa de uma das tias, no Brás. Para a mãe, totalmente alheia, o Ano-Novo nada representava. Retirava-se cedo para a cama, um dia como outro qualquer. Seguiam, então, os dois irmãos, inseparáveis, para a festa simples, mas animada com a família.

De longe, levemente enciumada, com medo de perder a atenção do irmão querido, Myrian acompanhava o interesse das jovens pelo belo e encantador Rino Ferrari. Ela lembra que ele não era muito namorador nessa idade, mas que, certa vez, testemunhou uma história na qual teve papel de coadjuvante. Rino tinha um grande amigo, Wilson, com quem viajou certa vez para visitar a fazenda de um tio deste último, em Barretos. Lá conheceu duas primas de Wilson. A mais velha era professora primária na cidade, e a outra, uma belíssima moça, bem mais jovem, namorava um rapaz da cidade. Rino encantou-se com a segunda, enquanto a primeira caiu de amores por ele. Como Rino havia gostado muito dos dias na fazenda – e, talvez, mais ainda da tal jovem –, retornou às terras do tio de Wilson, desta vez levando junto Myrian. Assim, Myrian tornou-se uma "aliada" da moça apaixonada pelo irmão. Quando retornaram a São Paulo, era para Myrian que a jovem endereçava cartas, com apelos para que ela intercedesse em seu favor, dizendo que gostava do Rino. Ele jamais correspondeu. Anos mais tarde, a moça, que nunca o esqueceu, veio trazer um crucifixo como presente de casamento para Rino.

Em todos os momentos de grande felicidade que Myrian viveu na infância e adolescência, Rino era sempre o protagonista. Myrian ganhou amigos, como a mãe e as irmãs de Léo, outro grande companheiro da adolescência de Rino, quando, em um inesquecível verão, viajaram todos juntos para Santos para passar três dias na praia. O primeiro baile de Carnaval da vida de Myrian foi em camarote alugado pelo irmão, que fez questão de levar a mãe e a irmã para juntos brincarem a festa.

Era algo totalmente incomum alugar um camarote na época, ainda mais para toda a família, como fez Rino, que, então, tinha 17 anos. São muitas histórias de uma época em que a inocência era a marca das relações entre os amigos, bem diferente dos tempos atuais, em que os rapazes são muito individualistas. Em sua formatura do ginásio, foi novamente Rino quem patrocinou a festa para que Myrian participasse desse momento importante: álbum, vestido, tudo.

Ficou na lembrança também um belo casaco que ganhou de presente do irmão. Até então, nos dias frios, Myrian usava um velho sobretudo vermelho que pertencera à mãe. Portanto, duas vezes maior do que ela. Lembra com um brilho nos olhos o dia em que, finalmente, pôde ir para a escola sem passar pela gozação dos colegas e sem a enorme vergonha que sentia quando se comparava às demais meninas, todas bem vestidas, em suas malhas da moda. O carinho era expresso por Rino para toda a família, na verdade. Anos mais tarde, quando a avó Emma completou 80 anos, ele organizou uma grande festa, com direito a fotos de toda a família reunida.

Assim que terminou o primário, aos 12 anos, Myrian se restringia apenas às tarefas de casa. Foi por conselho de uma vizinha que decidiu pedir ao irmão mais velho – que nessa época já estava em seu segundo emprego e também fazia bicos vendendo imóveis – para voltar a estudar. Primeiro em um ginásio particular, cujos custos Rino fez questão de assumir. No ano seguinte, ela se transferiu para uma escola estadual, o Colégio Anhangüera, na Lapa, no qual se formou professora, pelo antigo curso Normal.

Quando Myrian estava no segundo ano do curso, Rino aconselhou a irmã a procurar um emprego. Por intermédio de um amigo, conseguiu uma vaga como recepcionista no curso de inglês Yázigi, no período da manhã, e à tarde seguia direto para a escola onde estudava. No ano seguinte, Myrian conheceu Fernando, com quem se casaria aos 23 anos, contra a vontade de seu irmão.

Apesar do grande respeito e admiração que demonstrava por Rino, a jovem não aceitou a interferência em seu relacionamento. Perspicaz, o irmão mais velho já percebera que o tal namorado não era uma pessoa em quem se pudesse confiar totalmente. Seu estilo dramático e fantasioso foi rapidamente notado por um Rino que já estava afiando o grande talento que desenvolvera para identificar o bom ou o mau caráter de uma pessoa. Chegou mesmo a ensaiar uma pequena investigação sobre a vida do moço.

Assim mesmo, sem a aprovação do irmão, Myrian insistiu e se casou. Sem poder fazer nada, Rino apenas aprimorou o que já vinha fazendo desde o nascimento da irmã. Abriu os olhos, ficou em alerta e se colocou de prontidão para cuidar dela, caso algo saísse errado no casamento. O tempo veio provar que, infelizmente, ele estava certo. A união terminou em menos de sete anos. O único fruto bom desse relacionamento haveria de ser o pequeno Fernando, seu sobrinho e, no futuro, grande amigo, fiel escudeiro e pessoa de grande importância na vida de Rino Ferrari. Na verdade, mais um filho.

Myrian assistia, com alegria, aos progressos do irmão. Certo dia, ele comprou uma motocicleta, e junto com o amigo Léo saía para passeios pelo bairro. Myrian lembra o dia em que a moto pegou fogo na porta de casa, criando tremenda confusão na vizinhança. Talvez por isso, quando já estava trabalhando com publicidade e vendendo terrenos nos fins-de-semana, Rino desistiu de motos e comprou seu primeiro carro. Era um automóvel antigo, um Chevrolet 39, mas naquela época poucas pessoas tinham automóvel.

Na adolescência e durante toda a vida, Rino teve um grande amigo na figura de seu primo Ivo Lucci, nove anos mais novo, com quem sempre teve excelente relacionamento. Considerado quase um filho pela tia Natalina, mãe de Ivo, Rino era recebido por ela com toda a alegria quando aparecia em visita à casa da família, no bairro de Pompéia, para contar seus progressos profissionais. Quando Ivo se casou, Rino foi seu padrinho, e sempre convidava a tia para conhecer todos os negócios que realizava, as casas que adquiria. Ivo lembra, com saudade, das visitas à casa da avó Emma, no cortiço da Rua Coriolano, onde se reunia toda a família.

Ivo sempre enxergou o primo como um sujeito lutador, empreendedor. Considera que, de toda a família, ele mesmo, que é empresário, e Rino, um grande empreendedor, foram os únicos que conseguiram sair com sucesso de uma situação de extrema miséria. "Nós viemos de uma origem muito pobre e, graças a Deus, vencemos. Mas não foi nada fácil! O Rino sempre foi muito admirado por todos porque não tinha preguiça de nada; se cismava de fazer um negócio ele ia, fazia e dava certo."

Ivo relata que o primo também lhe indicava bons negócios imobiliários. "Certa vez, indicou-me para comprar um terreno que era uma pechincha, porque estava em um local da capital ainda não urbanizado." Rino teve a percepção de que, no futuro, o terreno seria valorizado, como, aliás, acertou em muitas outras ocasiões. "Eu não comprei, mas foi a maior burrada que eu fiz. Ele já olhava com 'quatro olhos' naquela época. O Rino é dinâmico: era só falar que tinha uma coisa, que dava dinheiro, ele estava lá."

Outro primo, também Ivo, de sobrenome Prupere, seis anos mais velho do que Rino, foi seu alfaiate durante toda a vida. Foi também um amigo da adolescência. Como uma verdadeira família de italianos, os dois tinham aquele tipo de amizade que passa até pelo xingamento bem-humorado. E lá vinha um "mascalzone", e em resposta um "pelandrone".

Quando Rino comprou sua possante moto Enfield Indian, foi à casa do primo no bairro do Brás para mostrá-la e encomendar um terno. Na verdade, o primeiro de muitos que passou a fazer, sob medida, para Rino. Ivo começou a aprender o ofício de alfaiate aos 11 anos, com um mestre italiano que vivia no Brás. Foi uma imposição de sua mãe. Ela não queria que ele ficasse à toa pela rua, mesmo em uma época na qual o único medo dos pais era o de criar um vagabundo ou que os moleques morressem afogados no rio Tietê.

Com 17 anos, Ivo começou a trabalhar por conta, com a oficina de alfaiataria no Brás, e logo formou uma grande clientela. Assim, visitava com freqüência Rino nos escritórios onde este viria a trabalhar, para buscar o corte de tecido, provar e depois entregar. Elegante, Rino gostava de escolher os tecidos pessoalmente e fazia de três a quatro ternos por vez. As encomendas aumentaram depois que Rino abriu seu próprio negócio, e Ivo costurou para ele durante 50 anos. O trabalho do primo Ivo era o preferido do Rino, pois só Ivo sabia o exato tipo de caimento que deveria ter o terno. Uma roupa alinhada: nem justa, nem larga demais. Com carinho, Ivo lembra que, em certa ocasião, sua filha precisou de um apartamento para morar depois de casada. Atendendo prontamente a um pedido do primo, Rino vendeu-lhe, em condições especiais, um apartamento no prédio que construiu em homenagem à avó materna. Outra grande amizade é a prima Marina Franceschi, oito anos mais jovem do que Rino. Marisa comenta que Rino sempre foi um jovem arrojado, que sonhou e correu atrás da realização desses sonhos. "Rino não teve respaldo nenhum da família. Foi abrindo o caminho dele, e eu acho que teve êxito; lutou muito para chegar aonde chegou."

Mesmo tímido, assim como seu pai, Rino tinha extrema facilidade em fazer amigos e conquistar as mulheres. Flaminio Ferrari era um homem amigo de todos, muito querido. A mãe, nestas oportunidades, usava da sua simplicidade para também encantar todos. Depois das festas, vinham os comentários dos convidados, por telefone.

E mesmo tendo dinheiro, e ganhando roupas do filho, Anna insistia em viver sem vaidades. Era assim por princípio. Além das roupas, Rino chegou a comprar imóveis. Adquiria-os prontos e reformava-os, ou construía uma residência novinha em folha. Foi assim com uma bela casa erguida por Rino no bairro de Vila Jaguara. Como sabia que a mãe tinha o hábito de alugar as tais casas e voltar para o cortiço, ele mandou fazer uma casinha nos fundos, para que a mãe desse vazão à "sanha da locação". Enganou-se. Dona Anna, rapidamente, se acomodou no espaço menor e arranjou inquilinos para morar na casa da frente. O fato é que ela nem mesmo queria sair do cortiço, ainda que a família, graças ao filho, tivesse plenas condições para se mudar dali.

Rino Ferrari demonstra em suas atitudes, muito claramente, traços do perfil de seu pai, Flaminio. Dele herdou certa displicência, o gosto pelas boas coisas da vida, a admiração pelo sexo oposto. À mãe atribui o talento para os negócios, mas, ao mesmo tempo, algumas falhas com a administração de bens, e o julgamento errado de algumas pessoas a quem se associou para empreendimentos que resultaram em negócios malsucedidos; a precipitação, que o levou a perder dinheiro em muitas ocasiões.

O fato é que, quando Rino começou a fazer uma carreira bem-sucedida, seus pais, assim como acontecera por ocasião das boas notas da escola, não tomaram conhecimento. Na verdade, acharam que era "normal". Ou quase isso. A rigor, a mãe o chamava de louco, porque a dimensão daquilo tudo era muito grande para sua simples visão das coisas.

Flaminio Ferrari viria a falecer em outubro de 1973. Rino sabia que isso, cedo ou tarde, iria acontecer, pois, em janeiro, o pai tivera câncer na garganta. A doença, ao contrário do que pensaram todos, não fora curada. Três meses depois da melhora, o câncer surgiu no pâncreas, e em pouco tempo Flaminio faleceu na mesa de operações.

Rino lembra que, ao receber a notícia do médico, foi até a sala onde estava o corpo do pai. Ficou ali, imóvel, durante um bom tempo, admirando a figura do pai, seus ainda belos traços. Estava sozinho, como sempre estivera. Entretanto, sentiu todo o amor que teve por um homem com o qual convivera tão pouco. Percebeu um amargo remorso por isso, também por ter dito ao pai algumas coisas as quais, agora, preferiria não ter falado. Uma delas, o pedido que certa vez fez ao pai para que abandonasse a amante e voltasse para sua mãe. Enfim, pensamentos que todos os filhos têm um dia, especialmente num momento como esse, diante da sensação de impotência por uma situação que não nos é controlável. O destino decide, o destino cumpre.

A mãe de Rino morreu em 1984. Aos 74 anos, dona Anna ainda era bem saudável. Porém, uma queda no banheiro foi fatal. Rino lembra que a mãe, talvez já desde a época em que, ainda menina, pulava a janela para colher frutas no pomar, era, por assim dizer, "destemida". Atravessava desatenta a linha do trem e, certa vez, foi atropelada por um automóvel na Rua 13 de Maio, no centro de São Paulo. Enquanto a motorista, uma médica, corria desesperada para ajudá-la, imaginando o pior, dona Anna simplesmente se levantou, sacudiu a poeira da roupa e disse: "Não foi nada".

Quando do falecimento de sua mãe, Rino sentiu que, finalmente, ela poderia encontrar o descanso que nunca tivera em vida, por seu temperamento forte e arredio. Anna, embora uma boa pessoa, foi alguém atormentada por um desequilíbrio emocional que nunca quis, ou deixou, tratar. Uma pessoa que simplesmente viveu a vida, deixando passar o tempo e passando por ele sem pretender nada mais do que se esconder em si mesma. Proteger-se da felicidade, uma coisa fantasiosa e, portanto, que nunca poderia ser alcançada...

Com o falecimento da avó Emma, em 1961, Rino resolveu realizar um sonho que alimentava há anos, o de transformar o cortiço em um prédio e fazer uma homenagem à avó que tanto amava. Começou, uma a uma, a comprar as partes que pertenciam aos parentes e descendentes. A negociação toda levou 20 anos para ser concluída. Em seguida, ele passou a negociar a saída dos inquilinos. A família achava que ele estava louco; não entendia seus objetivos.

Rino continuou comprando. Tentou adquirir o terreno vizinho, que fora de seu avô materno, mas não conseguia porque havia dois sobrados na frente e um casarão nos fundos. Depois de certa insistência com a proprietária – pois ela, diante do risco de ser despejada, ligou para o Rino e ofereceu o imóvel pelo valor da sua casa –, ele conseguiu ficar com o imóvel. A intenção era fazer um prédio comercial, um condomínio de serviços, mas o cálculo do retorno de investimento, que levaria anos para ser restituído, o fez desistir.

Então, decidiu incorporar mais um terreno vizinho e fazer um prédio residencial. De volta à carga nas negociações, mais um bocado de persistência, e lá ficou Rino com um terreno de 20 m x 52 m no total. Fez o edifício de 52 apartamentos, bem construído, e batizou com o nome da avó: "Emma Sturari Mattiazzo", na Rua Coriolano, 828 - Lapa, São Paulo, Capital. Foi um sonho que levou mais de 30 anos para ser realizado. Um sonho que muito bem retrata o caráter de persistência de Rino Ferrari quando decide empreender.

E o cortiço do menino que ajudava todos – mas, por ironia, nunca participou das festas do vizinho "rico" – tornou-se um símbolo de suas conquistas, um primeiro marco das suas muitas vitórias na luta pela construção da vida. Uma vida cuja corda, na escalada, foi subida a pulso.

Capítulo 2 - A luta pela vida

O publicitário

Nasce um novo dia no ano de 1943. A cidade de São Paulo amanhece um tanto mais bucólica e tranqüila do que nos seus atuais dias de megalópole. Mas, ainda assim, será um dia movimentado. Ao menos para Rino Ferrari, 13 anos, um jovem que procura um endereço escrito em um cartão, Rua Santa Ifigênia, bem próximo ao largo e à igreja. Vai em busca de seu segundo emprego. O trânsito, nem de perto o que é hoje, assim mesmo está caótico. Para sair da Lapa rumo ao Centro, Rino ia dependurado no bonde – do lado esquerdo, porque do direito não havia mais espaço. Um dedo no balaústre e um no estribo, roçando o ombro em todos os postes de ferro da Avenida Água Branca. Era o único jeito de ir buscar um novo emprego, ser um misto de guerreiro e herói.

Logo chega à agência de publicidade, mencionada no cartão que recebeu do amigo Antoninho Gimenez, no dia em que publicava o anúncio de encerramento das atividades da fábrica de gravatas onde trabalhou durante dois anos. Assim como na entrevista para seu primeiro emprego, na agência a história repetiu-se. Bastou uma conversa com o futuro patrão para que fosse contratado. Como office boy, claro. Mais um para a equipe de outros seis garotos, todos nessa mesma função, um deles sobrinho do proprietário.

O nome da empresa que estava no cartão, Publicidade Sem Rival, não foi motivo de questionamento para o garoto naquele dia. Somente anos mais tarde, talvez influenciado por sua trajetória como funcionário, brilhante por sinal, faria com que Rino pensasse no quão inadequado era aquele nome dado pelo seu empregador à empresa...

Toda a experiência que possuía em tarefas rotineiras de entrega de documentos em bancos, cartórios e demais atividades a que estava tão habituado serviu para que Rino ascendesse rapidamente na sua carreira dentro da agência. Em dois meses, assumindo novas responsabilidades, tornou-se chefe dos boys, incluindo o tal sobrinho do patrão. A promoção garantiu-lhe algumas mordomias. Não precisava mais sair às ruas. Trabalhava o dia todo na agência, recortando jornais para conferir a publicação dos anúncios de cada cliente e, também, recebendo novos anúncios por telefone.

O diretor da Sem Rival era Itálico Ancona Lopez e, logo abaixo deste, também na direção, estava seu irmão Dante, um homem fascinado por cinema, que organizara mostras com o arrendamento do Cine Coral, em 1951, celebrizando-se como o "criador do cinema de arte em São Paulo". Os dois eram filhos do editor do caderno internacional de O Estado de S. Paulo, uma área que sempre mereceu grande respeito no Jornalismo.

Embora fosse competente ao anotar os textos dos anúncios recebidos por telefone – tendo, inclusive, criado um sistema de taquigrafia próprio, totalmente à prova de falhas –, Rino era muito exigente consigo. A primeira carta comercial redigida, por autocrítica, foi refeita pelo menos umas 50 vezes, até chegar a um resultado aceitável, pelo menos por ele próprio. Certa vez, um anúncio para um cliente dinamarquês passou sem revisão. O resultado? Um estrondoso vexame. Rino grafou erroneamente "prazeirosamente", em vez de prazerosamente. O cliente, que sabia português melhor do que ele, apesar de recém-chegado ao País, o corrigiu com requintes de crueldade. Rabo entre as pernas, Rino saiu dali bem envergonhado, sentindo-se semi-analfabeto.

Corrigiu o deslize entregando-se à leitura de jornais, revistas, livros e almanaques, que já devorava desde a infância. Mesmo sem muito dinheiro, Rino era leitor assíduo da "Coleção Saraiva", uma das séries literárias que revolucionaram a história do mercado editorial da década de 1940. Reunia autores como Machado de Assis e José de Alencar e contava com trabalhos de famosos artistas plásticos, como Tarsila do Amaral. Também comprava as obras publicadas pelo "Clube do Livro", instituição que visava à publicação de autores famosos a preços mais acessíveis. Rino também alugava ou trocava nas bancas de jornais livros infanto-juvenis de aventura.

O crescimento profissional e pessoal de Rino também recebeu contribuição da convivência com os intelectuais e jornalistas com quem tinha contato diário no trabalho na agência. Observador e inteligente, ele absorvia o conhecimento recebido nas conversações. Com apenas 17 anos, apenas há quatro na empresa, abraçou responsabilidades muito maiores do que as normais para sua idade e experiência. Os demais funcionários não aceitavam muito bem sua competência. Como podia um garoto praticamente "mandar neles"? Entretanto, sua ascensão profissional se dera, apenas e tão somente, por mérito próprio, sem padrinhos ou protetores, lutando contra tudo e contra todos. Começando como office boy e, depois, passando por todas as áreas da agência, aprendendo e progredindo até, anos mais tarde, atuar como comissionado – o que faria com que se tornasse algo como "uma agência dentro da agência".

O trabalho era sua grande alegria. Por isso mesmo, não se incomodava em fazer tantas tarefas, ultrapassando o horário de expediente. Fora da agência, Rino trazia as marcas da infância de segregação social; via-se rejeitado. Dentro da agência, sentia-se seguro, gente de bem, importante. A Sem Rival o fez sentir-se gente. Valorizado pelo resultado positivo do seu trabalho, criou auto-estima, ampliou seus horizontes. Mesmo continuando a ser um solitário, criou coragem para descobrir e enfrentar a vida.

Assim, Rino passou a entrar no trabalho por volta de 7 horas, enquanto os demais entravam às 9 horas. Chegava já com todos os jornais, recolhidos no caminho, desde a Rua Sete de Abril, passando pela Boa Vista, até a Rua do Carmo, para conferir, fazer o checking, como o mercado passou a chamar a garimpagem dos anúncios de clientes da agência. À noite, quando todos saíam, ele permanecia até as 21 horas, e depois ia para a escola, perdia as primeiras aulas, mas marcava o ponto. E sábado, quando ninguém trabalhava, lá estava ele até as 5 da tarde, bem como aos domingos, das 8 até as 13 horas.

O certo é que esse garoto estava virando homem. A amizade com pessoas bem mais maduras do que ele, na faixa de 30 a 40 anos, e de bom nível cultural, trazia para Rino grandes experiências de vida. O crescente desconforto dentro da agência era refrescado pelo ambiente das redações e dos veículos de publicidade, totalmente aprazível. Tinha real autonomia e era acatado na maior parte de suas solicitações. Era estimado pelos jornalistas das redações e pelos profissionais das áreas comerciais dos veículos, que lhe davam ampla liberdade de ação.

Ele chegava às oficinas gráficas da Gazeta por volta de uma e meia da tarde, bem antes de começar a rodar o jornal. Ali se instalava, tranqüilamente, e se dedicava a colocar os anúncios na rama que bem entendesse, espalhava-os, diagramava tudo com atenção e cuidado. Em O Estado de S. Paulo, que ficava na Rua Barão de Duprat, desfrutava do privilégio de diagramar seus anúncios nas melhores páginas. Outros tempos, bem diferentes de hoje, vale dizer. Rino era sedutor, conquistava todos.

Desde o diretor de redação da Gazeta, Pedro Monteleone, grande figura humana, até o secretário da redação, Américo Bolonha, que admirava o jovem audacioso.

As amizades que fez foram extremamente importantes. Todos se encantavam com Rino, sem que ele fizesse esforço no sentido de agradar. Sequer se considerava uma pessoa brilhante. E justamente por sua simplicidade, por não tentar competir com ninguém, teve em troca a oportunidade de uma vivência extraordinária. Rino era amigo de todos, sempre parando aqui e ali para um gostoso bate-papo, com o linotipista, o paginador, o montador da rama, os jornalistas, diretores dos veículos. Ele continuava a trabalhar incansavelmente. Embora tivesse tantos amigos nas redações e oficinas gráficas, se ali estava à vontade, jamais esquecia que o seu objetivo principal era cuidar dos clientes. Fazia questão de acompanhar o anúncio desde a prancheta até a diagramação. Isso porque ele logo aprendeu que o resultado de um anúncio bem ou mal colocado era brutalmente diferente.

Certa vez, ao ler o jornal O Estado de S. Paulo em um fim-de-semana, notou que o anúncio de uma promoção da empresa aérea TAM só saíra no domingo, sendo que o certo seria no sábado também. Seguro de si, foi tirar satisfações. Sabia que tinha olho clínico. "Se eu não vi é porque não saiu", pensava o jovem. Porém, o anúncio fora publicado, só que em uma página par, ao lado de outro de mesmo tamanho que "matava" o da TAM. Por isso mesmo, reforçou ainda mais o cuidado especial que sempre teve com a diagramação.

Durante todos os anos em que trabalhou na Sem Rival, Rino viveu momentos marcantes, que reforçaram o tal perfil "pé-de-boi", que os amigos gostam de mencionar. Em meados dos anos 40, o jornal Gazeta, da Fundação Cásper Líbero, era o vespertino de maior força; mais até que os, hoje consagrados, O Estado de S. Paulo e Folha de S. Paulo, principais veículos onde a agência colocava seus anúncios, embora também anunciasse em revistas, como O Cruzeiro, Manchete, Fatos & Fotos e Noite Ilustrada. Porém, o meio revista significava menos para a propaganda da época, pois não tinha a tiragem e nem a beleza das publicações de hoje.

Rino lembra que essa fase foi muito agradável, uma verdadeira festa. Para ele, era um momento até de descontração. Divertia-se quando levava os clientes para premiarem com troféus os vencedores da tradicional corrida de São Silvestre. Esses troféus eram entregues ao jornalista Carlos Joel Neli, que editava as fotos nas edições que saíam diariamente promovendo o evento. A Gazeta era, portanto, um dos principais espaços procurados pelos clientes da Sem Rival. Apenas nesse veículo, a agência publicava, regularmente, de três a quatro anúncios nesse período, em cores, com 120 cm de coluna, sempre na primeira página. Rino incrementou essa programação. Além de esticar o prazo, começando em novembro e seguindo até 3 de janeiro, ele ocupava não apenas a primeira página, mas também a última e a capa de um dos cadernos.

Assim, todos os dias, eram quatro ou cinco anúncios coloridos. Embora as propagandas fossem caras, o impacto era muito forte, já que os jornais não tinham cores naquela época. Só que a balbúrdia que isso causava estabelecia peso parecido ao do alto faturamento obtido. Em caráter normal, um clichê desse tipo era feito em quatro ou cinco dias, mas o jornal era obrigado a fazer em meio dia. Rino, graças a suas boas amizades, conseguia que ninguém ficasse estressado com todo esse movimento.

Também na Rádio Gazeta, o publicitário comprou para a Sem Rival quatro horários nobres, das 8 às 10 horas da noite. Eram programas de auditório de alta qualidade. Esse perfil de "multitarefas" também foi marcante com dois clientes da área de cultura, a Companhia Cinematográfica Vera Cruz e o Teatro Brasileiro de Comédia - TBC, que, em 1947, vivia seu auge. Sempre extrapolando suas atividades, Rino negociava os espaços publicitários, compunha os anúncios e, ainda, produzia os programas das peças em cartaz, que eram vendidos ou dados nos teatros.

Nessa mesma época e nessa mesma área de atuação, tinha como cliente o respeitado dramaturgo José Silveira Sampaio, em uma grande temporada no Teatro Municipal.

Ainda naquele ano, Rino viria a empreender a primeira atividade fora de sua área de atuação, que seria seguida de muitas outras, algumas bem-sucedidas, outras nem tanto. Promovida pelo Governo do Estado de São Paulo, a "Exposição dos Municípios" trouxe uma programação de lazer ao Parque da Água Branca, que durou até o ano seguinte, 1948. Foi um sucesso de público, porque não havia quase nada do gênero, naquela época. Rino comprou duas baias no local para montar um bar, servindo aos visitantes boa comida e bebida. Os garçons eram seus amigos, e dona Anna, sua mãe, foi encarregada de fazer os pernis de porco para servir como sanduíche. O cliente Frigor Eder forneceu as salsichas; o chope veio sob patrocínio da Companhia Antarctica Paulista, além de algumas garrafas de bom vinho, comprado diretamente na "meca" dos restaurantes, bares e lanchonetes, a Rua Paula Souza.

O local foi batizado de "Bar Alviverde". Claro, afinal o Palmeiras era o time do coração de Rino e o negócio estava ali, bem ao lado do Parque Antártica, sendo inclusive visitado por seus principais jogadores. A despeito das reclamações da concorrência vizinha, o sucesso foi estrondoso, já que a exposição era visitada por gente de toda a São Paulo. No local, havia também uma boate, embaixo das arquibancadas sociais, mas o empreendimento faliu logo no início da feira. Disposto a retomar as atividades da tal boate, e, claro, trazer mais público para o bar, Rino muniu-se de uma vitrola de mesa que havia conseguido numa permuta, alguns discos de polca e outros que comprou para a ocasião. Acabou ganhando mais dinheiro na boate do que no "Bar Alviverde" – o sucesso foi tamanho que as pessoas faziam fila para entrar.

Quinze anos depois de ter ingressado na Sem Rival como um simples office boy, Rino Ferrari tinha autonomia suficiente para escolher e colocar em prática as estratégias que bem entendesse. Em 1958, por exemplo, decidiu bancar uma edição especial da Gazeta Esportiva em torno da Copa do Mundo da Suécia. Fez um jornal em formato tablóide, com muitas páginas e, claro, muitos anúncios. Além do faturamento, esse tipo de iniciativa sempre gerava novos clientes para a agência.

Outra marca de seu empenho pessoal está na campanha para uma das bebidas da indústria holandesa Bols. Rino fez um plano para eles com base na colocação de propagandas impressas em chapas de metal nos pontos-de-vendas. O nome Bols estaria em nada menos do que 10 mil placas – um número alto para a época, mas que na São Paulo de hoje teria de ser 10 vezes maior para dar resultados. O cliente respondeu: "Eu fecho com a condição de você colocar pessoalmente cada placa", porque desconfiava do trabalho de terceiros; duvidava que os anúncios fossem realmente colocados.

Rino carregou seu Chevrolet 39 com as 10 mil placas, chamou um colega de trabalho e, juntos, saíram à noite colocando a propaganda em ruas, avenidas, estradas e rodovias de São Paulo afora. Nas estradas, foram muitas vezes ameaçados por tiros de espingarda dados por proprietários de estabelecimentos que residiam nos fundos e, lógico, estavam dormindo e acordavam com o barulho. E lá ia Rino pregando as placas de metal, martelo na mão, em cima de uma precária escada, varando a noite. Ia dormir duas ou três horas da madrugada e, no dia seguinte, o batente era o mesmo. Pouca gente faria isso. Rino jamais se recusaria. Colocou todas as chapas metálicas e ganhou um bom dinheiro. "Claro que cobrei para fazer também esse serviço, mas não tinha medo de trabalhar. Imagine um publicitário de sucesso varar a noite colocando placas? Por que não? Que desonra teria? Nenhuma, para mim não tinha nenhuma."

O casamento

Tudo caminhava muito bem na vida profissional de Rino Ferrari, na alegria da mocidade, no esplendor de seus 20 anos. Em especial, por ser um publicitário bem-sucedido com tão pouca idade. Um dia, seguindo para o trabalho, um acidente iria mudar sua história de vida pessoal. Não sofrido por ele, mas pela jovem que viria a ser sua esposa. Cavalcanti era o nome dela. Colegial, meias até os joelhos, saia rodada, uma linda garota. Tímido como era Rino, jamais teria se aproximado dela. Foi o tombo em plena rua Santa Ifigênia que providenciou tudo... Janete (Jane, como ela gosta de ser chamada) ia distraída e, de repente, escorregou no trilho do bonde, caindo no chão. Solícito, Rino correu até a jovem para prestar ajuda. Ela, morta de vergonha, com as pernas à mostra, aceitou de bom grado a ajuda. Acabaram se encontrando mais vezes, conversavam, ficaram amigos.

Além de estudar, Jane trabalhava com a irmã Olinda e o cunhado. Os dois eram proprietários de uma joalheria na Rua Santa Ifigênia. Assim, a jovem saía do colégio em que cursava na parte da manhã e seguia, diretamente, para o trabalho. Seu caminho obrigatório passava pela porta da Publicidade Sem Rival, mas jamais notara o jovem que sempre a admirava, pelo menos até o dia do tombo...

Rino seria o primeiro namorado de Jane, que estava apenas com 16 anos. Ela ficou muito bem impressionada, simplesmente se encantou com o belo rapaz de 21 anos, que era bem diferente da moçada do colégio com a qual convivia até então. Tudo se passou no início do ano de 1951 e, naquela época, a regra era clara. Conhecer a família da moça deveria acontecer rapidamente.

Sem saber, porém, Rino fora investigado. Um colega da Sem Rival, por coincidência, era sobrinho de Sebastiana Holanda Cavalcanti, ou "dona" Bebé, sua futura sogra. Eis que o rapaz entregou a "ficha" completa para a tia. Como nada havia que o condenasse – ao contrário –, ele foi aprovado para namorar Jane. Rino acreditava que a aprovação veio não porque ele era um trabalhador que progredia rapidamente, mas, sim, porque dona Bebé percebeu nele o caráter de uma pessoa de bem. Pela primeira vez em toda a sua vida, o fato de morar em um cortiço não pesou em suas relações amorosas. Sentiu-se feliz com a primeira não-rejeição.

É claro que Rino ficou um pouco assustado com dona Bebé, uma nordestina severa, que enviuvara muito jovem. Havia sido professora, daquelas à moda antiga, e criara todos os filhos sob rígidas tradições. Lutadora, educou sozinha e "casou" 11 dos 13 filhos, o que provocou em Rino um grande senso de respeito e admiração. Ela, Jane e um irmão, viviam modesta, mas razoavelmente bem, e com toda a dignidade, num pequeno apartamento na Rua Conselheiro Crispiniano. O namoro transcorreu em paz.

Os dois encontravam-se na casa de Jane, onde dona Bebé o recebia nos fins-de-semana, com um batido à base de leite com abacate – no limite do que ela podia oferecer, mas que Rino gostava muito. Nem Jane nem Rino reclamaram do namoro no sofá, sob olhos vigilantes. Os dois sabiam que assim deveria ser. Mesmo ao Cine Marrocos, que ficava exatamente do outro lado da rua, Jane não podia ir sozinha com o namorado. Se fosse, a mãe dizia que deveria estar de volta às 21 horas. Depois desse horário não entraria mais em casa.

Rino já tinha seu Chevrolet 39, e para Jane, que nunca teve um automóvel, era uma grande novidade, ainda mais que os dois poderiam passear. Só que, durante o namoro, acabaram saindo muito pouco, e sempre com alguém da família junto.

Chegou o momento de levar sua família para conhecer a noiva. "Vocês vão conhecer a minha namorada", disse para a mãe e a irmã, certa noite. As duas foram com Rino ao apartamento. Ambas fizeram uma comparação mental entre o lar caprichosamente arrumado e a casa bagunçada da Rua Coriolano. Mesmo com aquela pontinha de ciúme de quem via no irmão o seu herói, Myrian soube admirar a rara beleza da moça por quem seu irmão estava apaixonado. Dona Anna, por sua vez, ficou horrorizada. Achava que ele era muito novo, e não descartava aí certo preconceito de uma italiana acostumada a ver com maus olhos quem não vinha de sua colônia.

Jane, por seu lado, adorou a futura sogra e também se afeiçoou rapidamente a Flaminio. Encantou-se, enfim, com a típica e tradicional família italiana. Soube que, por suas origens e educação rígida, seria a moça certa para o filho deles. Jane também se apegou aos tios preferidos de Rino, Osvaldo e Natalina, dos quais ficou amiga inseparável desde o primeiro dia.

O noivado foi simples. Uma festinha no apartamento de Jane, uma reunião para os familiares mais próximos. Tímida e envergonhada, a moça tentou esconder-se num canto, quando, emocionado, Rino pediu sua mão em casamento na frente de todos. Quase três anos depois, após o namoro e um ano e meio de noivado, os dois se casariam, Jane com 19 anos, Rino às vésperas de completar 23. O matrimônio aconteceu na Igreja de Santa Cecília, em janeiro de 1953. Como sempre alheia a tudo, dona Anna não poderia deixar de aprontar uma das suas naquele dia especial. Fato raro, fez um belíssimo vestido para a filha Myrian. Tudo parecia caminhar bem, mas aí veio a confusão. Aproximava-se a hora do casamento, marcado para as 16h30 daquele sábado, e ninguém encontrava a matriarca. No fim, nenhuma surpresa. Como sempre, dona Anna saíra para resolver suas coisas de trabalho para, em cima da hora, se arrumar para o casamento do filho.

A cerimônia foi simples, mas muito bonita. O vestido de Jane foi feito por uma irmã, Maria Alzira, que era modista da Casa Vogue. Naquela época, quem pagava o vestido era o noivo, mas a irmã de Jane nada cobrou. Esse mesmo carinho de Maria Alzira, a noiva recebeu também da irmã Olinda, que fora para ela uma segunda mãe, já que o pai delas havia falecido quando Jane contava apenas oito anos de idade, deixando dona Bebé muito abalada. Olinda, é claro, não poderia faltar com os cuidados que teria para o resto de sua vida, especialmente naquela data tão importante para a irmã. Ajudou em todos os preparativos. Preparou Jane para que não ficasse menos que "radiante".

E a noiva fez bonito, com longos cabelos negros, magra e belíssima em seu vestido branco de renda, justo na parte de cima, com mangas compridas, gola alta e, na parte de baixo, uma saia de tule armada, como se usava na época. Como jóia, ela usava apenas um colar de pérolas e carregava o buquê, feito de rosas brancas, envolvidas por um tecido de tule. Jane entrou pela nave central, causando grande impressão.

Um pouco antes, um elegante Rino adentrara a igreja usando um belo terno azul-marinho, par de meias brancas (se usava) e sapatos pretos. Na igreja toda enfeitada de lírios brancos e rosas, o padre fez um casamento demorado, com muitas preces, bem diferente das cerimônias de hoje. Jane estava encantada. Muito jovem e inexperiente, debutava para emoções totalmente desconhecidas, quando sequer imaginara que um dia se casaria.

E assim tudo transcorreu em perfeita paz para os noivos em sua festa improvisada no espaço emprestado por um primo da família Ferrari, na verdade uma oficina mecânica. A festa simples, à moda italiana, no galpão praticamente sem decoração, reuniu a família e alguns amigos muito próximos. A lua-de-mel foi em Caraguatatuba, onde o casal ficou por duas semanas, e depois mais uma semana no Rio de Janeiro. Com receio de não encontrar uma casa, os dois alugaram um imóvel um ano antes, na Vila Clementino, praticamente no meio de uma floresta. Era um enorme terreno com uma casa boa na frente, com a intensa vegetação garantindo certo ar bucólico ao local. A bela casinha, propriedade de uma família de alemães, com muitas flores e plantas, além de um riacho nos fundos, passarinhos – quase uma chácara. A residência era confortável, com sala, quarto, cozinha e banheiro. Para Jane estava de bom tamanho. Apaixonada pelo marido, achava que o lugar era até grande demais. Sua única vontade era ficar junto de Rino.

Porém, apesar de tudo, o casal viveu apenas três meses na casa, porque havia um vazamento no teto que fazia correr água na parede do quarto. A umidade era terrível e fez tornar-se crônica a sinusite de Rino. Decidiram mudar-se. A Sociedade Engas de Imóveis, que era o administrador do aluguel, cobrou todas as multas possíveis e impossíveis, quando, na verdade, o episódio poderia até requerer uma indenização aos moradores. Atravessando a cidade, mudaram para a Zona Norte, na parte de cima de um sobrado no bairro de Santa Terezinha. Embaixo morava uma senhora, mas a residência era completamente independente, e um pouco maior do que a primeira, com dois quartos, sala, cozinha e banheiro. Instalado o casal, Rino começou a construir a própria casa. Dona Bebé iria morar com eles durante todo o período em que viveriam juntos.

Os primeiros anos de casamento foram de grande felicidade. Quando se casou, Jane deixou de trabalhar e abandonou o ginásio sem completar os anos que faltavam para a formatura. Vinha de uma família na qual aprendera que, naquele tempo, "se casava por amor e para construir família". A ela, com as lições que aprendeu, não interessava dinheiro. Queria lutar junto com Rino, construir, e era isso que acreditava naqueles primeiros anos de matrimônio.

Momentos de grande felicidade do casal eram as festas dançantes que freqüentavam. Os dois, exímios dançarinos, "abriam" e "fechavam" os bailes, chamavam a atenção e paravam o salão. Depois de uma adolescência vivida no recato, com poucas festinhas no clube, a vida de casada agora permitia que Jane freqüentasse a noite paulistana, incluindo as festas de trabalho que a Sem Rival realizava em requintados clubes e boates.

A primeira filha nasceria em 6 de agosto de 1954. O nascimento de Clélia foi uma alegria para o casal, que já havia tentado ter filhos antes, porém sem sucesso. Jane sofreu dois abortos naturais e, por isso mesmo, dessa vez ficou sete meses de cama para não correr riscos. Havia um problema de útero, mas ela não sabia. Assim, o médico recomendou repouso total. Para ela, que desejava sair, ir ao cinema e passear, foi muito difícil.

O nome escolhido para a filha veio de uma influência do bairro onde Rino sempre morou. No entanto, o lado materno da família defendia que fora mesmo uma idéia da tia Olinda, a dona da joalheria. "Tudo valeu a pena porque eu queria muito ter minha filha. A Clelinha era muito bonitinha; ela cresceu uma menina muito elegante. Rino dizia: "Essa menina vai ser Miss Brasil.". E quando a apresentava a alguém, dizia: "Essa é a minha filha, futura Miss Brasil", conta Jane.

O médico a surpreendeu quando disse que não mais teria problemas se engravidasse novamente. E, de fato, Jane passou noves meses grávida do segundo filho, praticamente com Clélia no colo, cozinhando e fazendo várias atividades, já que gostava de ter a casa absolutamente bem organizada, limpa e arrumada. Rino Ferrari Filho nasceu dois anos depois da irmã, em 27 de junho de 1956. Rino, assim que a criança veio ao mundo, dessa vez o esperado menino, sonho de todo e qualquer pai, contou à família, aos amigos e ao mundo a grande alegria, o presente recebido.

Corretor de imóveis

No fim dos anos 1950, o incansável Rino Ferrari começou a atuar também como corretor de imóveis, um serviço extra que fazia aos sábados, domingos e feriados. O negócio imobiliário apareceu em sua vida de maneira muito positiva. Era jovem, com 20 anos, e possuía uma boa reserva financeira. Não precisaria do trabalho, mas assim mesmo não o recusou. A Sociedade Imobiliária Dourado era cliente do Rino na Sem Rival. Por convite do diretor da empresa, Valdemar Simoni de Dourado, passou a trabalhar com ele nos fins-de-semana.

Era Rino quem cuidava pessoalmente das campanhas da "Dourado". Havia um grande volume de anúncios, publicados todas as quintas-feiras, sábados e domingos. Apenas aos domingos eram duas dúzias de anúncios de grande formato. Com seus bons resultados na área imobiliária, Rino chegou a atender 29 incorporadoras e imobiliárias. O relacionamento era tão bom que Rino, ao perceber as poucas chances de um determinado empreendimento para a comercialização, se encarregava de aconselhar o cliente. Foi o caso, por exemplo, de um magnífico e moderno prédio na Avenida 9 de Julho. "Não anuncie mais, não adianta. Você está gastando uma fortuna com publicidade, talvez mais do que gastou na construção." Até exagerava na busca de proteger o anunciante.

Da amizade entre Rino e Dourado, logo surgiu uma espécie de parceria de negócios. Rino passou a sugerir nomes de alguns empreendimentos que poderiam interessar aos objetivos de Dourado. Em troca, o cliente separava essas mesmas opções de boas vendas e colocava Rino nos plantões para comercializá-las nos fins-de-semana. Inicialmente, ele ia aos plantões para tomar ciência do ramo e melhorar os anúncios. Então, recebeu o convite para fazer plantão de vendas nas agências da Dourado.

Outro grande amigo dessa época foi Odil de Sá, hoje presidente do Sindicato dos Corretores de Imóveis do Estado de São Paulo. Rino e ele conviveram em 1963, quando Odil fundou sua própria corretora, a Odil de Sá Imóveis Ltda., na Avenida Santo Amaro, que também se tornou cliente da agência do Rino. Odil conta que a Sociedade Imobiliária Dourado atuava fortemente na Zona Sul de São Paulo, dominando essa região naquela época. Mais tarde, instalou um escritório central na Rua Barão de Itapetininga, e ainda mantinha agências na Avenida Santo Amaro e na Avenida Indianópolis, onde ele e Rino trabalhavam. "O Rino chegou a trabalhar junto conosco naquele tempo, mas seu principal papel era atender a área de publicidade."

O que era para ser apenas um "bico" acabou durando doze anos, até que ele se cansasse do tipo de trabalho, embora fosse muito lucrativo. Chuva ou sol, Rino comparecia aos seus plantões. Certo dia, desses de temporal, enquanto ele lia tranqüilamente o jornal à espera dos clientes, chegou um homem à procura de um terreno com especificações detalhadas para que pudesse construir um prédio no local. Como não tivesse nada exatamente como fora solicitado, Rino ofereceu um terreno caríssimo de 30 m x 50 m na Rua Vieira de Moraes. O tal homem foi visitar o local e fechou negócio na hora. Quando Dourado chegou ao plantão naquela tarde, Rino pediu demissão. "Dourado, eu não quero mais. Ganhei este dinheiro. É o último dinheiro que eu ganho aqui, porque eu não agüento mais." E assim parou com os plantões.

De fato, o negócio era lucrativo, porque Rino não ganhava apenas comissão. A boa relação e a liberdade que Dourado estabelecera entre eles permitiam-lhe que estivesse sempre atento e assim adquirisse bons terrenos. Alguns imóveis Rino pagava com o pouco capital de que dispunha, negociando, por exemplo, 500 mil cruzeiros de sinal, e colocava à venda com 500 mil a mais e revendia. Ou seja, ganhava 100% de lucro sobre o investimento feito em apenas uma semana. Acabou se tornando um "latifundiário" da Zona Sul, pois todos esses negócios estavam concentrados naquela região. Tinha terrenos de várias metragens – de 40 m x 60 m, de 30 m x 90 m — em bairros como Brooklin, Brooklin Novo, Itaim Bibi, Campo Belo, Moema, Vila Olímpia, Chácara Santo Antônio, Morumbi, Vila Nova Conceição, no eixo da Avenida Santo Amaro de ambos os lados e na região da Avenida Luís Carlos Berrini.

Surpreendentemente, naquela época, várias dessas regiões representavam o pior mercado da capital. Para se ter uma idéia, a Vila Nova Conceição, que hoje é uma das áreas mais caras de São Paulo, não vendia nada, não tinha giro comercial de imóveis. Era um bairro de classe "média alta" morando bem – ninguém vendia, ninguém comprava, não existia comércio e o valor dos imóveis era muito baixo. O "fundão" do local, que não valia nada, que era considerado lixo pelo mercado, hoje é um dos mais caros espaços não apenas de São Paulo, mas de todo o País.

Sempre atento a uma boa oportunidade, Rino foi agindo da maneira quase intuitiva com que sempre agiu, porém sem perder o foco, só montando o cavalo exatamente quando esse passava arriado. Foi assim que conseguiu excelentes negócios no mercado e criou um considerável patrimônio em imóveis e, conseqüentemente, participou do processo de crescimento da Zona Sul, além de possuir propriedades na região da Avenida Brigadeiro Luís Antônio e em outras ruas da Bela Vista.

Rino também construía muitos imóveis para vender. No Brooklin, comprava terrenos adequados para fazer sobradinhos e contratava engenheiros oriundos da Assunção Engenharia – empresa que financiaria sua primeira casa própria. Fazia conjuntos de sobrados para a classe média, com dois quartos, e vendia metade à vista, metade em cinco anos, como era normal na época, com reajuste pela tabela Price. Naquele tempo não havia inflação. Os 50% iniciais pagavam o terreno e a construção; os 50% restantes, a receber, eram lucro. Comprava o terreno, construía, vendia, e com o dinheiro comprava outro.

Os negócios imobiliários passaram a render a Rino o dobro do que ganhava na Sem Rival, mas ele jamais pensou em abandonar o emprego. Nunca abriu mão do seu negócio principal, a agência de publicidade. Considerava que aquela era sua profissão, enquanto os imóveis eram apenas um "bico", ainda que rendessem mais e exigissem menor esforço. Talvez esse não fosse mesmo seu destino, e ele, inconscientemente, soubesse disso. Poderia ter-se tornado um grande incorporador. Talento para começar do zero e construir grandes coisas nunca lhe faltara. Quem sabe, se tivesse continuado com uma das padarias que chegou a montar para o pai, hoje fosse dono de uma grande rede de supermercados. Quem pode dizer? É provável que o destino das pessoas esteja traçado desde sempre, mas disso nunca ninguém terá certeza.

A verdade é que a venda de imóveis era algo, ao que tudo indicava, que viera de berço, uma herança de dona Anna. Rino conseguiu formar um grande patrimônio e, tinha certeza comprovada, não teria tanto sucesso em outro tipo de investimento. Não soube lidar com dólares, aplicações no exterior ou ações. No boom de compra e venda de ações que durou de 1969 a 1971, assistia a seus amigos investirem o que tinham e o que não tinham no negócio. Era chamado de louco por não arriscar, já que dispunha de capital para tal. Com a insistência dos amigos, acabou cedendo. Apesar de ter capital, não tinha condições de comprar ações consideradas "top", como as da Petrobras e da Companhia Vale do Rio Doce. Em junho de 1971, investiu cerca de meio milhão de dólares em ações da Antarctica, Brahma, Bradesco, Itaú, Alpargatas e algumas outras empresas inexpressivas que vinham no pacote. Pagou dez cruzeiros por ação. Em julho, os papéis começaram a cair e, assim, Rino vendeu tudo em cerca de três meses por 25 centavos. Porém, em quatro anos, as ações passaram a valer dez vezes mais. Não era definitivamente seu ramo. Talvez, caso tivesse esperado, poderia ter feito uma fortuna com as ações. De novo, uma questão de destino? Ninguém sabe.

Enfim, parece que seu negócio era mesmo os imóveis. Além da Zona Sul, Rino vendia lotes na região onde hoje está localizada a Prefeitura Municipal de São Bernardo do Campo. O publicitário fazia plantão na Via Anchieta e abordava os passantes. Chegava mesmo a ter o atrevimento de segurar os carros que desciam a serra em direção ao litoral. Eram outros tempos. Hoje, certamente isso não aconteceria. No entanto, mesmo assim, a ação marca a ousadia e o carisma de Rino, que se arriscava a brecar um carro na Via Anchieta, atrasando a ida das pessoas para a praia, com a família toda dentro do carro.

Era um feito e tanto. Para negociar os loteamentos populares que vendia, colocava em seu Chevrolet 39 as famílias e as levava para conhecer os lotes. Dentro do carro, amontoadas, crianças e mulheres, e os maridos pendurados no estribo. Vendia terrenos para todos. Tinha gente que, ao liquidar a dívida, na quitação do lote, praticamente se ajoelhava aos pés de Rino, agradecendo porque acabara de conseguir uma casa própria graças a ele.

O faro de Rino para os bons imóveis foi aplicado na aquisição de sua primeira casa.

Em 1953, Rino ainda morava de aluguel em Santana. Leitor contumaz de jornal, em um domingo, graças ao olho treinado de publicitário, encontrou uma pequena notícia, uma coluna por cinco ou seis centímetros, informando que o Sindicato dos Comerciários estava abrindo inscrições para a compra da casa própria na Cidade Vargas, onde seria construído um conjunto habitacional para jornalistas. Na segunda-feira, logo cedo, foi ao sindicato e fez as inscrições de número um e dois, uma para si e a outra para o amigo Chico Martim Gimenez, que trabalhava com ele na Sem Rival, sem que este soubesse.

A inscrição era exclusivamente para as tais casas de jornalistas na Cidade Vargas. Porém, aos 17 anos, Rino havia comprado dois terrenos no Brooklin Novo, em cem pagamentos, no valor de 1.260 cruzeiros, praticamente metade de seu salário, que era de 2.500 cruzeiros. Propôs ao presidente do sindicato que o financiamento fosse utilizado para construir uma casa naquele terreno.

O homem disse que não seria possível, mas informou o nome da construtora – Assunção Engenharia. No entanto, adiantou que Rino não teria sucesso em sua tentativa. Obstinado, Rino decidiu tentar assim mesmo. Em seu horário de almoço foi até o prédio da construtora, na Rua Boa Vista. Naquele horário, quase não havia ninguém no prédio, apenas o presidente, o doutor Assunção, que estava praticamente cochilando em sua mesa. Pediu licença com educação, procurando ser muito gentil – ele era apenas um garoto, bem poderia ter sido tocado para fora. Explicou sua intenção, mas recebeu como resposta um "Ah, meu filho, isso é impossível".

A Assunção Engenharia era uma empreendedora de grandes obras públicas e conjuntos habitacionais de porte. Como poderiam mover recursos para fazer uma única casa? Mais uma vez, a sorte veio ao encontro de Rino. O doutor Assunção fez um cálculo e descobriu que o projeto que Rino desejava custaria o dobro do financiamento concedido aos jornalistas. O jovem garantiu que pagaria sua parte durante a construção, sem dificuldade. O homem acabou concordando. E Rino cumpriu sua palavra e quitou a dívida.

Estava realizando um sonho, ainda que modesto, que era apenas uma casinha, dois filhos, uma esposa e uma geladeira. A história mudou. Rino acabou construindo para si mais de 70 casas, não porque desejasse, mas as coisas acabaram acontecendo dessa forma.

A vida de Rino Ferrari, como se sabe até aqui, às vezes acontecia sem qualquer planejamento. A vida simplesmente "o carregava". Isso também aconteceu em relação a sua casa. Ele foi o terceiro ou quarto morador do Brooklin Novo, que hoje é uma verdadeira cidade. Em agosto de 1958, o amigo Dourado foi a sua casa e lhe pediu que comprasse a casa de Hélio Bahia, que era seu cliente. Bahia era casado com a presidente de um banco do Rio de Janeiro, uma instituição financeira modesta, no Centro da capital carioca. Outra coincidência: mais tarde, o filho do casal Helio Bahia de Almeida Filho acabaria se tornando publicitário e se candidatando a um emprego na Rino Publicidade.

A tal casa era uma mansão no Brooklin Novo, na Rua Pensilvânia, 482, inacabada, porque os recursos do proprietário haviam terminado. Dourado propôs a Rino que comprasse o imóvel e pagasse em um número determinado de prestações. Rino não queria; jamais sonhara morar numa casa com 17 dependências, com piscina, jardim e pomar. De fato, era uma casa maravilhosa. No fim, colocou sua casinha no Brooklin à venda, fez negócio com um estrangeiro, que adquiriu o imóvel pagando metade à vista e o restante em três anos. Para Rino, o acordo foi melhor do que o esperado.

Acabou comprando a tal mansão – com um grande receio, é verdade. Além disso, precisou desembolsar uma alta soma para terminar de construir a casa inacabada. Era uma propriedade muito grande, com um beiral desproporcional. Rino colocou um anúncio no jornal procurando carpinteiros. Contratou uns 50, montou um andaime em volta de toda a casa e ampliou o beiral três vezes, para criar mais harmonia ao que era bem feio.

Foi nesse período que ele decidiu terminar com os plantões que fazia nas agências imobiliárias. Permaneceu nessa atividade ainda em torno de um ano, pois, para poder adquirir a mansão, não bastava apenas assumir o pagamento das prestações. Teria, ainda, que conseguir junto à Caixa a transferência do financiamento, 800 milhões de cruzeiros, um valor que à época era proibitivo. A amizade de Rino com Fulvio Del Picchia, um tabelião com quem almoçava freqüentemente junto com um cliente da agência, foi providencial.

Rino perguntou a Fulvio se o pai dele, o famoso jornalista e poeta Menotti Del Picchia, poderia ajudá-lo. O amigo lhe disse que sim, pois o pai tinha trânsito livre na "Caixa". Logo após o almoço, foram conversar com Menotti, que, imediatamente, lhe entregou o cartão para o presidente da "Caixa", além de ter ligado antes, recomendando que o alto executivo atendesse Rino, assim que possível. No dia seguinte, em sua hora de almoço, Rino foi até a agência do banco na Praça da Sé.

Subiu à diretoria, andou pelos corredores até encontrar a sala do presidente. Levou um susto, pois o homem dormia em sua mesa.

Era um general de 1,70 m, mas parecia maior e mais poderoso, até um pouco ameaçador. Porém, era só a impressão dada pela alta cadeira em que estava sentado. Mais uma vez a sorte sorriu para Rino. O homem o recebeu de braços abertos, porém disse: "Filho, lamento muito, respeito muito o Menotti, mas transferências estão fechadas.". Rino, então, usou seus argumentos: "Este é o sonho da minha vida, eu jamais teria condições de ter essa casa, e só será possível se o senhor conseguir abrir uma exceção. Eu sei que, se o senhor quiser, vai lutar e conseguir", disse com seu jeito humilde, sem fingimentos. O homem disse que veria o que poderia ser feito. Telefonou a Rino no dia seguinte e o chamou para ir até lá. "Consegui quebrar o galho para você e transferi o empréstimo." Entretanto, pediu que aquilo ficasse só entre eles.

Mais uma vez, embora sua vida nunca tivesse sido fácil, Rino soube reconhecer que sua boa estrela nunca falhava. Encontrava caminhos, descobria trânsitos, sempre com gente que o recebia de braços abertos sem sequer o conhecer. Excelente na argumentação, com seu cativante jeito de ser, Rino não se valia de prerrogativas, não fazia política. Ainda que, em sua vida de muitas iniciativas, algumas não tivessem logrado êxito, ele nascera e sempre seria um grande vendedor.

Adeus à Sem Rival

Em 1954, há onze anos na Sem Rival, e há mais de três trabalhando com imóveis, Rino Ferrari já ganhava um bom dinheiro. Um dos clientes da agência, a revista do Clube Pinheiros, trouxe a ele uma grande amizade com o diretor conselheiro, o renomado jurista doutor Francisco Lotufo Filho. Ele era também o advogado da Cerâmica São Caetano, no município de São Caetano do Sul, Grande São Paulo, à época uma verdadeira potência na fabricação de pisos e azulejos. Em certo dia daquele ano, Lotufo disse a Rino que Eduardo Henrique Simonsen, um dos proprietários da fábrica, tinha intenção de montar uma subsidiária da Cerâmica São Caetano na capital e precisava de um gerente. Sugeriu o nome do amigo. Rino redargüiu com um "Doutor, eu sou um coitado. Só entendo de propaganda e olhe lá. Como é que eu vou arriscar fazer isso?". Lotufo garantiu-lhe que Simonsen ficaria impressionado com sua competência e simpatia. Lotufo marcou uma audiência, e lá foi Rino para o escritório de seleção Professor Paternostro, na Rua Riachuelo. Lá chegando, tímido como era, e frágil psicologicamente, assustou-se inicialmente com o contingente de entrevistados, cerca de 350 pessoas, que participaria de uma primeira seleção geral para vários cargos. Passou na primeira etapa, dentro de um grupo de 50 pessoas, depois reduzido para 20, até a sua escolha para o cargo. A insegurança persistiu, mesmo tendo recebido de Simonsen a promessa de que ganharia 10 mil cruzeiros, bem mais do que os 7 mil que recebia na Sem Rival. Rino não sabia se poderia atender aos requisitos do cargo. Acabou aceitando depois de uma conversa com o futuro patrão, que pronunciou um animado "Você tem de acreditar em você!".

Porém, na Sem Rival a oferta foi coberta quando Rino pediu demissão. Volta ele para a "Cerâmica" e recebe uma contraproposta de 12 mil. A coisa transformou-se em um leilão. De cá para lá, de lá para cá, a oferta subiu para 15 mil, para 20 mil. Era muito, mas muito dinheiro para a época. Para se ter uma idéia, um gerente de banco, cargo de grande importância naqueles dias, ganhava em torno de 4 mil cruzeiros. A corda arrebentou no lado da Sem Rival, que aceitou a demissão.

Naqueles dias, a agência havia decidido mudar suas instalações do salão na Santa Ifigênia para um conjunto no edifício dos Diários Associados, no quarto andar do número 230 da Rua Sete de Abril. Em seus 30 dias de aviso prévio, Rino tratou de cuidar da mudança. Fez as instalações, ajudou a empacotar tudo, mudou a agência. Tudo parecia caminhar bem. Chega o trigésimo dia, despede-se de todos, ganha votos de boa sorte e, já pertinho da porta de saída, escuta um "Espera aí Rino, espera aí", vindo de seus patrões.

Recebe um convite para jantar em uma cantina próxima, na Rua Basílio da Gama, um lugar de alto nível, onde Rino jamais havia entrado. Desce uma garrafa de "Chianti" para a mesa, duas, três... todos ficaram alterados. No meio da conversa torta, um deles solta um: "Você não vai embora. Amanhã você vai lá e avisa, vamos te pagar 20 mil.". Assim, por uma situação inusitada, o salário de Rino Ferrari subiu, praticamente da noite para o dia, de 7 para 20 mil mensais. O vinho havia subido à cabeça, deixando assim o diálogo entre os patrões e Rino:

— De jeito nenhum, não tenho coragem de voltar lá depois desta palhaçada.

— Não, você escreve uma carta.

— Escrevo porra nenhuma. Se quiser, você escreve em meu nome. Foda-se, eu não vou!

Rino acabou indo pessoalmente, sem coragem para mandar a tal carta. Simonsen, é claro, ficou louco da vida. Porém foi educado, contido, até mesmo frio. "Está bem. Agora paramos por aqui. Obrigado e boa tarde." Rino sentiu-se tão mal que quase não tinha forças para ir embora. Os donos da Sem Rival, porém, tinham uma carta na manga. Começaram a congelar o salário de Rino. Enquanto os honorários dos demais funcionários subiam junto com a inflação, o dele era atualizado a passos de tartaruga. A coisa chegou a tal ponto que, mesmo quando seu salário atingiu 30 mil por conta de reajustes da lei, o segundo maior salário da agência já beirava os 20 mil.

Foi então que os donos da agência o chamaram e fizeram uma proposta. Pediram a ele que permanecesse como comissionado, recebendo 10% como taxa de serviço por tudo o que produzisse. Ele fez as contas: como empregado registrado ganhava 30 mil; comissionado, receberia praticamente a mesma coisa, talvez até menos por conta da inflação. Os patrões ficaram felizes, comemoraram. Rino não entendeu bem as razões.

O estratagema foi por água abaixo. Simplesmente, Rino trabalhou mais e mais, seguindo sua própria filosofia: "O homem que trabalha muito sempre tem tempo para fazer tudo o que aparece; o homem que não trabalha nunca tem tempo para nada.". No primeiro mês, ganhou 60 mil cruzeiros; no segundo, 70 mil; no terceiro, 90 mil, e assim, em três anos, Rino passou do salário de 30 mil para 1 milhão de cruzeiros por mês, em 1961. Isso trouxe o mais elevado nível de cólera a Dante Ancona Lopez: "Filho da puta! Você sabia o que estava fazendo. Você me tapeou.". Era uma guerra para receber, mas eles acabavam pagando direitinho. É verdade que os donos da Sem Rival ganhavam nove vezes mais, mas o milhão de Rino lhe rendia muito, especialmente por conta dos negócios com imóveis que fazia com a "Dourado" e também porque já estava habituado a viver com menos – cerca de 50 mil, por mês, bastavam a ele.

Não tinha volúpia de gastar, sequer saberia fazê-lo. Ainda tinha o carro que comprara, o velho Chevrolet 39. Não pagava por noites com mulheres, não jogava. Gastava, sim, comprando imóveis. Sabia que não precisava mudar seu padrão, que já era muito bom, bem melhor do que toda a miséria em que vivera, com certeza.

O fato é que o episódio com a Cerâmica São Caetano tirara de Rino a boa-fé nos patrões. A realidade começou a ser mostrada com mais clareza. Ou seja, ele vinha sendo totalmente desvalorizado. Pelos fatos acontecidos nos últimos anos, realmente não havia mais ambiente para trabalhar na Sem Rival.

Rino jamais imaginou o motivo de tanta pressão sobre ele dentro da empresa. Anos depois, refletiu que, muito mais do que o salário, o que pesaria numa rescisão seria a indenização trabalhista, após tantos anos de trabalho. Por isso mesmo, os patrões forçavam uma demissão do profissional.

Rino sentia que eles eram como "sombras" deles mesmos, e nada entendia desse quadro patético. Mesmo socialmente, ele lutava pela empresa muito mais do que os patrões. Não porque quisesse assim, mas porque acabava acontecendo. Durante muito tempo, ele defendeu com unhas e dentes a empresa na qual trabalhava. Cansou-se de tudo isso. Perdeu a fé.

No entanto, sabia que era um publicitário talentoso, com especial capacidade para planejamento e vendas. Sempre exigia bons anúncios, bons layouts. Esteve sempre consciente de que "A primeira impressão é o que vende. Então, o visual tem de ser muito bom.".

Se o ambiente na agência já vinha deteriorando, esse fato só veio a complicar sensivelmente a situação. Porém, a saída da Sem Rival teria como limite uma iniciativa em torno da fabricante alemã de televisores Telefunken e da AEG Transformadores. É bem verdade que a Telefunken nunca teve bons resultados de vendas no Brasil. Era um cliente antigo, mas cheio de problemas. Certa vez, uma iniciativa de Rino contribuiu para dar vazão a um equipamento "encalhado", o Fremo, aparelho para adaptar as ondas AM de rádio em FM. Naquela época, somente a Rádio Eldorado era FM. Com base nesse gancho, ele fez uma parceria com a emissora, uma promoção gigantesca, e conseguiu que a Telefunken vendesse o tal aparelho aos montes.

Quando a empresa completou dez anos, em 1961, Rino decidiu que a data merecia uma grande festa. Prometeu uma campanha de alcance nacional e faria uma comemoração em grande estilo, no Teatro Cultura Artística, na Rua Nestor Pestana. Então, planejou uma estratégia de mídia com revistas, jornais, emissoras de televisão e rádio. É claro que tudo isso tinha um custo, dinheiro que deveria ser angariado com os fornecedores. A adesão foi em massa. Muitos deles queriam pagar antecipadamente, e o cliente dava apenas uma autorização de adesão. Rino conseguiu levantar uma grande soma. E assim começou a organização do show, sob coordenação de Jô Soares, contando com todo o elenco da TV Excelsior.

Quando chegou dezembro, mês da festa, Alberto Saad, então diretor da emissora, disse que necessitava de uma promissória para descontar no banco, porque os artistas, um casting enorme, não entrariam no palco sem receber antes. Rino foi para a Sem Rival e explicou a situação, dizendo que precisaria da tal promissória, no valor de 2 milhões de cruzeiros, para pagar o cachê dos artistas, o bufê e tudo o mais. Porém, Dante negou a tal promissória. Preocupado, Rino foi até o cliente e expôs a situação.

Sem hesitar, o diretor da Telefunken chamou o contador e disse: "Faz uma promissória para a Excelsior, de 2 milhões.". E, assim, o show aconteceu, e foi um sucesso. No dia seguinte, Rino emitiu as faturas, fez a coleta nos fornecedores, pegou o dinheiro e trocou pela promissória no banco. Isso tudo aconteceu em 10 de dezembro.

No dia 26, sentindo que estava entrando numa fria, ele decidiu pedir demissão, mesmo sem ter uma opção de emprego fixo, exceto pelos "bicos" como corretor de imóveis. Antes, ligou para a esposa Jane: "Não agüento mais. Vou pedir demissão.". Ela respondeu: "Faça o que quiser; estou aqui para o que der e vier. Você sai e refresca a cabeça e depois vê o que vai fazer.". Jane lembra que Rino comentava com ela que os patrões falavam muito. Era muita conversa: um oferecia uma coisa, outro oferecia sociedade, mas nada de concreto. "Judiaram muito do Rino.".

Naquele mesmo dia, Rino chamou "os chefes" para conversar. Pediu demissão, e eles aceitaram. Sem saber o que faria na vida, depois de 19 anos de empresa, recolheu de sua gaveta apenas a escova de dentes. Para se ter uma idéia, pelo fato de ganhar 1 milhão de cruzeiros por mês quando pediu demissão, teria uma fortuna de direitos trabalhistas a serem indenizados, mas nem pensou nisso naquele momento. Largou um emprego de 1 milhão de cruzeiros, apenas porque cansou de se defender de uma guerra suja. E foi embora.

Depois da conversa, dirigiu-se ao restaurante Almanara da Rua 7 de Abril, para almoçar. Acomodado no balcão, por uma coincidência incrível, sentou-se ao seu lado o então cunhado, Fernando Piccinini, na época ainda marido de Myrian. Rino contou a ele a história, e o cunhado perguntou se era sua intenção montar um escritório. Subitamente, Rino disse: "Sim, eu vou.". Fernando lhe disse que seu senhorio estava para fechar a sua construtora instalada em cima do Cine Marrocos, na Rua Conselheiro Crispiniano. "Vamos lá, quem sabe ele aluga para você.". Os dois almoçaram e foram. O que havia à disposição não era nenhuma maravilha. Na verdade, uma salinha de exposição de materiais, de 3 m x 4 m. Rino não se fez de rogado: "Ah, me quebra o galho. O senhor me deixa usar o telefone, me dá um ramal, e está tudo certo.". Naquele dia, Rino foi mais cedo para casa. Alguma coisa estava acontecendo. Aquele fim de sexta-feira não parecia normal em sua vida. Enfim...

Surpreendentemente, ele se viu na manhã seguinte em sua mesa de trabalho na Sem Rival. Sentia-se estranho. Em seu íntimo parecia estar fora do tempo, de órbita, sem ambiente. Pensou: "Bem, vamos trabalhar, então.". Estava alcançando o telefone quando um dos chefes aproximou-se de sua mesa com grande estardalhaço e disse: "Não preciso mais de você. Não quero mais olhar para a sua cara.". Rino sentiu um baque.

Como assim? Estava sendo demitido? Não era possível. Ele é que pretendia pedir o acerto de suas contas. Quando abriu a boca para responder, a voz não saiu. O coração disparou como nos tempos da infância, de muito medo na entrega do pão pela madrugada e, de súbito, num redemoinho de tempo, ele acordou em sua cama, ao lado de uma preocupada Jane, que o sacudia aos gritos de "Rino, acorda, você teve um pesadelo". Entre assustado e aliviado, ele entendeu que estava dormindo. Era madrugada do sábado, dia seguinte ao seu pedido de demissão da Sem Rival. De repente, ele se lembrou de que acabara de alugar uma sala para começar um novo negócio. E naquele mesmo dia.

Rino passou décadas tendo centenas de conturbados pesadelos com o antigo emprego. Sonhava repetidamente que estava sendo demitido, mesmo sabendo ter partido dele a iniciativa de sair. Embora certo de estar com a razão, a boa índole de Rino não lhe permitiu ter paz durante muitos e muitos anos. Afinal, a Sem Rival fora a sua vida. Entrara ali aos 13 anos, superara todas as suas limitações. Não era o proprietário, mas aquilo era uma coisa sua, amava a agência como a um filho. "A Sem Rival é algo muito marcante em minha vida. Foi lá que eu virei homem, foi lá que eu cresci e aprendi muito. É difícil de explicar. Não sei o que aconteceu. Eu virei gente lá. Era a minha âncora."

Porém, ao contrário do pesadelo, mais uma vez a vida trouxe uma surpresa de presente para Rino Ferrari. No encontro com o cunhado Fernando, ao conhecer a sala que pretendia alugar, soube que sua vida iria mudar totalmente, e para muito melhor. Uma trajetória que sempre e sempre seguiria em frente, iluminada pela boa estrela de um homem simples, honesto e de bom caráter. Apenas e tão somente um dedicado trabalhador.

Capítulo 3 – Um empreendedor

Transição

Foi uma inesquecível sexta-feira, dezembro de 1961, quando Rino Ferrari saiu da Sem Rival para nunca mais voltar. Quando decidiu atravessar pela última vez aquela porta que conhecia tão bem, ganhava 1 milhão de cruzeiros mensais. Entretanto, não se preocupou em deixar o invejável salário para trás. Poucos meses antes dessa decisão, Jane assistia à chegada de uma grande onda de ofertas de emprego para seu marido, vinda das mais importantes agências de São Paulo daquela época. "Quando souberam que estava com problemas na Sem Rival, começaram a fazer propostas para ele sair. Ofereciam mais do que ganhava, mas ele não queria sair assim, sem nada, até por ter dedicado a vida inteira a esse emprego." À esposa, Rino confidenciou que tinha receio de começar em uma empresa nova porque, além da pequena fábrica de gravatas, só tivera aquele emprego na vida.

Fosse como fosse, depois de sua saída e com o aluguel da pequena sala acertado, Rino não perdeu tempo. No dia seguinte a sua saída da Sem Rival, chamou um pintor e comprou os móveis usados – escrivaninhas, cadeiras, armários – numa loja da Av. Brigadeiro Luís Antônio. Quando a sala ficou pronta, quase sem espaço para locomoção entre tanto mobiliário, ele já tinha certeza: ali seria uma agência de publicidade.

E assim surgiu, muito mais do que por mero acaso, uma agência de publicidade. O capital inicial para o empreendimento, além das suas reservas substanciais, veio da negociação de um terreno com mais de 2 mil metros quadrados, por 5 milhões de cruzeiros à vista. Em tempos em que as agências começavam devendo, já que naquela época as pessoas que entravam para o ramo não tinham grande capital, Rino começou com um respeitável caixa. Esse investimento inicial era mais do que suficiente para seus objetivos.

Chegou o momento de escolher um nome para a empresa. Depois de fazer uma extensa lista de nomes, Rino pediu opinião a alguns clientes que eram seus amigos. Ouviu deles algumas sugestões muito boas, mas houve certa unanimidade: Rino Publicidade – pela força sonora e por sua reconhecida presença no mercado, mas nunca por vaidade pessoal. "Eu era um menino bobo, mas era feliz. Trabalhava como um burro, das 7 da manhã à meia-noite. Logo cedo, eu estava nas indústrias vendendo campanhas, a produção do dia anterior da agência. Eu saía com cinco campanhas, vendia todas; voltava e saía novamente, vendia mais cinco. Era uma loucura."

O coquetel de inauguração estava marcado para o início de junho de 1962, às 17h30, quando Rino já havia alugado todo o conjunto de salas. Antes, porém, "anônimos desafetos" preparariam uma "surpresa". Foram publicados no Diário Popular uns 20 anúncios oferecendo trabalho braçal para motoristas e faxineiros, pagando o dobro do valor médio de mercado. Essas pessoas, dizia o anúncio, deveriam apresentar-se na exata hora do coquetel de inauguração da Rino Publicidade, claro, no endereço da agência. Para sorte de Rino, os candidatos às hipotéticas vagas entenderam que o horário certo seria às 7h30 – mais pertinente para uma entrevista de trabalho. Na madrugada da data de inauguração da agência, havia uma verdadeira multidão na porta esperando abrir o prédio.

Todos os inquilinos comoveram-se com a situação de Rino e, em vez de reclamarem, organizaram um mutirão com os zeladores e empregados de outros escritórios. A solidária milícia improvisada do Edifício Marrocos recebeu os candidatos ao falso emprego e, por decisão de Rino, explicou o equívoco e entregou uma quantia em dinheiro a cada um deles, suficiente para que pudessem pagar o transporte de volta as suas casas. Problema superado, o coquetel aconteceu sob clima de alegria e com grande sucesso.

Em pouco tempo de atividade, apenas 18 meses, a Rino Publicidade começou a faturar alto, fazendo com que fosse possível a seu proprietário comprar inicialmente quatro apartamentos de aproximadamente 50 metros quadrados cada, no Edifício Esther, esquina da Rua 7 de Abril com a Praça da República. O trabalho foi apenas o de transformar toda a área em espaço comercial, um único escritório de 200 metros. Seria a primeira sede própria da agência.

Rio Claro: cerveja e imóveis

Hoje com uma população de quase 200 mil habitantes, o município de Rio Claro foi fundado em 1827 por imigrantes italianos, alemães e japoneses. A cidade também deve seu desenvolvimento à construção da linha-tronco da Companhia Paulista de Estradas de Ferro, cujo primeiro trecho, Jundiaí–Campinas, foi aberto em 1872, e prolongado até a cidade em 1876. A expansão da ferrovia continuou com a aquisição da Estrada de Ferro Rio-Clarense, em 1892. Prosseguiu por sua linha, depois de expandi-la para bitola larga, até os municípios de São Carlos (1922) e Rincão (1928).

O envolvimento de Rino Ferrari com essa cidade do interior paulista teve início com o atendimento à conta da cachaça 3 Fazendas, localizada em Rio Claro. Em 1958, ele vendeu uma página para a empresa, na edição especial que fez na Gazeta Esportiva, durante a Copa do Mundo de Futebol. Com os bons resultados, a indústria permaneceu cliente e seu presidente virou "compadre" de Rino.

As boas referências dessa indústria de bebidas e de outro cliente, o Frigor Eder, trouxeram outra conta, a da Cervejaria Mãe Preta, também na cidade. Esta última o contratou para fazer a campanha do refrigerante "Cerejinha", um produto com sabor de frutas, que era o carro-chefe da indústria. A bebida, à época, era produzida 24 horas por dia para atender ao grande volume de vendas no mercado. O sucesso do refrigerante era tal, que certa vez a cervejaria patrocinou por um ano os Jogos Abertos do Interior. Com isso, em alguns mercados da região, a "Cerejinha" tornou-se líder de vendas, como foi o caso de Votuporanga, onde a bebida deixava para trás marcas poderosas, como a "Coca-Cola" e o "Guaraná Antarctica".

No início dos anos 1960, durante o governo de João Goulart, com os planos para a reforma agrária e o bom relacionamento do presidente da República com países sob a égide comunista, a população tinha por certo que esse regime político seria implantado no Brasil, e os grandes proprietários de terras perderiam as suas propriedades. Rino Ferrari foi um dos muitos que acreditaram nessa perspectiva.

Foi levado a crer que, caso instaurado o comunismo no Brasil, poderia apenas ficar com a casa na qual vivia com a família, perdendo todos os demais imóveis. O temor de ser obrigado a dividir seu patrimônio, conquistado com tanto trabalho, calou fundo. "Todo mundo dizia que eu ficaria com um imóvel apenas, que eu iria perder todos os outros. Aquela história. Pura balela!"

Enfim, por volta de 1963, quando o boato da "revolução comunista" estava em seu auge, Rino possuía muitos imóveis. Era um verdadeiro latifundiário na Zona Sul da Capital do Estado de São Paulo. Apavorado, com receio de perder tudo, ele foi se desfazendo dos lotes e casas a preços irrisórios. O pior não foi o valor das negociações, bem abaixo do que valeriam. A grande perda foi não ter esperado um pouco mais, até que se confirmasse que tudo aquilo era apenas um boato. "Foi um grande prejuízo, porque hoje esses imóveis valeriam uma fortuna." Em muitas e muitas transações imobiliárias que fez, começando nessa época e seguindo por toda a vida, Rino Ferrari acabou se desfazendo de 90% do patrimônio que chegou a ter, vendendo muitos imóveis, e até mesmo doando alguns para empregados fiéis e merecedores.

Naquela época, também era consenso entre a população que os empresários, pelo fato de gerarem empregos para a sociedade, teriam apenas os seus negócios poupados dessa hipotética redistribuição de bens que seria feita pelo comunismo. Basicamente foi isso que levou Rino a investir em algo que, não fossem esses fatos, talvez jamais pensasse em ser dono. Assim, em 1964, ele comprou a Cervejaria Mãe Preta. O negócio chegou às suas mãos por meio do cliente Alexandre Eder, do Frigor Eder, também um dos principais acionistas da cervejaria. Ele foi curto e grosso: "Compra esta merda, que eu não quero mais saber disso.".

Entretanto, Rino comprou não o que o amigo dizia. Ao contrário, acreditou que ali estava um grande patrimônio. Além do consagrado refrigerante "Cerejinha", a cervejaria fabricava outros produtos, como Chope Glacial, cerveja Glacial e a cerveja escura com a marca "Mãe Preta". Apenas para um dos clientes do Rio de Janeiro, um restaurante na avenida Rio Branco, na capital, era vendido um caminhão do refrigerante por semana. Só bem mais tarde, Rino percebeu que aquilo tudo seria um tremendo problema, jamais um bom negócio.

Enquanto tudo isso acontecia, Rino vivia em um ritmo frenético. Ao mesmo tempo em que cuidava da agência, o recém-iniciado negócio próprio, aos 36 anos decidiu estudar Direito. O motivo? Estava enlouquecido, porque ganhava muito dinheiro, mas os meandros da Lei e as diferentes leituras que seus advogados davam para cada caso o levaram a isso. Trocava de advogado de três a quatro vezes por ano.

Escolheu a Faculdade de Direito São Francisco – hoje uma universidade –, em Bragança Paulista. Ganhou a admiração e a amizade de todos os professores, que eram desembargadores e juízes. Varava madrugadas estudando até 5 horas da manhã, tomava um banho, dava um cochilo e ia trabalhar. Apesar do enorme sacrifício, por conta do excessivo volume de trabalho e de vencer a distância entre a capital e o município em que estava sediada a faculdade (pouco mais de uma hora), ele gostava de estudar. Formou-se e passou no exame da Ordem dos Advogados do Brasil (OAB) de São Paulo, embora nunca tenha usado a carteirinha "nem para esnobar". Para sua felicidade, o tema da prova da Ordem, que era por sorteio, foi "transação imobiliária". Mesmo sem ter essa matéria no curso, ele, é claro, deu um "baile". Afinal, dominava o assunto sob todos os aspectos possíveis. Mais uma vez, o anjo da guarda de Rino Ferrari estava ali, tão alerta quanto seu protegido.

Em 1968, ele se decidiu pela venda da cervejaria, mas durante dois anos não conseguiu efetivar a negociação. As poderosas concorrentes Antarctica e Brahma demonstraram interesse, mas a coisa não foi adiante. Veio um interessado do Rio Grande do Sul, dono da cervejaria Minuano, de Caxias do Sul. O forte deles era refrigerante, mas queriam entrar no negócio de cerveja com a compra da "Mãe Preta". Só que, novamente por azar, o sujeito foi direto para a fábrica em vez de procurar por Rino, em São Paulo. Lá chegando, foi informado pelo gerente que "o sr. Rino não está vendendo coisa nenhuma". Ele só ficou sabendo disso cinco anos depois, num jantar em um hotel de Porto Alegre, quando conheceu o tal homem por acaso. No Sul do País, Rino esteve em contato com outra empresa de Caxias, a Pérola, mas o negócio também não deu certo.

Somente em 1972 ele conseguiu vender tudo ao proprietário da Cervejaria Mogiana, de Mogi Mirim. Rino recuperou-se dessa malsucedida aventura como industrial graças aos seus negócios na área imobiliária. Ficou com o imóvel-sede da "Mãe Preta", que ocupava área de 26 alqueires e meio, em zona urbana. Parte da área da indústria de cinco mil metros quadrados foi transformada em casa de campo, o que, ao menos, depois de tantos problemas, serviu para dar à sua família momentos de diversão. Adaptou um depósito de água alimentado por uma nascente, transformando o local em uma piscina com cascata, e fechou toda essa área residencial com um muro de cinco metros de altura.

Apesar de usufruir do local, Rino reformou a indústria, com intenção de alugar ou vender, mas não conseguia, por mais que tentasse. Seria a "má sina da cervejaria" que, agora, permeava até mesmo sua habilidade com imóveis? Os colegas da publicidade faziam piada: "Você acredita em propaganda? Está gastando mais do que o valor do imóvel", diziam diante de tantos anúncios que foram veiculados sobre a propriedade.

Foi assim que a compra de imóveis, que começou em São Paulo, entrou na "fase Rio Claro". Somente em 2005 Rino demoliu o imóvel, depois de 40 anos tentando dar um destino melhor ao que um dia fora a fábrica de cerveja e refrigerantes. Porém, durante esse tempo, Rino passou a comprar as adjacências e, da área inicial, acabou ficando com 120 alqueires urbanos, uma verdadeira cidade. Atualmente, o terreno vale dez vezes o que valia, e, nessa área, Rino passou a construir conjuntos residenciais. Hoje, são cerca de 3 mil imóveis, todos urbanos. No fim, acabou agregando a essa grande área outras tantas que contabilizaram praticamente dois bairros da cidade.

Alguns empreendimentos que tem construído são de alto padrão, outros populares, mas todos com excelente infra-estrutura de asfalto, iluminação e demais recursos. Lançou, primeiramente, o Jardim Santa Clara; depois o Parque Mãe Preta, onde moram 3 mil famílias; o Florença, um loteamento classe "A" de 1 milhão de metros quadrados, que é um sucesso; um prédio residencial; e, mais recentemente, o Jardim Rupiara. E, assim, a antiga Cervejaria Mãe Preta transformou-se em um conjunto urbano, conhecido e populoso. Onde antes se erguia uma fábrica de bebidas que tantos aborrecimentos trouxe a Rino, hoje está projetado um condomínio residencial para centenas de famílias.

Além do patrimônio imobiliário, a primeira fazenda de Rino Ferrari foi formada em Rio Claro. Comprou primeiro uma área de 42 alqueires, e depois outra de 40, que pertencera à família Matarazzo.

Os clientes chegam

Ainda em janeiro de 1962, a Rino Publicidade já começara a faturar com pequenos anúncios para seus primeiros clientes e com o reforço de muitos classificados. No início de suas atividades, a agência atendia empresas como a Dourado Imóveis, 3 Fazendas, Relógios Tagus (atualmente Dimep). Em 8 de fevereiro daquele ano, dia do aniversário de Rino Ferrari, ele publicou o primeiro anúncio em cores, na primeira página da Gazeta. Era a garrafa da cachaça 3 Fazendas em tamanho natural. A agência começou brilhando, porque ninguém fazia esse tipo de anúncio naquela época.

A primeira autorização para colocação de um painel publicitário na Avenida Santo Amaro foi dada por Rubens Damato, atualmente presidente da Federação Nacional de Empresas de Publicidade Exterior - Fenapex. Rubens comenta que seu contato com a agência era freqüente, até porque o Rino gostava muito de mídia exterior. Entre ambos havia uma grande empatia, talvez porque fossem "obcecados" pela qualidade do trabalho. "O Rino foi um precursor no que se apelida hoje de 'parceria' com os clientes. Ele conseguia até ajudar os clientes financiando, na dimensão possível, as campanhas. Foi de longe a agência que melhor soube trabalhar a arte para mídia exterior. Ao contrário das concorrentes, seus layouts eram atraentes e eficientes."

Depois de inaugurar sua primeira sede própria, em 1963, a Rino Publicidade começaria a expandir sua carteira de clientes. Um bom impulso veio com a Lojas Simis, que sempre colocava nas primeiras páginas de jornais, como O Estado de S. Paulo e Gazeta Esportiva, um anúncio de 40 cm x 30 cm. Nesse ponto valeu muito mais a capacidade de negociar espaços que Rino havia desenvolvido, pois o cliente insistia em trabalhar com um layout antigo – horríveis perspectivas de geladeiras, televisores e fogões. Portanto, não exigia um grande trabalho; bastava encaminhar o texto do anúncio datilografado, que o jornal faria a composição. "Como eu era craque em tipologia, melhorei muito o anúncio e comecei a ter um retorno incrível", lembra Rino.

E o cliente sabia que dependia dos anúncios. Se deixasse de comprar o espaço em um dia, quase imediatamente isso se refletia na queda das vendas. Arrependido, ligava até de madrugada para Rino e pedia para que ele colocasse o anúncio no dia seguinte. E lá ia ele correndo para o jornal, tentar fazer o que fora pedido. Sempre muito querido nas redações e até mesmo nas gráficas dos veículos, acabava conseguindo atender também a esses pedidos de última hora. E, como já sabemos, influenciando na diagramação e obtendo melhores resultados.

A essa altura, a Rino Publicidade começou a desenvolver um intenso trabalho de criativas campanhas para os novos clientes que chegavam. Além daqueles que acompanharam Rino em sua nova agência, outros muitos eram conquistados com uma estratégia pensada por ele e empregada desde os tempos da Sem Rival.

Aos domingos, ele recortava de O Estado de S. Paulo os anúncios mal feitos e fazia um novo layout, melhor e mais interessante. Depois, o colava exatamente sobre o anúncio publicado no jornal. Na segunda-feira pela manhã, levava essa nova arte aplicada na página do jornal para o cliente. Além da prova de que a empresa teria mais visibilidade com um anúncio melhor, o custo era em torno de 20% menor, já que Rino conseguia um anúncio com muito mais impacto, em menor área, mas com excelente colocação. Em pouco tempo, a agência passou a ter um total de 300 clientes, metade deles bem ativa. A Rino Publicidade começou a se tornar uma verdadeira máquina de produzir anúncios, chegando a ter quatro equipes de criação, todas elas com pessoas de qualidade e talento.

Luiz Thompson, hoje executivo do Banco Cruzeiro do Sul, conheceu Rino por intermédio de Paulo Lemos, seu amigo, que iniciou um estágio na agência no final da década de 1970, e o convidou certo dia para almoçar com ele na sede. Thompson sentiu de imediato grande simpatia pelo publicitário. Percebeu instantaneamente sua incrível facilidade de comunicação. E, assim, surgiu ali uma amizade muito forte, permeada por um grande respeito profissional mútuo.

Não demorou muito e ele começou a trazer para a agência os amigos e, também, os clientes de onde trabalhava na época, o antigo Banco Comércio e Indústria de São Paulo - Comind. A primeira empresa a ser apresentada por ele foi a Laticínios Mococa, que era de um primo, Francisco Barreto, o "Chicão". A campanha feita para o requeijão "Mococa", com um filme memorável para a televisão, ganhou um importante prêmio internacional. "Eu indicava clientes porque sempre confiei plenamente no Rino. Sempre dizia a eles que aquela era uma das poucas agências de publicidade sérias que eu conhecia", revela Thompson.

O advogado da Rino Publicidade, Carlos Miguel Aidar, recorda de algumas peças publicitárias que ficaram para sempre na lembrança, seja pelo sucesso que conquistaram, seja por peculiaridades que, infelizmente, não funcionaram. Neste último caso, ele comenta sobre um filme institucional, criado pela agência, que mostrava toda a cadeia de produção da salsicha, o principal produto do Frigor Eder, naquele tempo. O comercial era tão detalhado, que mostrava desde os bovinos e suínos vivos até o processamento final da salsicha. E lá foi Rino, orgulhoso, exibir sua peça ao diretor-presidente, Alexandre Eder. Aidar conta que o velho alemão esbravejou com todo o sotaque que tinha: "Isso aqui não serve, ninguém mais vai comer lingüiça ou salsicha se vir um filme desses.". O advogado relata que o acontecido foi muito curioso porque, na oportunidade, ninguém atentou que o filme mostrando a produção de ponta a ponta, embora interessante e bem feito, não despertaria o interesse das pessoas quanto ao consumo de salsichas e lingüiças.

Rino concordou de imediato e respondeu: "O senhor tem razão, seu Alexandre.". E voltou para a agência com um desafio para si mesmo, o de produzir algo completamente inusitado. Assim nasceu uma das propagandas que marcaram época na publicidade brasileira. O filme, um desenho animado em preto-e-branco, quando ainda não havia a televisão em cores, mostrava um boizinho e um porquinho conversando: "O que você vai ser quando crescer?", perguntava o porco. Respondia o boi: "Salsicha, ué! E você?". Ao que o porco retrucava: "Eu também! Mas Salsicha do Frigor Eder.". "Era muito gracioso, colorido, jovial, para atrair o jovem consumidor. Foi um negócio fantástico", comenta Aidar.

Hoje, um dos vice-presidentes e colaborador de primeira hora na agência, Esdras Maciel, avalia que esta foi a primeira campanha marcante da Rino Publicidade. "Isso ficou 'no ar' anos e anos. Todo mundo adorava. Até hoje se fala nisso na agência." Ele comenta que o Frigor Eder era uma grande e sólida empresa familiar, mas, com a morte do seu presidente, acabou falindo. "Há uns sete anos, outro frigorífico comprou a marca, que é muito forte, e nos procurou com a intenção de usar o mesmo caminho criativo, inovador".

Outro importante cliente no início das atividades da Rino Publicidade foi a Permetal, empresa nacional do setor de perfuração de chapas metálicas. O presidente da Permetal, Umberto Spadoni, comenta que o relacionamento entre os dois foi muito bom, até extrapolando o próprio negócio. "O Rino sempre convidou minha família para participar de eventos, festas e jantares na casa dele. Então, realmente, a amizade, que nasceu do negócio, prevaleceu sobre tudo isso." Umberto faz questão de ressaltar a diferença entre aqueles tempos e hoje. "Antigamente, mesmo numa relação profissional, não havia interesse apenas pelos negócios. Assim, o que importa mesmo foi a amizade que ficou entre nós."

E continuavam a chegar novos clientes. Um exemplo é o presidente das Indústrias Químicas Anhembi, detentora de marcas como Q'Boa e Super Cândida, que também foi cliente de Rino no ramo imobiliário. Ao iniciar o trabalho, Rino recebeu 30 produtos que a empresa tinha para fazer campanhas por 12 meses, com uma verba de 2.500 cruzeiros novos mensais. Não seria possível fazer quase nada com isso, ainda que para a agência representasse uma boa conta, um bom dinheiro.

Disse ao cliente: "Aqui só tem um caminho.". Chamou o seu profissional de mídia e disse: "Levante todas as emissoras de rádio de terceira, quarta e quinta categorias da Grande São Paulo.". Embora hoje esse número deva ser 10 vezes maior, na época Rino ficou surpreso com a estatística: 40 emissoras de rádio das quais ele nunca havia ouvido falar, nem mesmo o seu mídia. Algumas delas na Região Metropolitana, em municípios como Osasco e Guarulhos, e outras na própria Capital.

A garota-propaganda escolhida foi a cantora Elza Soares, que já havia feito outras campanhas, com sucesso, para a agência. A proposta para o cliente foi reduzir os 30 produtos a um único carro-chefe, a Cândida, que atingia a mulher popular e dona de casa. Isso ajudaria a "puxar" os outros itens.

O cliente relutou: "Como? Todo esse dinheiro só na Cândida?!". Rino apenas acenou a cabeça confirmando que sim. A verba do primeiro mês, que por sinal estourou, foi destinada à produção do jingle com Elza. Nesses meses seguintes, os 2.500 cruzeiros novos eram direcionados à compra de espaços nessas 40 emissoras – de 40 a 50 jingles por dia em cada uma. A Rino inundou as ondas do rádio e, com seu plano, atingia milhões de pessoas. O sucesso deveu-se, nesse caso, à "massa" alcançada pela campanha. Com isso, a Anhembi criou uma boa verba para a Q'Boa e se tornou, de fato, um bom anunciante. Depois de certo tempo, o cliente deixou a agência, mas retornou há cerca de quatro anos. E Elza Soares seria, também, a estrela de uma campanha para a Associação Brasileira da Indústria de Café - Abic e para o Banco Cruzeiro do Sul, 20 e 30 anos depois, respectivamente.

Criatividade sempre foi marca registrada na história da Rino Publicidade. Certa vez, na Fracalanza, o diretor da empresa mostrou a ele um depósito lotado de acessórios de montaria banhados em prata. Impossível vendê-los, já que não era uma das utilidades primordiais de qualquer pessoa. Rino teve a idéia de comercializar os itens como peças de decoração, e o resultado foi um sucesso absoluto.

Já com a Pitu, fábrica de bebidas, a principal estratégia era o patrocínio de eventos. Como a empresa tinha uma verba de apenas 5 mil cruzeiros por mês, Rino decidiu conversar com as rádios Record, Bandeirantes e mais duas, distribuindo a verba entre elas. Porém, ainda que o capital disponível não fosse alto, cobrava das emissoras bons resultados, prometendo que, se tudo desse certo, poderia conseguir que o cliente aumentasse a verba. Esse "pacote" acabou sendo negociado com sucesso e trouxe muitos e bons resultados para todos os lados.

Outra importante conta da agência foi a Pfizer, indicação de um cliente, Stig-Ivan

Dale, que era o diretor de uma pequena empresa de medicamentos, a Agrobrás. Isso, no começo da década de 1960. "Desde o início tivemos um relacionamento profissional com bons resultados para a Agrobrás, apesar do pequeno orçamento para propaganda. Também foi o começo de uma amizade com admiração e respeito recíprocos." Quando Dale assumiu a presidência da Pfizer Química, levou consigo a agência. "O Rino é uma pessoa boa e generosa. Ele é extrovertido, positivo e muito emocional. A relação de trabalho que mantivemos durante muitos anos evoluiu para um contato pessoal, e me sinto muito feliz em poder contar com Rino entre meus amigos."

Ricardo Ferraz Riedel, diretor-presidente da Editora Pensamento, conheceu Rino Ferrari por intermédio de seu pai, Diaulas Riedel, com quem o publicitário mantinha um relacionamento de grande amizade, uma vez que a editora não necessitava de publicidade. Era uma amizade daquelas de juventude, em que os dois amigos freqüentavam a casa um do outro, pois moravam relativamente perto. "Isso marcou a relação das famílias, não só os pais, mas os filhos, porque hoje eu falo muito com o Rininho."

Ricardo lembra que o pai sempre comentava sobre o amigo, dizendo que era uma figura muito simpática, muito agradável. Ricardo pôde comprovar as palavras do pai quando se tornou diretor da Divisão Farmacêutica do Laboratório Pfizer, na época em que a Rino prestava serviços à Divisão Veterinária. "Quando precisei de uma agência, imediatamente lembrei do Rino. Eu tinha algumas propostas de trabalho, e a agência desenvolveu grandes campanhas para nós de 1982 até 1988, durante todo o período em que trabalhei naquela indústria farmacêutica."

Ricardo destaca uma propaganda desenvolvida para um antibiótico, com o tema "A terra me ensina". O produto, já em linha, precisava apenas de uma revitalizada. Juntos, cliente e agência definiram o local ideal para lançar a campanha, a região Nordeste do Brasil, e o veículo, a televisão, com um filme muito específico para aquele mercado. "Eu gostei muito e gosto da agência deles, principalmente porque a minha verba não era uma das maiores, e eles conseguiram ajeitar e negociar. Eles brigavam mesmo por nós." Mais uma vez, da parceria nos negócios, a amizade surgiu. "Quando saí da empresa, a Rino tornou-se minha agência no novo emprego, o Laboratório Rorer, até que fui morar no Exterior." A Pfizer continua cliente da Rino até hoje, na área de Saúde Animal, com medicamentos para bovinos – são 44 anos de parceria.

Outro cliente importante foi o Laboratório Abbott. A Rino começou a trabalhar na publicidade da divisão de consumo com o diretor de Marketing e Vendas, Ivan Nicolas Dannias, em 1988. Na verdade, Ivan já conhecia Rino quando trabalhou na Kibon, que chegou a fazer alguns trabalhos com a agência. A nova Divisão de Consumo teria na Rino uma agência sob medida, pois o perfil de trabalho da empresa é mesmo esse, especialmente no caso de produtos do chamado "consumo ético".

Eram o shampoo anticaspa Selsun Azul, a linha Bebedermis de higiene infantil (então recém-lançada), o Sucaryl, o adoçante à base de aspartame Stetic, e o enxaguatório bucal Wash. "A Rino tem habilidade para trabalhar esse tipo de produto, porque são itens vendidos em farmácia, exceto as sobremesas. Como um laboratório farmacêutico, podíamos ter linha de consumo sem receituário, mas era necessária uma propaganda com posicionamento ético, com certo aval médico."

Sempre conseguindo chegar ao ponto certo na publicidade para cada caso, a agência optou por filmes comerciais para os produtos da Bebedermis e para o Selsun Azul – este último tornando-se mais um case de sucesso no segmento de campanhas dirigidas a produtos de higiene pessoal.

O relacionamento, como muitos outros na história da agência, se transformou em amizade pessoal. Tanto que Ivan, hoje diretor de uma consultoria na área de Marketing e Vendas, a Dannias Consultoria Assessoria e Treinamento Ltda., sempre indica a Rino Publicidade para os seus clientes. "Quando tenho algum projeto da área médica, de laboratórios farmacêuticos, que é minha especialidade, apareço na Rino para trocar idéias."

O advogado Luiz Gonzaga Bertelli, presidente executivo do Centro de Integração Empresa-Escola - CIEE, conheceu Rino Ferrari em 1964, quando estava ingressando no setor de gás, petróleo e petroquímica. Ele lembra que, naquela ocasião, estava sendo criada uma instituição chamada Associgás - Associação Brasileira dos Distribuidores do Gás Liquefeito de Petróleo, que, mais tarde, transformou-se no sindicato nacional da categoria. Quando a entidade precisou elaborar uma logomarca, folders e material de papelaria, recebeu do Grupo Ultra, um de seus integrantes, a indicação da Rino Publicidade. Foi o começo de um namoro, que depois passou a noivado e, mais tarde, um casamento de 40 anos de convivência, que tem continuidade até os dias de hoje. "Atualmente, a convivência é com o Rino Filho, publicitário de tão bom conceito como o seu pai."

Bertelli comenta que, no setor de gás, a entidade da qual fazia parte e a 'Rino' organizaram muitos projetos e campanhas juntos, algumas de grande relevância. Em 1973, o mundo estava em pleno auge da primeira fase da crise do petróleo, provocada pelo embargo dos países membros da Organização dos Países Exportadores de Petróleo - OPEP para os Estados Unidos e a Europa. Além disso, o Brasil, que não era o grande produtor de hoje, já que a Petrobras estava apenas começando a desenvolver seus projetos, prospecção e extração, viu-se obrigado a intensificar a importação da matéria-prima. Assim, a Associgás e a Rino fizeram juntas algumas campanhas memoráveis, inclusive algumas delas a pedido do Governo Federal, com o objetivo de mostrar à população que se os derivados de petróleo fossem bem administrados não faltariam gás, diesel e gasolina.

"Isso foi muito oportuno, porque fez com o que o governo mais tarde viesse a discutir a possibilidade da aprovação do Programa Nacional do Álcool, o ProÁlcool", lembra Bertelli. O programa de substituição em larga escala dos combustíveis veiculares derivados de petróleo por álcool foi financiado pelo governo brasileiro, a partir de 1975, devido à crise do petróleo. A substituição da gasolina por esse combustível de fonte renovável e mais limpo diminuiu a dependência do País em relação ao petróleo importado. A Rino envolveu-se no setor sucroalcooleiro porque Bertelli era diretor da Sopral - Sociedade dos Produtores de Açúcar e Álcool e acabou chamando a agência para organizar campanhas, visando a estimular o empresário brasileiro a construir usinas produtoras.

Bertelli avalia como essencial a campanha que a Rino fez para que o governo tomasse conhecimento da importância do álcool. Para ele, as propagandas institucionais sempre foram de grande qualidade, mas Rino Ferrari, por ser figura extremamente simpática, muito cordial na interface, fez crescer o relacionamento com as diversas instituições, ajudando o cliente nos contatos com as autoridades. "Ele não era só um publicitário clássico que sabia fazer bem e organizar adequadamente as campanhas. O Rino é um homem extremamente criativo e um patriota exaltado. Sempre procurava colocar um componente nacionalista em seus projetos. Portanto, se identificava com campanhas como a do ProÁlcool e pela melhoria das condições da agricultura brasileira. Posso dizer que no setor de gás, petróleo e petroquímica, no qual militei à frente de diversas organizações, ele nos acompanhou. Mais tarde, ele também nos acompanhou, como publicitário talentoso, idealista e inovador, no setor da agroindústria." A parceria seguiu na elaboração dos projetos para construção de destilarias de álcool, resultando no grande sucesso que o setor alcançou e mantém até hoje.

Bertelli comenta que a Rino sempre se identificou com os objetivos das instituições e empresas nas quais atuou, a exemplo do CIEE, sob sua administração há dez anos, que tem na Rino a sua agência principal. "Esse é outro momento marcante dessa convivência. Foi excelente o projeto que a Rino ajudou a implementar para o CIEE, uma campanha em prol da juventude, que é a concessão de estágios e treinamentos voltados à área educacional. Todos os nossos folhetos, folders e campanhas são estruturados pela agência, sob a coordenação do Rino Filho, quase em uma continuidade do trabalho que o pai fazia."

Uma das qualidades do Rino, que o ajudou a fidelizar clientes na agência, foi a honestidade sempre demonstrada. Em especial, quando acontecia algum erro nas campanhas. Rino assume a autoria de um desses erros no trabalho feito para o Frigor Eder, empresa de origem alemã. Ele decidiu comprar o patrocínio da série "Combate", apresentada na TV Record. Apesar de seu feeling para filmes, verdadeiro maníaco por cinema que é, Rino equivocou-se ao escolher o programa. Acontece que a série, passada à época da Segunda Guerra Mundial, tinha como foco a luta entre os norte-americanos e os alemães, e claro que os primeiros eram os "mocinhos". Admitiu o erro ao cliente, que, afinal, não levou a mal e ainda apostou no sucesso do patrocínio. Mesmo assim, Rino decidiu tirar o patrocínio do seriado, com a aquiescência do cliente.

BIC: é assim que se escreve

O francês Henri Robin veio para o Brasil em 1959, aos 33 anos de idade, a convite do amigo Michel Pingeot, que cumpria uma missão: instalar em nosso país a primeira filial da indústria de canetas mais reconhecida da Europa. Depois de 25 anos de problemas no coração, Michel faleceu de enfarto em 1998, aos 69 anos, um ano após se aposentar. Sua viúva, Frances Pingeot, relata que o fundador da empresa, o Barão Marcel Bich, ofereceu a seu marido a oportunidade de instalar uma fábrica no Brasil. Para ambos, foi uma difícil tarefa. Primeiramente, porque precisariam aprender o difícil Português; em segundo lugar, porque Michel era engenheiro agrônomo por formação e ainda não tinha grande experiência no ramo industrial. "Foi duro, mas é algo muito bonito, porque ele trouxe para cá uma BIC que, agora, todo mundo conhece."

Frances e Michel eram pais de duas filhas quando chegaram ao Brasil em 1956, ela aos 24 e ele com 27 anos. Moravam na Guiné, então colônia francesa na região da África Ocidental, e administravam uma plantação de bananas e abacaxis – por isso mesmo, o convite da "BIC" era quase uma aventura, um imenso desafio.

Frances conta que, sob a liderança de Ahmed Sékou Touré, do Partido Democrático da Guiné, a população decidiu em plebiscito, por esmagadora maioria, rejeitar a proposta de pertencer a uma Comunidade Francesa. Os franceses se retiraram rapidamente, em 1958, e a Guiné se tornou independente. Bem antes disso, a política daquele país era a de expulsar os brancos que vivessem em seu território. "Escrevemos ao meu pai e dissemos que queríamos voltar para a França, para não sermos expulsos, até porque era perigoso para o bebê que acabara de nascer." O pai de Frances, em conversa com o barão BIC, a quem conhecia, acabou deixando a história escapar. Imediatamente, o fundador da empresa ofereceu: "Preciso de alguém para montar uma fábrica na América do Sul.". Michel aceitou. Estava totalmente apavorado, mas a coragem de enfrentar o desafio o fez vir, ver e vencer.

A meta foi efetivamente realizada em 1961, porque, apesar de a Sociedade BIC já estar montada, as primeiras máquinas demoraram a chegar, devido a um problema com a obtenção das licenças de importação. Antes mesmo de tomar posse, o ex-presidente Juscelino Kubistchek, em 1956, fez uma viagem à Europa e convidou o barão BIC, fundador da fábrica, a se instalar no Brasil. Em seu discurso, disse que iria conseguir uma licença para importar as máquinas sem cobertura cambial, como capital. Só que a burocracia demorou. Com isso, foram cerca de cinco anos para que a fábrica começasse a produzir.

Henri Robin tornou-se diretor da empresa – o que numa época de estruturas enxutas significava ser um verdadeiro faz-tudo. Trabalhava ao lado do amigo Pingeot, que era diretor-superintendente da mais nova filial mundial da BIC, inicialmente instalada na Avenida Mofarrej, em São Paulo. O local, próximo à marginal do rio Pinheiros, ainda hoje tem a caixa d'água, em forma de caneta, construída pela BIC. É um marco no bairro e até um ponto de referência da navegação aérea em direção ao Aeroporto de Congonhas.

Nomeado presidente da BIC em 1989, Douglas Ribas conviveu, enquanto ocupava ainda o cargo de diretor, com os dois fundadores da empresa no Brasil. Michel Pingeot e Henri Robin foram seus grandes mestres no ensinamento dos negócios da empresa. Permaneceu como presidente durante 10 anos, quando foi promovido à liderança da BIC na América do Sul, tendo encerrado sua carreira depois de alguns anos nesse posto.

Na empresa desde 1972, Douglas conheceu Rino naquele ano. Lembra dele como um parceiro da BIC que muitas vezes deixava o coração comandar as decisões. O primeiro produto a ser lançado no Brasil foi a caneta Cristal, que permanece até hoje como a mais vendida. Era o início da década de 1960, e a BIC, totalmente desconhecida no País, sabia que precisaria investir em propaganda. A empresa dispunha de uma verba bem enxuta. Por isso, procurou uma agência de médio porte, embora fosse assediada constantemente pelas grandes, que, por força da marca, acreditavam que a multinacional aceitaria ou poderia dispor de verbas milionárias.

A indicação da agência veio de uma empresa vizinha, a Solorrico, de propriedade de Lair de Souza. "Ele tinha muita experiência e nós muito pouca; às vezes, íamos pedir conselhos", lembra Robin. Questionado, Lair falou: "Tenho um amigo de infância que está iniciando um novo empreendimento; montou uma agência de propaganda. Se vocês quiserem conhecer, eu lhes apresento.". O tal amigo era Rino Ferrari.

Para a agência, naquele momento, atender à BIC, ainda que fosse por uma verba inicialmente modesta, era algo de grande importância. Não apenas por ser um bom cliente, mas porque ajudava a projetar o nome da agência – cerca de 5% do faturamento da empresa era destinado à propaganda, mas o cliente limitava os gastos a 2%, no máximo. O limite só poderia ser atingido em caso de crise nas vendas.

A BIC entregou sua verba publicitária à Rino Publicidade, e assim foi iniciada uma boa relação (36 anos!) entre cliente e agência. "Trabalhamos muito juntos. Sentíamos essa necessidade permanente da presença da agência e alcançamos momentos muito bons. Na propaganda não se pode exigir acertar tudo, pois é complexo. Mas tivemos grandes resultados com a caneta e outras campanhas." Robin conta que Pingeot e ele, muitas vezes, precisavam "segurar" Rino em suas idéias grandiosas, que, não raro, ultrapassavam a verba.

Com o tempo, Rino, como de costume, criou uma relação de amizade com Pingeot e Robin. Douglas comenta ainda que, até mesmo nas convenções de vendas, o publicitário ia pessoalmente, sempre participando muito e colaborando no que até transcendia aos limites do contrato. A BIC era ainda uma empresa muito simples, e quem ajudava a transmitir idéias de marketing era Rino. Nos primeiros 15 anos de operações no Brasil, Pingeot e Robin discutiam os orçamentos, escolhiam as idéias.

Os diretores sugeriam o que queriam e Rino falava: "Vamos trabalhar!". E trabalhava muito, duro, num comprometimento incomum entre agência e cliente. Mas Rino sempre foi um apaixonado pelo seu trabalho, por realizar e obter bons resultados.

Se para a BIC a Rino Publicidade era uma excelente agência, para esta última ter a conta da indústria era um importante cartão de visitas. Porém, o trato entre agência e indústria dispensava as formalidades de hoje. Douglas Ribas lembra que era um relacionamento aberto a conversações, ao entendimento. Como melhor exemplo disso ele cita uma ocasião em que a empresa precisava de idéias para fazer uma ação social, ajudando crianças carentes de uma comunidade que visitou a fábrica. Rino, imediatamente, pensou não apenas no brinde para as crianças, como se preocupou em saber quantas eram, como transportá-las, enfim cada um dos detalhes importantes: oferecer um lanche, a logomarca da BIC que deveria ser colocada no ônibus que levaria as crianças etc.

Os atritos, quando aconteciam, eram discussões que estimulavam a criatividade, sempre levando a uma boa solução. "Não era tudo que Rino trazia que recebia nossa concordância. Sempre discutíamos as campanhas, mas no sentido de criar e produzir o melhor", conta Douglas Ribas.

Robin rememora alguns desses momentos de grande acerto da Rino Publicidade, em campanhas que legaram à história da publicidade slogans que até hoje são lembrados, a exemplo de "Como se escreve? Escreve com BIC.", cujos filmes mostravam as personagens perguntando como se escrevia determinada palavra, e a resposta era sempre essa: "Escreve com BIC.".

Porém, a primeira campanha foi aquela que ficou para sempre marcada na lembrança de Robin. O filme mostrava o herói dos quadrinhos, "Zorro", num vilarejo e, em vez de assinar com a sua marca registrada, a letra "Z", ele escrevia nas paredes a palavra "BIC", seguida do slogan "Marque tudo, marque o símbolo da qualidade.". "Queríamos impor a marca, e esse filme foi fundamental", registra Robin.

Douglas Ribas conta sobre uma ocasião em que Rino, de tanto insistir, conseguiu dar um passeio pela fábrica da BIC. Viu no setor de produção certa máquina destinada a fazer teste de escrita. O publicitário pôs-se diante do equipamento e, sempre questionando tudo, descobriu que o teste, além da regularidade da escrita, media também quantos metros a tinta da caneta durava. Ao perceber que a máquina reportava à "quilometragem da escrita", a idéia veio num estalo.

De repente, chamou Michel Pingeot e disse:

— Isso aqui vai dar um filme comercial fabuloso! Vai ser um estouro!

— Imagine, nem pensar, a BIC quer segredo nessas coisas — relutou Michel.

— Larga de ser bobo, vamos filmar assim, assim, assim... — explicou Rino, entusiasmado, os olhos brilhando, como se estivesse vendo o filme já pronto.

Resultado: o tal filme não apenas foi realizado, como ganhou um prêmio. E o mais importante, com a campanha veio também o sucesso nas vendas do produto.

Robin conta sobre o início da caneta esferográfica, que chegou a ser proibida para a assinatura de cheques, em razão da tinta não-indelével, que poderia ser falsificada — durante certo tempo, os talões traziam a informação "não assinar com esferográfica". As escolas também não aprovavam a esfera, pois tirava a beleza da escrita com pena. Enfim, venceu a praticidade. Por isso mesmo, os grandes clientes da BIC eram as crianças, e o período de volta à escola, o principal momento de vendas. "A esfera marcou muito. Nem o presidente da República usa outra caneta."

Para o lançamento dos isqueiros BIC, a agência desenvolveu outra memorável campanha: um filme mostrava uma pilha de fósforos queimados e o slogan dizia que o isqueiro "Acende 3 mil vezes ou mais.". A grande projeção da campanha elevou a produção de isqueiros, o que representou a grande virada da BIC, e por muitos motivos. Em primeiro lugar, porque obrigou a empresa a se instalar em Manaus, em 1975. Só assim seria possível fazer um projeto na Suframa - Superintendência da Zona Franca de Manaus e importar as máquinas, que eram robôs de montagem. Hoje, é a única fábrica na América do Sul, depois do encerramento das unidades do Uruguai, Chile e Equador. "Todas essas plantas foram fechadas, porque não se podia importar nada — nem no Brasil, nem nesses países. Tudo deveria ser fabricado nacionalmente, e com isso Manaus ganhou grande importância."

O isqueiro foi um sucesso total. Conseguiu mesmo vencer a forte concorrência da marca Cricket. Robin atribui grande parte desse sucesso ao trabalho realizado pela Rino Publicidade. Quando do lançamento do comercial, o País estava passando por mais um aperto econômico. O consumidor preferia comprar uma caixa de fósforos, muito mais barata do que o isqueiro. A propaganda teve a sensibilidade de perceber isso e mostrar claramente que um isqueiro equivalia a 75 caixas de fósforos. "Eles acertaram em cheio com aquele filme, que mostrava a substituição de uma montanha de fósforos por um isqueiro capaz de 'acender 3 mil vezes'. É difícil encontrar uma campanha que explique tão bem um produto como essa." Assim, a BIC chegou a ter 80% de participação no mercado de isqueiros.

Rino sabia vender idéias, como fez ao apresentar o filme sobre o "isqueiro que acende 3 mil vezes ou mais", gesticulando, representando, demonstrando, defendendo sua criativa propaganda. "Esse filme ganhou um prêmio internacional nos Estados Unidos. Foi admirado no mundo todo. Uma coisa linda e, até hoje, citada no meio publicitário como obra-prima da propaganda." Ficou no ar por mais de 13 anos. Intercalado com outras propagandas, o filme sempre voltava, pois era o que dava mais resultados. Chegou a ser refeito algumas vezes, com a mesma idéia, apenas para modernizar as técnicas de produção.

Juarez Daque, que foi diretor de Vendas da BIC, também ressalta a qualidade de Rino em vender idéias, o que é bem diferente de sua experiência com a venda de produtos. "Não era só isso. Quando a verba não atingia os valores necessários, ele conseguia dar um jeito para veicular, desde que acreditasse na idéia de criação da sua equipe."

Com o filme do isqueiro, a Rino conseguiu também despertar a fúria dos fabricantes de fósforos, que foram ao Conar (Conselho Nacional de Auto-Regulamentação Publicitária) para reclamar do filme. "E quem foi junto com a pessoa encarregada de defender a BIC e a agência? Ele, Rino, pessoalmente", comenta o advogado Carlos Miguel Aidar. Ele tem na memória outra campanha importante, a de lançamento de uma caneta diferenciada, a BIC Bolinha, um dos primeiros modelos da hoje famosa esferográfica que não tem tampa, e cuja ponta da escrita é controlada por uma mola interna.

Rino criou um slogan, algo como: "Use as nossas bolinhas.". Criou também um problema com a Justiça. Isso porque um juiz da Vara da Infância, do Rio de Janeiro, intimou a Rino Publicidade por entender que aquilo era apologia às drogas, ou seja, "bolinhas" – no sentido de comprimidos alucinógenos, drogas, tóxico. Claro que uma ação judicial dessa natureza era muito ruim para Rino e para a BIC. E a responsabilidade era da agência. Preocupado em achar uma solução para o impasse, Rino acabou se deparando com uma propaganda do Ministério dos Esportes para incentivar a prática dos esportes que dizia exatamente isso: "Use as nossas bolas.". E diga-se, naquela época, a palavra "bola" tinha mais forte impacto no sentido de ser atribuída às drogas do que "bolinha".

Aidar conta que Rino e ele recolheram alguns dos cartazes da propaganda – que estavam espalhados Brasil afora, principalmente em repartições e locais públicos

–, enfiaram sob os braços e rumaram para o fórum, para falar com o tal juiz. O magistrado deu início ao seu discurso contra as drogas, falou, falou... Os dois ouviram. Terminada a dissertação jurídica, Rino, respeitosamente, pediu a palavra e disse:

– Meritíssimo, o que acontece é que não estamos fazendo apologia às drogas. Estamos fazendo propaganda de uma caneta, que está aqui – e entregou algumas unidades da BIC Bolinha ao juiz. E tem mais uma coisa. Não estamos fazendo nada diferente do que existe na propaganda oficial do próprio Governo Federal.

– Como assim? – perguntou o juiz, muito surpreso.

Os dois mostraram os cartazes, um material farto, em todos eles o "Use as nossas bolas". O resultado foi que o tal magistrado acabou arquivando o processo, reconheceu o equívoco do processo e tudo terminou bem.

Depois de tanto sucesso, o cliente, ao que parecia, precisava encontrar um ponto de controvérsia, quase como se não quisesse assumir que o trabalho de sua agência era à prova de falhas. Rino lembra que o único "fracasso" que a BIC atribuía à sua agência foi uma estratégia de marketing desenvolvida com patrocínio ao show da banda britânica "Queen", que aconteceu em março de 1981, no estádio do Morumbi, em São Paulo. Na verdade, a estratégia foi de um sucesso tão grande que acabou lançando uma "moda" que segue até os dias de hoje.

Rino decidiu distribuir isqueiros aos espectadores do show, com a recomendação de que eles acompanhassem piscando o ritmo de algumas músicas. O momento ficou marcado para sempre. Na apresentação de "Love of my life", a multidão, que ocupava as cadeiras numeradas e as arquibancadas do estádio, acendia os isqueiros no ritmo da música. O locutor da emissora que irradiava o show dizia encantado: "Milhares de isqueiros se acendem no Morumbi.". Talvez, tenha faltado dizer que eram da marca BIC... Quem sabe? A idéia pegou tanto que, até hoje, o gesto é repetido, só que em versão tecnológica, com a luz das telas de telefones celulares móveis.

Robin não pode deixar de aplaudir, porém, as inovações propostas por Rino Ferrari. Foi dele a iniciativa de comprar para a BIC o patrocínio das transmissões da Fórmula 1 pela Rede Globo de Televisão. Mais uma vez, Rino soube investir naquilo que, por um valor naquela época baixo comparado a hoje, poderia trazer retorno certo. Além disso, escolhia as equipes menos expressivas para colocar a marca de seu cliente nos carros. Uma delas foi a Shadow, um carro todo preto. E, em uma das provas (exatamente no Brasil), a agência teve grande sorte, daquelas que acontecem uma ou duas vezes na vida, já que o carro "azarão" permaneceu em segundo lugar durante a corrida inteira.

Douglas Ribas comenta que, além do pioneirismo da BIC em aderir a um plano de patrocínio da Fórmula 1, o sucesso foi tanto que logo outros dois patrocinadores seguiram o mesmo caminho. "Para que a BIC tivesse acesso a essa oportunidade publicitária, o Rino não foi apenas o profissional da agência; ele lutou com a TV Globo, esperneou, até que a emissora cedeu e chegou ao valor financeiro viável para nós, já que a BIC, à época, não tinha o fôlego que tem hoje. Graças ao Rino, a Fórmula 1 foi um sucesso de patrocínio para nós." Embora tenha ultrapassado a verba da empresa, os espaços eram tão bem negociados que garantiam uma importante presença na TV Globo – eram diversas chamadas para a mais importante disputa do automobilismo e, ao final de cada uma delas, a frase: "Oferecido pela BIC.".

Ainda na Fórmula 1, em 1983, a matriz francesa da BIC fechou um contrato mundial com a Renault, equipe de Alain Prost, um dos mais importantes pilotos da história do mundial, que já havia vencido em Interlagos em anos anteriores. Portanto, havia interesse em aproveitar a nova temporada da competição no Brasil para atrelar a Prost uma propaganda da empresa. Douglas Ribas lembra que houve um grande desencontro entre a matriz e a filial brasileira quanto a fazer ou não a propaganda. Enquanto essa divergência de opiniões era resolvida, o tempo passava e a data da corrida aproximava-se. Seria no domingo, e apenas na quinta-feira anterior, finalmente, veio a liberação da França – e num horário consideravelmente agravado pela diferença de fuso horário.

A exigência do cliente era de que a oportunidade fosse explorada, e bem, pela agência. O "pacote" promocional incluía entrevista com Alain Prost e com o representante de uma fábrica de cigarros francesa, também patrocinadora. Enfim, em menos de 24 horas, a cidade de São Paulo, especialmente o caminho que conduzia até o autódromo de Interlagos, estava coberta por outdoors com a peça elaborada pela Rino Publicidade. "Passamos a madrugada na rua, preparando os cartazes. E minha mulher, louca da vida, dizia 'Como é que é? Você vem para casa, ou não vem?'".

Douglas lembra que, quando Alain Prost viu tudo aquilo e seu nome nos outdoors, quis saber o que significava, o que estava escrito. Quem explicou a propaganda ao piloto foi o próprio Rino, tendo Douglas como intérprete. Por sua vez, o representante da tal fábrica de cigarros ficou boquiaberto com a rapidez com que tudo aquilo foi feito. "O Rino sempre dizia: 'A hora é do cliente, o momento é do cliente.'. Ele sempre falava isso e transmitiu o conceito para a equipe da agência."

Se as campanhas para a esferográfica foram indiscutíveis sucessos, o isqueiro não apenas dobrou o faturamento da empresa, como, mais tarde, abriu para a BIC novos segmentos de atuação, como os aparelhos de barbear e diversos outros tipos de canetas. Uma delas foi a de ponta porosa, uma inovação da caneta hidrográfica, porque naquele tempo não existia nada parecido. Porém, o produto não representava grande percentual no faturamento, que era, em maior parte, originado pela Cristal e o isqueiro.

Em 1987, a Rino Publicidade conquistou outro sucesso com uma idéia ainda nova no mercado brasileiro. As camisas dos jogadores eram patrocinadas pelas empresas e, assim, se tornaram um importante espaço publicitário. Naquele ano, Rino celebrou um contrato com o São Paulo Futebol Clube para colocar a marca BIC nas camisetas. Mais um sucesso profissional apadrinhado pela sorte. O time, naquele ano, estava na zona de rebaixamento e, surpreendentemente, sagrou-se campeão do torneio. Rino dizia: "Os jogos de futebol são televisionados. Enquanto a equipe estiver em campo – 45 minutos no primeiro tempo e outros 45 no segundo –, serão 90 minutos de aparição do nome BIC. Quanto teria de gastar para estar no ar 90 minutos?".

Se, naquela época, o gasto foi mínimo... com a conquista do título, o time entrou em uma fase de ascensão. No momento da renovação do contrato, a empresa não teve fôlego para continuar com o patrocínio, mas vencer o campeonato já havia compensado, em muito, o investimento.

A campanha para o aparelho de barbear também ficou célebre. Estrelado pelo ator Marcos Ricca, já um promissor ator, embora em início de carreira, o filme, bem ao estilo da Rino, dizia em linhas simples exatamente aquilo que a empresa desejava transmitir. Mostrava o rapaz com a barba por fazer e convidando o telespectador a testar o BIC Multibarba, assim como ele faria. Outras celebridades fizeram sua estréia nas campanhas da BIC, como o ex-ídolo teen, o cantor Rafael, do extinto Grupo Polegar. O filme também está na memória de quem hoje está com mais de 30 anos. Na sala de aula, um professor muito severo informa sobre uma prova-surpresa. Foco numa bela jovem que está sem caneta. Em seguida, no rapazinho (Rafael), no outro extremo da sala, que vê a cena e lança a caneta para ela. Corta no professor, que pega a caneta no ar, mas, com um sorriso, acaba entregando-a para a garota. "Foi um filme muito simpático. A mensagem era que a criança não pode se esquecer de levar a BIC para a escola. Foi um sucesso: a idéia era muito boa."

Robin ressalta que o sucesso da BIC deve-se a essa exposição em massa dos produtos. Se hoje, nos supermercados e varejo, há uma grande exibição dos artigos da marca, foi árdua a luta para conseguir espaços permanentes em grandes redes, e não apenas no período de volta às aulas. "Era difícil antigamente. Foram pequenas vitórias que, somadas, fizeram com que a BIC crescesse muito."

Douglas acredita que a BIC deve a Rino a posição de mercado que ocupa hoje. Lembra que, na época da Fórmula 1, todo mundo imaginava que a empresa fosse fortíssima. Não era, mas estava presente em todos os pontos-de-venda, porque contava com um apoio de propaganda muito bem feito pela Rino Publicidade, e com a dedicação total de seu principal diretor. Ele defende que Rino foi a pedra fundamental no início da marca BIC no Brasil. "Era muito mais do que uma agência."

O serviço prestado pela Rino Publicidade durante 36 anos só foi encerrado com a morte do barão BIC. Por volta de 1997, a empresa anunciante adequou-se ao conceito da globalização e passou a ter a mesma agência por alinhamento mundial. Por determinação da matriz francesa, a agência que atendia a Europa e os Estados Unidos deveria atender aqui também. Foi quando tudo começou a mudar. Douglas relata que a primeira agência a atender a BIC, nesse novo modelo, foi a Carillo Pastore. "Tivemos de fazer a mudança contra a nossa vontade. Foi uma tristeza. Eu, particularmente, fiquei muito triste, porque era minha gestão e eu tinha uma confiança ilimitada na Rino, desde a abertura para discordar, concordar e, mais do que isso, de poder discutir sem qualquer formalidade."

Robin chegou a participar dos famosos almoços na Rino Publicidade e de visitas à fazenda de São Carlos, e o faz até hoje. "Criamos uma amizade muito profunda, mas devo dizer que é incrível o que esse homem consegue inventar para complicar a própria vida. Depois de toda a carreira como publicitário, da parte imobiliária, agora compra uma fazenda e monta uma indústria de criação de bois e porcos – é um desafio muito grande. É muito complexo o caminho que ele escolheu para a fazenda. Podia encher de cana-de-açúcar, ter algumas máquinas, mas não, ele tem uma verdadeira indústria."

A viúva de Michel Pingeot, Frances, lembra-se que o marido tinha grande admiração por Rino. Ela comenta que todas as vezes em que o publicitário aparecia na empresa, Michel chegava reclamando. Só que depois ficava satisfeito com os resultados. Frances e Michel também freqüentavam a casa de Rino – iam à fazenda. As famílias tinham residências no Jardim Acapulco, no Guarujá, litoral paulista. Encontravam-se lá, como vizinhos e amigos. "Fomos uma vez à Fórmula 1. Costumávamos fazer coisas assim, juntos – era gostoso. Quando tinha uma grande oportunidade, a gente se encontrava." Frances qualifica Rino Ferrari como um homem aberto, acolhedor e sincero. O casal não apenas admirava o bom amigo, como o considerava alguém muito trabalhador e dinâmico.

Com todo o reconhecimento, Juarez Daque lembra que foi uma indicação de Rino que fez com que ele pudesse ser promovido a diretor de vendas. "Eu era gerente, um cargo abaixo do diretor dessa área, então o Emile Sallerin. Quando ele faleceu, a BIC começou a procurar alguém para substituí-lo, mas teve muitas dificuldades para preencher todas as necessidades do cargo. Foi o Rino que falou com o Michel Pingeot e disse: "Você tem o elemento dentro da própria organização", referindo-se a mim. Michel acreditou e deu certo. "Ocupei o cargo como diretor de vendas. Naquele momento, eu ocupava a gerência da área."

A diretoria da BIC era freqüentemente convidada a almoçar na Rino Publicidade, mesmo que não fosse para tratar de trabalho. Rino brincava: "Preciso tirar vocês dessa fábrica para que pensem em outras coisas, para que se tornem mais criativos.". Então, ele marcava um almoço e praticamente era proibido, por Rino, falar-se sobre trabalho: "Eu não quero ouvir falar de trabalho hoje aqui.".

E, assim, essa é a história de uma empresa que encontrou a agência de publicidade certa — uma coisa rara ontem, ainda hoje e, provavelmente, sempre. As palavras de Douglas Ribas, que poderiam ser também as de Michel e Henri, deixam claro o valor dessa parceria tão feliz, de tanto sucesso para todos. "O Rino é uma das pessoas mais criativas que conhecemos. Ele é, sozinho, uma empresa inteira. Porém, é muito modesto pelo valor que tem. Não é um cara cheio de histórias. É um sujeito normal. Assistíamos a sua empolgação comentando sobre as propagandas que estava desenvolvendo para outros clientes, e ali, naquele seu momento de compromisso e amor pelo que ele fazia, a gente já vislumbrava o sucesso que seria alcançado, sentia o valor de um verdadeiro profissional."

Um grande comprador de mídia

Um dos segredos de sucesso da Rino Publicidade sempre foi a escolha acertada das mídias, aliada a uma negociação vantajosa para todos os envolvidos. No outdoor, a agência teve uma experiência curiosa, que mostra bem o perfil de Rino Ferrari. Certa vez, vendeu espaços publicitários nas paradas de ônibus. Rino comprou todos esses espaços e, praticamente, inundou São Paulo, cem por cento dos pontos de ônibus da cidade, com propagandas de seus então pequenos anunciantes: Foto Léo e Restaurante Careca, dentre outros. Aquela, na verdade, ainda era a época do "reclame".

Em revistas, a Rino Publicidade ficou para sempre na história da propaganda brasileira por ter sido uma das pioneiras no uso de cores, criativamente, em seus anúncios. Ou nas emissoras de rádio, com as quais a agência também passou a negociar espaços importantes, como na Gazeta, que chegou a colocar seus clientes como principais patrocinadores dos quatro programas do horário nobre, no período de 8 às 10 horas da noite (antes do surgimento da televisão).

Uma das grandes apostas foi o patrocínio às grandes séries televisivas, compradas por um uma verba bem baixa, mas que acabavam trazendo resultados acima do esperado. Isso porque no início eram programas em que ninguém apostava no sucesso e, conseqüentemente, no retorno comercial. Um desses casos foi a série "Império", da TV Record, com personagens que viviam em uma fazenda no Texas. A série começou sendo exibida em "ingrato" horário noturno, à meia-noite. Mas foi tão bem, estourou em audiência, que passou para o horário nobre do sábado à tarde. Premonição? Rino sempre teve, ainda tem e afirma que precisa usar esse dom: "Quando eu não uso, enferruja... Coisas lindas que eu fiz na vida, e daí o sucesso. Comprava séries, como tantas vezes fiz, patrocinava atores famosos com a certeza de estar levando alegria às pessoas. E elas queriam alegria; por isso as séries tinham êxito."

Como entrou para a publicidade aos 13 anos, Rino tornou-se um profissional completo. Mas, a rigor, era mesmo um grande comprador de mídia e um grande vendedor de campanhas. Tinha senso de oportunidade. A lealdade, rapidez e inteligência, aliadas à premonição, o faziam vencer vários desafios. Um deles era trazer resultados, fazer milagres, para um cliente com verba mínima. Além de saber comprar o espaço, Rino tinha a consciência de que era fundamental saber produzir um filme condizente, em especial para clientes de médio porte, como era boa parte das contas da agência. Porque, nesses casos, não há verba para produções "hollywoodianas". Era preciso fazer coisas criativas, consistentes, oportunas e de baixo custo. Rino criou a "publicidade de resultados", muito antes desse conceito hoje ser uma realidade.

Lançando um olhar para a história da Rino Publicidade, desde sua criação existe certa marca registrada: a de atender, criar campanhas sempre dentro de uma abordagem ética, realista, simples, objetiva, simpática, charmosa, oportuna, criativa e, sempre, maximizando o tamanho do bolso do cliente. Nada menos do que o caráter de Rino Ferrari impresso no trabalho feito por sua equipe. Isso foi transmitido para a equipe da agência, por meio de sugestões e críticas à turma do atendimento, planejamento, mídia, criação, produção, tráfego – enfim, a todos da agência. A simplicidade era um componente importante. "O povo é simples. Minhas campanhas eram elogiadas pelo povo. Este é o maior sintoma de que eu estava certo", sublinha Rino.

Ainda em um tempo em que a pesquisa não era um dos principais instrumentos de trabalho da publicidade, a agência usava e abusava de grandes doses de feeling. Se, hoje, as estatísticas e números de mercado fazem parte do dia-a-dia da Rino Publicidade, a paixão por fazer bem feito, a criatividade, a verdade e a objetividade, a vontade de descobrir a expectativa do leitor, do ouvinte, do telespectador, do internauta... jamais deixaram, ou deixarão, de ser usadas. Antigamente, não havia também a segmentação que existe hoje. Um produto para o público masculino, da classe A, poderia ser tranquilamente anunciado em uma emissora como a Rádio Eldorado. "Dava resultado porque era uma questão de oportunidade. Não havia uma decisão específica. Então, eu fazia aquilo de que o cliente precisava", conta Rino.

Não foi necessário muito tempo para que, naturalmente, o mercado percebesse que não havia mais sentido para que a antiga agência na qual Rino trabalhara seguisse acreditando-se Sem Rival. Uma nova empresa surgia na publicidade brasileira, não para rivalizar com os concorrentes, mas, sim, para comprovar o que todos já sabiam: nada substitui o talento, a dedicação e um imenso respeito ao próximo na realização de um trabalho.

Relacionamentos para toda a vida

A Rino Publicidade tem sua história marcada também pelos eventos que promoveu em torno dos clientes. O que o mercado define, hoje, como "marketing de relacionamento" sempre foi, na verdade, um prazer para Rino Ferrari – o homem que ainda se lembrava daquele garoto pobre do cortiço, impedido de participar das festas dos vizinhos "bem de vida".

As festas de fim ano da agência eram as mais concorridas. A confraternização reunia a família Ferrari, os funcionários e familiares, os clientes, além de imprensa e autoridades.

Ricardo Riedel também participava com a esposa de todas as festas da agência. "O Rino é muito simpático, e a gente sempre fica conversando. A grande vantagem das festas é que a gente sente-se muito à vontade, pois é tudo muito espontâneo. Esse carinho que eles têm por nós e por todos, que são amigos dele e da sua turma, é sempre muito bom."

Paulo Gomes, um dos advogados da agência, comenta que as festas são realmente excepcionais. "Não é só a festa, mas o pessoal que participa. Ali, nas festas da Rino, acontece de tudo. Negócios e conversas interessantes. São festas de altíssimo nível."

Um ex-colaborador da agência, Paulo Lemos, lembra a comemoração de 15 anos de fundação. Ele conta que Rino queria dar uma festa para convidar todos os clientes e precisava de uma pessoa para coordenar tudo. Paulo, então, cuidou de todos os detalhes: contratação de bufê, decoradores, pintores para dar um retoque na sede na Alfredo Ellis. Também Luiz Gonzaga Bertelli, cliente de agência, tem na lembrança as festas organizadas no Nacional Clube, uma noite a rigor com grandes orquestras da época, como a de Silvio Mazzuca.

Para o vice-presidente de criação da agência, Fernando Piccinini Jr., a festa da rede de agências internacionais ICOM foi uma das mais importantes para a Rino Publicidade, que faz parte dessa organização. Uma vez por ano, realiza-se a conferência mundial da ICOM, celebração que ocorre em um dos 57 países-membros. Em 2002, a festa foi realizada na Rino, com a participação de publicitários do mundo inteiro. "Foi maravilhoso. Era uma babel da propaganda. A gente andava e ouvia as pessoas falando em chinês, turco, russo, inglês, japonês e espanhol. A certa altura, no meio desse bando de gringos, desceu um destacamento da Escola de Samba Rosas de Ouro pela escada, a plenos tambores. Os caras ficaram loucos, todo mundo dançando. Acho que, tirando os 70 anos do Rino, foi a festa mais bonita que fizemos; foi inesquecível." Gary Burandt, diretor-executivo da ICOM, também não esquece a ocasião. "Cinco anos depois, os membros da rede continuam achando que esse foi o melhor evento de todos."

Nas diferentes sedes administrativas que ocupou, a agência sempre manteve um restaurante para organizar um almoço. Fosse um encontro de negócios ou apenas de amizade, em geral para grupos pequenos, com a participação dos diretores, um ou outro cliente e algum convidado todos os dias.

O presidente da Editora Pensamento, Ricardo Ferraz Riedel, lembra-se de quando a agência ficava na Rua Alfredo Ellis e mudou para a Avenida Nove de Julho. Não puderam levar uma grande mesa de reuniões, feita em madeira pesada. Rino aproveitou a presença do amigo em um desses almoços e perguntou se ele não gostaria de ficar com a tal mesa. "O momento foi perfeito, porque eu estava vindo aqui para a editora, e eu precisava de uma mesa de reuniões bem nesse estilo." Rino não apenas fez valer a oferta, como mandou entregar a mesa com 12 cadeiras, como um presente.

O jornalista e editor literário Alberto Quartim de Moraes lembra-se da sede atual, na Avenida Nove de Julho. "Eles almoçam ali todos os dias e, invariavelmente, quando trabalhei lá, era convidado. O Rino sempre gostou de celebração à mesa, de ter gente em volta dele." Luiz Whately Thompson chama a atenção para o dia do "Almoço de Criança", com pastel, croquete e salada. "A gente fala muita bobagem, lembra e relembra, conta casos. Esses almoços são uma delícia, você não faz idéia. É tão bom porque ali nascem muitas e boas idéias."

Esdras José Maciel, vice-presidente da Rino, comenta que "qualquer coisa era motivo para o Rino festejar." Eram ocasiões realmente memoráveis. "Acho que a mais marcante foi a de inauguração da primeira sede própria da agência. Ele havia saído há pouco mais de um ano da Sem Rival e, mesmo ainda num momento crítico, fez uma festa bonita." Depois, quando a agência mudou para a casa do Paraíso, na Alfredo Ellis, e depois para a sede atual, e assim sucessivamente, em todas as datas redondas de aniversário: cinco, dez, quinze, vinte anos. "O Rino sempre dava festas memoráveis, sobre as quais o mercado inteiro falava. Ficaram famosas."

Esdras reforça que não foi nem por "grandiosidade" nem por "ostentação" que as festas ficaram célebres, mas sim pelo calor humano. "Ao longo de todo esse tempo, Rino formou um círculo de amizades imenso, com veículos, fornecedores e clientes. Tais festas, mais do que qualquer outra coisa, são sempre encontros de amigos, de pessoas que se gostam muito. E, obviamente, ele sempre foi muito caprichoso no servir os convidados, na escolha de uma boa música. Assim, tinha um pouco de tudo, nunca ostentação. O melhor é o clima mesmo. Uma coisa gostosa: você sai de lá com a alma lavada."

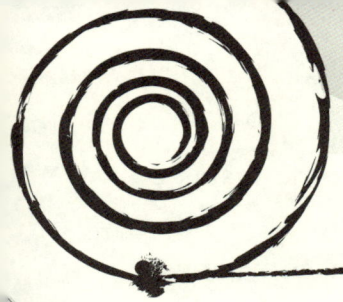

Capítulo 4 - A vida segue seu curso

Desencontros

A primeira moradia própria da família Ferrari começou a ser construída no enorme terreno, de 20 m x 30 m, no Brooklin, a partir do empréstimo feito com o IAPC - Instituto de Aposentadoria e Pensão dos Comerciários. A casa, não muito grande, era, porém, confortável para abrigá-los e, claro, para as finanças de Rino. Dois quartos, sala, cozinha, banheiro e copa integravam o lar em que viveriam durante cinco anos.

Quando se mudaram para lá, a filha Clélia estava com sete meses, e Rininho estava por nascer. Um ano depois da mudança, o imóvel estava completamente reformado. O sucesso de Rino refletia-se na casa. Em paralelo à sua carreira, começava a formar também um belo patrimônio, a partir do seu próprio lar. Criou uma garagem, uma edícula ao fundo, um quarto para a empregada e outro para as crianças guardarem seus brinquedos, além de um enorme jardim de inverno. Apesar de a propriedade ter sido construída quase sob medida à personalidade da família Ferrari, logo se fez necessária nova mudança.

O bairro sofria com sérios problemas de enchentes e, sempre que chovia, a casa era inundada a partir da cozinha. A manutenção seria muito cara, sem contar o desconforto que tal problema causaria. Foi também por esse motivo que Rino aceitou a oferta que o amigo Dourado fizera para comprar o imóvel da Rua Pensilvânia, a dois quarteirões da Avenida Santo Amaro. A casa exalava ares cinematográficos, chegando a atrair certa vez uma revista que a filmou para um documentário. Era bom negócio, estando à venda por um preço muito mais baixo do que realmente valia, pois o proprietário tinha pressa em se mudar.

Ainda assim, a mansão valia o dobro da casa em que moravam até então. Com o valor da venda da primeira somado ao que o Rino ganhava com os dois trabalhos, seria possível comprar a segunda casa. Valia o esforço, pois a construção era realmente incrível. Uma extensa escada separava os dois andares, onde era possível encontrar toda sorte de cômodos nobres – a sala de música, o salão de festas e os espaçosos quartos.

Quando se mudaram, Rino Filho tinha três anos e Clélia já estava com cinco. Enquanto o pai trabalhava, incessantemente, para manter esse bom padrão de vida, Jane ficava em casa e cuidava das crianças, que freqüentaram os melhores colégios de São Paulo. Inicialmente, o Pequenópolis; depois, o Bandeirantes, até a conclusão dos estudos de pré-vestibular no Dante Alighieri, o que os ajudaria futuramente a entrar com facilidade nas mais concorridas universidades.

Rino participava menos da vida escolar dos filhos, pois trabalhava muito, dedicando grande parte do seu tempo à Sem Rival e, depois, ao comando de sua própria empresa. Em 1961, pouco antes de abrir o primeiro escritório da Rino Publicidade, foi que Deolinda Simões de Alvarenga, a Deô, começou a trabalhar para a família Ferrari. Ela residia muito perto da casa deles, no Brooklin, com seu marido, um dos primeiros funcionários da nova empresa de Rino, encarregado da limpeza e pequenos serviços gerais. Dona Deô foi contratada para trabalhar como empregada e governanta. Assim, facilmente assumiu seu papel na história da família Ferrari, com a qual trabalhou durante 11 anos, tornando-se muito querida por todos.

A relação entre Deô e a família tornou-se tão forte que Rino chegou a construir uma casa, para que ela morasse nos fundos de sua mansão no Brooklin, mas, prudente, ela achou melhor não se mudar para não pôr em risco uma amizade tão boa que havia se estabelecido entre patrões e empregados. Queria evitar possíveis desentendimentos, frutos de tanta proximidade.

A infância, para Rino Filho e Clélia, foi uma época de convivência muito carinhosa com o pai, por quem eles eram apaixonados. Como ele trabalhava até muito tarde, Rininho o esperava todas as noites. Quando o pai finalmente chegava, como de hábito, subia para o banho, deixando a porta do banheiro destrancada. O menino preparava-lhe uma dose de uísque e o esperava sentado lá dentro. Era um dos poucos momentos em que podia conversar com o pai durante a semana, contando-lhe o que havia acontecido no seu dia.

Apesar de algumas "chatices" de pai, atitudes autoritárias, os filhos sempre o acompanhavam em seus programas de fim-de-semana, quando havia algum tempo para ficar com a família. Como sempre tiveram casas de veraneio, as férias caracterizavam um período especial para todos. Em Águas de Lindóia, tiveram os primeiros cavalos, paixão que, depois, foi levada para a fazenda de Rio Claro, e viria a ser mais um dos negócios de Rino. Cavalgar com o pai sempre foi uma grande diversão para as crianças. Faziam trilhas, andavam pelos acostamentos da estrada e corridas por dentro do mato. Rininho, sempre muito precoce, incentivado pelo pai, começou a andar a cavalo sozinho aos três anos de idade, para a preocupação da mãe, que sentia pavor dos animais.

Rino também queria a companhia dos filhos para as caminhadas a pé, que tanto gostava de fazer. Depois dos almoços de domingo em seus restaurantes favoritos, o Careca, na Lapa, ou o Carlino, no Centro da cidade, dispensava a mulher, que voltava com o carro, e ia andando até a casa, ao lado das crianças. Eram longos quilômetros de um passeio que Rininho achava exaustivo, mas nunca recusava participar, pois nessas caminhadas tinha a chance de conversar com o pai sobre as trivialidades de seu cotidiano, as quais Rino nem sempre tinha podido acompanhar. Ao chegar à casa, Rininho ia direto para a cama, tão cansativo era o passeio.

Enquanto Clelinha era o xodó de Rino, o filho era seu discípulo, para quem ele ensinava suas paixões. Assim, Rininho aprendeu a dirigir aos cinco anos de idade, com um mini-carro que o pai usou em uma propaganda de uma promoção da Cervejaria Mãe Preta. Os consumidores que conseguiam as tampinhas premiadas do refrigerante ganhavam diversos prêmios, e o maior deles era um carrinho Gurgel, aquele semelhante a um mini-buggy. Rininho era nada menos do que o garoto-propaganda da cervejaria no programa de maior audiência da TV Record à época, o "Circo do Arrelia", no qual entrava dirigindo o tal carrinho. Claro que, inquieto como era, logo começou a guiar carros de verdade.

Rino fazia questão de abrir sua casa a todos os parentes, como a irmã Myrian que, acompanhada do filho Fernando, costumava visitá-lo quando ainda era casada e continuou a fazê-lo depois de se separar. Sua mãe, dona Anna, também era uma figura muito presente na casa, uma vez que Rino sempre convidava os pais para almoçar.

A avó materna era uma figura especialmente carismática. Dona Sebastiana, ou dona Bebé, foi a responsável por transmitir às crianças grande dose de conhecimento espiritual. Muito sensitiva, sabia, apenas ao olhar para as pessoas, os problemas que estavam escondidos em suas mentes. Sabia conversar, dar conselhos, baseada em uma vivência riquíssima, que lhe permitia contar infinitas histórias e, assim, prender a atenção dos netos. Afinal, morara em uma palafita no Amazonas, era órfã desde bem pequena, escrevia poesias e ainda tocava piano. Rino tinha profunda admiração por dona Bebé, uma relação de respeito que se estendia para toda a família.

Rininho dedicava verdadeira paixão pela avó – tanto que, anos mais tarde, quando de seu aniversário de 90 anos, ele organizou, junto com o primo Fernando, um pequeno livro, uma coletânea com as suas poesias, crônicas e pensamentos: "Bebezices", foi o sugestivo nome da obra. A avó não deixava por menos e sempre anunciava perante seus mais de vinte netos que Rininho era o seu preferido. Dona Bebé "era uma luzinha que andava por ali, iluminando todos nós", comenta Rininho.

Na vida profissional, a Rino Publicidade crescia e, cada vez mais, aconteciam animadas festas para amigos e clientes, na residência da família. Jane organizava os eventos do marido. Muitas vezes, era avisada apenas com três dias de antecedência que iriam oferecer um jantar para quase cem pessoas.

Jane acompanhava o marido em todos os seus eventos, mas os compromissos sociais, a responsabilidade com os filhos e os cuidados com a enorme mansão a estavam esgotando. Convencer o marido de que ela era infeliz com a vida que levava não foi uma tarefa fácil, mas ele acabou cedendo. Após um ano de procura, um amigo de Rino lhe indicou um apartamento na Rua Haddock Lobo, bem próximo ao Clube Pinheiros, que Jane freqüentava com os filhos, e do colégio Dante Alighieri, onde eles estudavam. Assim, as crianças não sentiram muito a mudança. O maior impacto foi causado, na verdade, pela saída de Deô, que optou por deixar o emprego, agora muito longe.

A casa da Rua Pensilvânia foi vendida para o primeiro comprador que surgiu. Para Rino foi uma grande decepção, tanto pelo péssimo negócio que fez, quanto pelo distanciamento dos seus sonhos em relação aos da mulher, que não conseguia manter o tipo de vida que ele desejava ter e oferecer à família.

Separação

A verdade é que Rino não tinha grande experiência com relacionamentos, embora não lhe faltassem oportunidades nesse campo. Quando solteiro, e já bem situado na Sem Rival, certa vez uma milionária lindíssima, dona de duas fazendas e de um casarão na Alameda Santos, se encantou com ele. Procurou um envolvimento, chegou até a convidá-lo para conhecer a casa. Ele chegou a trocar algumas carícias mais ousadas, e a tal mulher, que insistia para que tivessem sexo, queria até mesmo se casar com ele. Rino resistiu. Ao sexo e, muito mais, à proposta. "Eu não queria mulher rica, queria mulher pobre. Tanto que casei com uma." Conseqüência de seu complexo de exclusão social? Muito provavelmente.

No entanto, depois de casado, ele começou a fazer exatamente o mesmo que o próprio pai havia feito durante toda a vida com sua mãe. Traições freqüentes começaram a acontecer. Esse comportamento foi num crescente, até que chegou a um ponto insustentável.

Antes de separar-se de Jane para sempre, em um dos picos da crise conjugal, em 1976, Rino decidiu que a terapia de casais poderia ajudar a reverter o problema. Ele insistiu com a esposa para que ela fizesse análise, porque já a percebia "divorciada" mentalmente dele. Em sua visão, ela não conhecia o próprio marido, o que ele pensava da vida, o que pensava sobre o casamento, o que fazia, e nem sequer notava as muitas traições. Sentia que ela o ignorava e, pior, vivia uma vida apática, isolada, apenas ligada à família dela, esquecendo-se de que havia um marido. Ou seja, em um distanciamento total. Rino insistiu durante um ano, querendo salvar o matrimônio. Ela não cedeu porque não acreditava em terapia. Ele foi por conta própria.

Após alguns anos, conheceu o psiquiatra Bachir Haidar Jorge e, com ele, fez análise durante 30 anos. Porém, o tratamento iria estender-se de maneira perene, até hoje. Desde o primeiro dia de análise, ele se apaixonou pela oportunidade de conflitar com seu eu interior, de se descobrir; encontrou na terapia um caminho para o autoconhecimento pleno. Ao discutir sem medo seus sonhos, fracassos, sucessos e demais problemas de uma vida atribulada, percebeu que, sem a análise, não teria descoberto muitos aspectos importantes sobre si mesmo, nem teria acendido uma luz em muitos aspectos obscuros que lhe traziam sérias dificuldades pessoais e profissionais.

Do menino assustado e ignorante sobre muitas coisas, aquele que entregava pão com o pai nas frias madrugadas paulistanas, rejeitado até mesmo pelos vizinhos do cortiço da Lapa, tornou-se um homem capaz de aprender, de se conhecer e de refletir melhor sobre a vida. E, até mesmo, ensinar a viver.

Claro que a principal motivação que o levou à psicanálise foi sua relação com as mulheres. "Fui para a terapia porque eu não sabia dizer não para uma mulher, mesmo que eu não tivesse interesse nela." Livrou-se desse comportamento e também buscou resolver os problemas decorrentes da família, do complexo relacionamento que teve com a mãe. Fez regressão várias vezes. Rino jamais aceitou a idéia que a maioria das pessoas tem com relação à terapia. Nunca admitiu a conclusão simplista de muitas pessoas, que dizem: "Quem faz terapia é maluco."

Para ele, o processo é visto como uma "ginástica para ficar com a cabeça bonita". Embora saiba que muitas pessoas, mesmo instruídas e cultas, não o fazem por vergonha, por medo de serem tachadas pejorativamente, Rino não se incomoda. Está ali para se "desnudar", para descobrir formas de melhorar como ser humano. Tanta vivência com a matéria fez dele um "psicólogo emérito". Sem falar, é claro, da grande sensibilidade de perceber as pessoas a um simples olhar.

O casamento acabou depois de quase 20 anos. Foi Rino quem pediu a separação, para o desespero de Jane. Ele confessou que estava apaixonado por outra mulher e que desejava mais espaço para viver a sua vida. Enfim, o casamento com ela não lhe trazia mais felicidade. Tudo foi dito de uma só vez. E, de fato, não poderia haver maiores motivos. O casal vivia em aparente harmonia. Os que com ele conviviam não notavam nada. Não se ouviam brigas, estavam sempre conversando amigavelmente, se entendiam bem, cada qual interpretando o próprio papel no grande teatro da vida.

Mesmo assim, Jane não aceitava a separação. Ainda acreditava que seu casamento era um compromisso para a vida inteira. Rino insistiu. Seu comportamento já denunciava que era o que ele queria. Até mesmo as crianças perceberam que havia algo de errado, que o pai estava mais ausente e que o clima familiar havia mudado muito. Logo, Rino saiu de casa e, um ano e meio depois, viria o divórcio legal.

Para os parentes e amigos mais próximos, a separação foi um grande choque. O casal era um exemplo perfeito de pessoas bonitas, saudáveis, felizes com a vida em família. Tinham um bom patrimônio – casa no Guarujá e em Águas de Lindóia, viviam numa moradia confortável e luxuosa, sempre reformada e redecorada. Para a irmã de Rino, como para todos os demais familiares, a separação foi um susto. Embora Myrian estivesse desquitada há tempos, lamentou o fim de um casamento que lhe parecia perfeito.

Ela, ainda que estivesse consciente das escapadas do irmão, mesmo trabalhando na agência com ele, jamais soube da tal namorada que seria o pivô da separação. "Como você pode trabalhar com ele e não ver que ele saía todas as tardes?", perguntou-lhe uma enfurecida Jane. A verdade é que ele era um homem de negócios. Myrian trabalhava na área financeira, em uma sala distante do irmão. Não era sua secretária e não teria como saber de seus compromissos, que realmente faziam com que ele ficasse a maior parte do tempo fora do escritório.

Jane e Rino foram juntos contar aos filhos sobre a separação. Eles ficaram tão magoados com o fato, que não queriam mais manter contato com o pai. Adolescentes, Rininho aos 16 e Clélia aos 18 anos, não compreendiam a quebra da relação entre o pai e a mãe. Não sabiam como impedir que a separação dos pais fosse algo negativo na relação com eles.

A decisão de Rino de romper com Jane caracterizava-se na cabeça dos filhos como traição imperdoável. Ela conversava com eles, tentando fazer com que não se distanciassem completamente do pai. Prezava a manutenção de uma família completa, com a participação do pai e da mãe na educação dos filhos. Ela havia perdido o pai muito jovem e sabia o quanto isso lhe fez falta. Assim, para que o elo não fosse rompido, insistia que os meninos ligassem para o pai, que tentassem manter a maior proximidade possível dele.

Para Jane, isso era um grande esforço. Afinal, a mágoa que guardava de Rino era enorme. Mais uma vez, sua mãe trouxe o conforto. Enquanto Jane sentia um ódio, um sabor amargo de derrota que não sabia como esconder, sua mãe lhe aconselhava que rezasse por Rino – ele precisava de muita ajuda naquele momento. Bem mais tarde, Jane viria a perceber que essa era a melhor forma de apagar todo o mal que ocorrera em todos aqueles anos.

Clélia

"Na primeira lembrança que tenho da minha infância, estava no colo do meu pai em uma lavanderia enorme, com grandes tanques, pessoas trabalhando e, por alguma razão, estava muito feliz. Fui crescendo sem maiores problemas, muito satisfeita com a minha família."

Acostumar-se com a idéia de que seu pai pudesse viver com outra pessoa que não sua mãe era uma tarefa muito maior do que poderia comportar no momento. "A separação dos meus pais foi um acontecimento terrível, mais do que o inesperado, porque eu não havia percebido problemas entre eles."

Além do abalo emocional, a situação marcou o fim das viagens às casas de veraneio, nos fins-de-emana; das festas enchendo o apartamento em São Paulo; mas, principalmente, "perdemos a intimidade, a convivência cotidiana, o nosso espaço". O relacionamento dos filhos com o pai tornou-se distante e difícil, cheio de ressentimentos e mágoas. Passaram a enxergá-lo de outra maneira. Clélia, todas as vezes em que o via, falava com ele, mas terrivelmente magoada.

Se foi difícil para ele administrar a situação nesse momento, ela, muito jovem e inexperiente, também não soube entendê-lo. "Por outro lado, minha mãe, meu irmão e eu ficamos muito unidos e nos apoiávamos muito, mas o ambiente em casa era de muita tristeza. Até mesmo nos anos da faculdade, na PUC, de 73 a 77, não pude aproveitar bem, porque ficava preocupada com meu irmão e minha mãe; queria voltar logo para casa, e não estava em sintonia com a alegria da faculdade."

Clélia tentava recompor-se da forma que podia. A sua família que, até então, considerava perfeita, havia sido desfeita sem que ela pudesse fazer qualquer coisa para evitar. Assim, buscou apoio em um namoro que começou aos 15 anos de idade. E foi nesse relacionamento que encontrou um porto seguro, casando-se aos 24 anos. Sete anos depois a união acabou, e Clélia começou a desenvolver um entendimento mais maduro sobre separações. Passou a entender melhor os motivos que levam as pessoas a isso, descobrindo algumas das dificuldades que uma vida a dois pode criar. Porém, foi quando conheceu aquele que viria a ser o seu segundo marido, que adquiriu maior compreensão das razões do seu pai para seus atos de tantos anos atrás.

Nelson Pereira dos Santos surgiu na vida de Clélia em fevereiro de 1991. Construtor imobiliário, ele estava em São Paulo, a pedido de Rino para reformar o consultório que ele dera de presente à Clélia. Os dois tinham contato direto, discutindo questões da obra. Desse contato nasceu um interesse que, mais tarde, se transformaria em um sólido relacionamento.

Recém-separado, Nelson tinha três filhos. Um deles acabara de nascer. Ficou claro para Clélia que seria impossível comunicar à família do Nelson, naquele momento, que ele estava com outra pessoa. Dessa forma, chegou mais perto da compreensão dos dilemas que o pai enfrentara quando do divórcio de Jane.

"O meu relacionamento com meu pai só seria resolvido muitos anos depois, em 2000, em São Carlos." No momento em que o pai estava sozinho, os dois puderam aproximar-se, e em menos de uma semana se redescobriram. O distanciamento dissolveu-se, e retomaram a ligação profunda que tinham antes da separação.

"Em 2005, convidada pelo papai, comecei um trabalho de assessoria de Recursos

Humanos na Fazenda Nova Sapé, que está sendo uma experiência muito importante. Trabalhando em uma empresa, estou conhecendo e compreendendo melhor meu pai-empresário e aprendendo muito com ele. Eu, que sempre trabalhei com psicologia clínica, percebo agora o espaço humano dentro de uma organização. Hoje, depois de superarmos tantas dificuldades e tantas desavenças, com o apoio fundamental da Christiana, temos novamente uma vida familiar feliz. E a chegada do Flaminio trouxe uma alegria especial."

Rino Filho

É natural que, em muitos casos de separação, os filhos tomem o partido de um dos pais. Os dois jovens estavam mais próximos de Jane, vivendo com ela. Sentiam, embora não fosse totalmente verdade, que o pai dava-lhes dinheiro, garantia o sustento, enquanto a mãe era a maior provedora de amor. Essa impressão era reforçada pela distância entre pai e filhos e fazia crescer o abismo emocional. Por fim, com o amadurecimento, Rino Filho acabou compreendendo o direito de escolha do pai.

O garoto resolveu, ainda bem jovem, buscar seus próprios caminhos e ganhar seu dinheiro. "Quando eu pedia alguma coisa para ele, ouvia: 'O que você fez para conquistar isso?', como resposta." O pai procurava lhe ensinar a ser responsável, embora em algumas vezes parecesse duro demais. Seja como for, o garoto levou isso quase ao extremo. "Quando eu era menino e queria comprar minhas coisas, inventava algo que pudesse vender." Esse "algo" chegou ao inusitado. Na escola, ele deixava de comer o lanche que levava de casa e vendia para algum colega. O negócio, mais ou menos rentável do pequeno empreendedor "faliu" quando chamaram sua mãe para conversar com a diretora da escola.

O novo "ramo de atividades" do jovem Ferrari foi, então, a produção de pipas. Uma verdadeira indústria, cujos produtos ele vendia na feira livre, mas não trazia recursos suficientes para a nova ambição do, agora, adolescente de 14 anos. "Um dia eu pedi ao meu pai uma espingarda de pressão, e ele falou que não daria porque era perigoso." Então, decidiu ligar para seu tio Walter, irmão de sua mãe, e pedir um emprego em sua loja de eletrônicos na Rua Santa Ifigênia. "Foi assim que aprendi a vender fios, reguladores de voltagem e pilhas. Na volta do trabalho, eu ficava namorando a espingarda na vitrina da loja de caça e pesca na Avenida São João, a Ao Gaúcho, que existe até hoje. O dia em que consegui o dinheiro para comprá-la foi, também, o dia em que decidi não querer mais trabalhar, e pedi demissão."

Rino achou por bem conseguir para o filho um estágio na empresa de um cliente da agência, mas não obteve muito entusiasmo do candidato. Como último recurso, recortou dois ou três anúncios do jornal – como já fizera para si próprio em um longínquo dia da década de 1940 –, um deles para uma vaga de "mercadólogo", e entregou ao filho.

Embora não soubesse absolutamente nada sobre a função, o jovem acabou indo à entrevista. Era um escritório de planejamento de marketing chamado For Sales. Assim que chegou para conversar, o proprietário José Luiz Vercesi bateu os olhos no currículo do rapaz e, imediatamente, soube de quem era filho. Falou: "Escuta, por que você não vai trabalhar com seu pai?". Estudante de Administração, Rino Filho não queria que a agência do pai fosse seu primeiro emprego. Acima de tudo, por querer provar sua independência. Afinal, desde pequeno gostava de ter seu dinheiro para comprar suas próprias coisas, ser independente.

Por oito meses, ficou nesse emprego. Foi quando aceitou começar uma carreira na Rino Publicidade. Estudava à noite, trabalhava o dia inteiro e ganhava menos do que no emprego anterior.

Fernando

Apesar de o divórcio distanciar muito Rino de sua família, esse foi um período de grande convívio com Fernando, filho de sua irmã, Myrian. A amizade e a adoração recíproca que existem nesse relacionamento permitem a Rino considerar Fernando um "filho" nascido dessa proximidade que sempre tiveram. E Fernando, por sua vez, vê o tio como "pai".

Quando Fernando tinha pouco mais de um ano de vida, Myrian tornou-se funcionária pública do INSS. Estava casada, mas o marido sempre foi muito ausente. Desde o início do casamento, o marido acostumou-se a ter suas amantes, e nem sempre adotava posturas éticas, tanto em relação à mulher e ao filho, quanto aos empregos.

Rino nunca suportou o cunhado, pois sabia de suas mentiras. Mandava investigá-lo para proteger a irmã. Foi Rino, aliás, quem descobriu a traição do cunhado: encontrou-o almoçando com uma jovem, entre garfadas e trocas de carinhos. "Ele tinha um caso. Todo mundo sabia, só minha irmã que não." Rino fez uma reunião com os pais dele para pressionar a tomada de uma decisão sobre o assunto. "Meu marido decidiu sair de casa. Nos separamos. Ele tentou voltar, mas não aceitei", conta Myrian.

Isso foi em 1966, quando Fernando ainda era muito pequeno, com apenas seis anos de idade. Rino, mais uma vez, assumiu o papel de pai da irmã, como fizera desde seu nascimento. Deu seu apoio nesse momento, uma vez que, para a época, uma mulher desquitada era alvo de muitas críticas. A melhor maneira de ajudar foi oferecendo-lhe um emprego na Rino Publicidade, ao que ela aceitou prontamente. Havia também uma importante facilidade, em razão de Myrian morar perto da agência, em um apartamento muito humilde no Largo do Arouche. Não era um bom bairro para a criação de uma criança, em meio a casas noturnas, e todo tipo de más influências.

Como Myrian precisava trabalhar e Fernando ainda não chegara à idade de ir à escola, ficava em uma creche pública, muito próxima à sua casa e à agência. O menino passava as tardes em uma "gaiola" cheia de brinquedos, algo que odiava porque se via preso e ameaçado, pois crianças mais velhas do parque muitas vezes o agrediam. Tentando livrar-se da situação, passava os dias grudado ao portão da creche a implorar aos passantes que o resgatassem dali. Vez por outra, Rino passava pelo portão e tentava acalmar o sobrinho, apesar de ter que correr de volta para o trabalho. Na imaginação de Fernando, seu tio Rino passava por lá inúmeras vezes ao dia.

Logo isso acabaria, com o auxílio de dona Bebé, mãe de Jane. Ela trabalhava na Secretaria de Educação, na época do Governo Jânio Quadros. Com essa influência, conseguiu para Fernando uma vaga na melhor escola de São Paulo à época, o Instituto de Educação Caetano de Campos, freqüentado pelos filhos das famílias tradicionais da cidade. Para se ter uma idéia, as vagas eram distribuídas sob absoluta influência política. Sem a valiosa ajuda de dona Bebé, teria sido impossível Fernando estudar naquela escola.

A vida do menino melhorou consideravelmente. Ia às aulas e, quando saía, esperava a mãe na agência. Seus trabalhos eram os melhores da escola, uma vez que eram feitos ali mesmo, utilizando todo o material e o apoio dos diretores de arte, enquanto convivia com uma das figuras mais importantes de sua vida: Rino.

Fernando carrega memórias de convivência com o tio, desde bem antes da separação de Rino e Jane, quando ele, apenas um garotinho, junto com sua mãe, freqüentava as grandes festas de Natal que os tios organizavam, ainda na mansão do Brooklin. Após a separação, as festas de Natal passaram a ser datas mais vazias para todos da família, e especialmente difíceis para os primos Clélia e Rino Filho, uma vez que Rino e a ex-mulher não se encontravam, e as famílias ficaram forçosamente divididas.

Na Rino, Fernando tinha contato com todo tipo de informações. Era uma efervescência de conhecimento para um menino que foi sempre muito precoce. Aos oito anos, convivendo com amigos muito mais velhos, que já freqüentavam a faculdade, ajudava-os meio sem consciência do perigo que corria por estar na luta contra a repressão à ditadura. Digitava no estêncil e rodava no mimeógrafo os manifestos de esquerda, as convocações para protestos contra os militares que haviam tomado o poder com o Golpe de 1964. Tudo escondido em seu pequeno apartamento no Centro. Afinal, quem desconfiaria de uma "sede de resistência" no apartamento de um garotinho de oito anos e sua mãe desquitada?

Fernando descobriu Nietszche aos 14 anos. Discutia todo tipo de assuntos com os profissionais da Rino. Interessado em saber, procurava entender o que era feito ali, como as pessoas trabalhavam. Enquanto tinha a oportunidade de conviver com o tio, o que sempre lhe dava muita alegria. Anos mais tarde, realizaria um sonho da vida toda: trabalhar na Rino Publicidade.

Ao longo desse tempo, Rino sempre esteve ao lado de Myrian e, quando o apartamento foi colocado à venda, ajudou a irmã a comprá-lo, e praticamente assumiu uma parceria com ela na criação do sobrinho. Quando a agência mudou para a Rua Alfredo Ellis, Myrian, cansada de viver no Centro da cidade, procurou um imóvel nas proximidades do trabalho. Mais uma vez, o irmão fez a negociação. Com o dinheiro do apartamento e da venda do seu automóvel, um "Fusca", Myrian pôde dar entrada para ter o imóvel. Tudo, claro, sob orientação de Rino. O irmão também foi praticamente seu "cupido" em um novo e feliz relacionamento que dura até os dias de hoje. Preocupado com o seu lado emocional, Rino convidou Myrian para participar de um grupo de terapia na mesma clínica que freqüentava, e sob a orientação do mesmo médico, Bachir Haidar Jorge. Para ela, a análise não apenas ajudou a superar muito dos problemas decorrentes da infância, como também lhe trouxe um novo amor, o médico José Gilberto de Santis. Desta vez, o pretendente foi aprovado por Rino.

Enquanto isso, Fernando, sempre presente na agência na sua fase da adolescência, era também companheiro do tio em seus passeios, principalmente na vida noturna. Na época, quando Rino havia decidido levar uma vida de solteiro, os dois moravam praticamente juntos em um apartamento na Rua dos Franceses, e Rino via no sobrinho quase um amigo que, mesmo sendo muitos anos mais novo, estava disposto a compartilhar aquela vida descontraída que ele queria levar. Assim, Fernando estava muito ligado a Rino, não apenas como companheiro, mas também como cúmplice. Era ele quem sempre ajudava o tio a terminar os seus relacionamentos amorosos. Rino era uma pessoa muito prática, sem maiores amarras. Quando achava que uma relação havia chegado ao fim, simplesmente deixava a mulher. Assim, Fernando era o encarregado de entrar na casa em que Rino morava com a ex e recolher todas as suas coisas, levando-as para a nova casa em que o tio iria passar a residir.

Numa certa tarde de 1981, tio e sobrinho foram juntos ao Cine Astor, na sessão vespertina do domingo – era um hábito: voltar de um fim-de-semana em Rio Claro e ir ver um filme qualquer no cinema mais próximo de casa, os dois livres e sem compromisso. Naquele dia, Rino encantou-se com duas belas jovens que estavam próximas deles na fila da bilheteria. Sem perder tempo, dirigiu-se a elas e se ofereceu para pagar os ingressos: "Vocês são nossas convidadas.". Entraram no cinema e assistiram ao filme, comportadamente.

No final da sessão, as duas amigas agradeceram, despediram-se rapidamente e saíram. Tio e sobrinho, logo em seguida, foram ao estacionamento em que estava o carro de Rino. Descendo a Rua Augusta depararam-se com as duas moças, que faziam o mesmo caminho a pé. Rino, ousado como era na conquista das mulheres, subiu com seu Alfa Romeo na calçada, desceu intempestivamente do carro e abriu as duas portas, fazendo um convite. Não foi preciso argumentar. As jovens entraram no carro e a noite seguiu. Os dois deixaram a solidão por algumas horas. "O Fernando ficou indignado com o tio. Eu saía com ele, meu companheiro, porque estava sozinho. Ele muito tímido, e eu com a facilidade que sempre tive de convencer as mulheres", recorda Rino.

Casos como este valiam mais pela diversão momentânea e pela história que deixava para ser contada mais tarde, entre risos. Porém, pouco tempo depois, Rino acabou se envolvendo com outras mulheres de maneira mais séria. Não era um homem que soubesse conviver com a solidão. Algumas das mulheres que teve foram breves casos de apenas uma noite. Outras viriam para ficar e, até mesmo, trazendo novos danos emocionais e materiais.

Novo casamento

Em meados de 1981, Rino conheceu Marta. A alegre vida de solteiro que, supostamente, pretendia levar com o sobrinho Fernando não durou muito. Tudo começou com uma orquídea, um cartão bem-humorado e um convite para jantar. Logo o casal estaria fazendo viagens para luxuosos hotéis na Bahia.

A jovem era estudante de Propaganda e Publicidade e também fizera um curso de decoração de interiores. Assim que isso lhe foi informado, Rino a contratou para fazer mudanças em seu apartamento. Na verdade, isso era apenas um pretexto para maior aproximação, uma vez que a única modificação que realmente ocorreu foi a troca dos forros de alguns sofás. Pouco tempo depois, o inevitável: começaram a namorar.

A moça, 27 anos mais nova do que Rino, era noiva havia um ano. Ela deveria casar-se e mudar para uma fazenda no interior de Pernambuco, mas o envolvimento com Rino acabou por impedir esse futuro. Quando do fim do noivado, toda a família do rapaz rumou para São Paulo a fim de tentar entender o que estava ocorrendo. O promissor casamento estava sendo desfeito por um homem da idade do pai de Marta, o que para a época era extremamente fora dos padrões.

Entendida e aceita a situação, dois anos depois, Rino e Marta casaram-se. Apesar de o primeiro relacionamento sério do pai, logo após a separação, ter sido o mais traumático por roubá-lo de casa, esse novo casamento de Rino era um transtorno para Clélia e Rino.

Em 10 de agosto de 1984, uma noite de sexta-feira, nasceu Ricardo. O quarto do hospital encheu-se de flores e champanha. Rino, sempre festeiro, comemorava o nascimento do filho, mesmo não sendo uma das épocas mais perfeitas de sua vida. Isso porque o casamento estava em séria crise. Porém, centrado no nascimento de Ricardo, o casal acabou por se reaproximar, mantendo o relacionamento por mais cinco anos. Depois desse período, apesar de muitas tentativas para recuperar a relação, Rino decidiu divorciar-se.

Após a última audiência, quando tudo estava resolvido, Marta chegou à casa e se jogou numa poltrona, na sala às escuras, onde permaneceu, por um tempo, fechada em si mesma, sem se mover. Ricardo, ainda um menino de cinco anos, logo percebeu quanto a separação transtornara a mãe, e a consolou com seus carinhos. Esse seria o primeiro sinal de que Rino Ferrari, daquele casamento tão conturbado, ganhara um filho sensível. Um homem que, no futuro, viria a se tornar grande companheiro do pai, na emoção e na razão.

Ricardo

Ricardo também ficou abalado com a separação de seus pais. Entretanto, como sempre foi uma criança diferente, controlava-se e nunca chorava. O que seria natural para um garoto de apenas seis anos, vendo os pais não mais juntos. Porém, nem tudo estava tão calmo como parecia. Nos primeiros anos de escola, Ricardo foi um aluno nervoso e tinha problemas de relacionamento com os colegas. Esse comportamento agressivo poderia ser apenas a sua forma de expressar os problemas familiares. Precisaria de alguns anos ainda para que tudo voltasse ao normal e ele se tornasse um jovem totalmente tranqüilo.

Rino também o visitava, como aos outros filhos. Aos oito anos, Ricardo e sua mãe mudaram-se de São Paulo para Rio Claro. Rino, em razão de seus investimentos imobiliários, ia todas as quartas-feiras, à noite, para a cidade, ficando em sua casa até domingo, quando retornava à capital. Na época, Ricardo tinha algum espaço a mais na vida do pai. Passava o dia com ele, e sempre jantavam juntos. Mesmo assim, Ricardo ainda ia dormir na casa da avó, próxima à residência que Rino possuía em Rio Claro, pois ainda era muito retraído e fechado com o pai. Conseqüência de uma relação conturbada que construíram depois da separação, quando o menino era mais apegado à mãe.

Ele estudou em uma escola tradicional de Rio Claro. Sempre foi um ótimo aluno, até repetir a oitava série. Começava aí uma adolescência rebelde, quando Ricardo passou a sair para festas.

Foi quando Rino insistiu para que o filho se mudasse para São Carlos. Aos 18 anos, Ricardo passou a morar com o pai. Terminou o colegial com um rápido supletivo e logo ingressou na faculdade de Administração, pois sabia que seu destino seria trabalhar com o pai na fazenda.

Capítulo 5 – A Rino em dois momentos

Impressões sobre Rino Ferrari

Amor e paixão seriam dois sentimentos distintos? Há quem diga que sim, enquanto outros preferem acreditar que não se pode separar amor de paixão. Apesar de algumas pontuais dificuldades na infância, Rino Ferrari sempre foi um homem muito querido. E muito amado. Assim, tornou-se um apaixonado, seja pela realização de um trabalho bem feito, seja pela conquista de mulheres que o encantaram, ainda que fosse um solitário, daquelas pessoas que, embora estejam sempre entre muitos amigos, parecem isoladas em si mesmas.

Talvez por isso, ele só tenha saído da casa dos pais – no triste cortiço – quando se casou, embora tivesse condições financeiras para fazê-lo antes. Rino avalia que reconhecer o amor e lidar com isso não é fácil, embora tenha dado e recebido muito amor em sua vida. Por outro lado, pondera que talvez não tenha sabido compreender o real valor desses sentimentos, ou sequer o tenha notado. O amor é para Rino um sentimento que dura e resiste ao tempo, adversidades e crises. "Amor é tudo. Sem amor não existiria a vida; não há nada que se faça sem ele. Eu tive paixões e tive amor. As paixões, graças a Deus, passavam", conclui em linha de pensamento, dando a entender o "quanto dói uma delas".

Amor ele sente agora, quando vê sua família reunida e feliz. E garante que jamais sentiu tanto amor em torno de si. Embora amasse seus pais, nem sempre soube identificar, da parte deles, o mesmo sentimento. Existia, sem dúvida. Entretanto, era algo rústico, como era comum nas antigas famílias italianas, quando o amor é muito mais transmitido nas lições, na formação do caráter dos filhos, ainda que sob a dureza da imposição. "A troca de sentimentos com meus pais foi algo muito difícil, principalmente para um sujeito que, como eu, se imaginava sem amor em função de ter sofrido tantos problemas, como a morte do meu irmão Tirso." De fato, embora não tenha conhecido o menino, Rino sente falta dele até hoje – ou de outros irmãos que não teve. Talvez, assim, não tivesse sido um garoto tão solitário.

Se há amor, também existem outros sentimentos. Como, por exemplo, a inveja – sempre presente nas relações entre os homens. A nossa e a dos outros. Dizem que "inveja é falta de capacidade". Sem dúvida. Rino sentiu na pele esse rancor, nem sempre disfarçado, em pessoas que o viam trabalhar duro, vencer e atingir seus objetivos. Desde a infância, quando se saía bem nas provas da escola, até se tornar um vencedor. "Não que eu tivesse feito algo para despertar esse sentimento, mas a pessoa que não consegue ser aquilo que observa em outros como sendo o seu próprio ideal de vida acaba sentindo inveja, mesmo que intelectualmente seja melhor do que a quem inveja".

Essa é uma forte impressão em Rino, a de que sempre se sentiu inferior a outras pessoas por ter sido privado de um acesso maior à educação e à cultura, por força das circunstâncias. Sempre teve paixão pelos livros, mas se considera "alienado" sobre as coisas do mundo, principalmente na política e na economia. Para ele, isso foi gravíssimo. Tanto que procurou reverter essa situação assim que possível. Hoje, transmite aos filhos e ao sobrinho a necessidade de estudar, de sempre reciclar conhecimentos. "Tive momentos de reflexão, de pena por não ter estudado mais. Entretanto, não tinha como. Eu trabalhava 20 horas e dormia apenas quatro por dia. Era trabalhar, trabalhar, trabalhar. Os desafios apareciam, os bicos apareciam, e eu ia assumindo tudo, realizando. Mas não aos trambolhões. O que eu fazia, fazia direito, com muita seriedade."

Outro aspecto do qual se arrepende é o fato de não ter praticado esportes, nunca ter tido um hobby, até porque sequer tinha tempo para isso. Chegou a praticar basquete, futebol de salão, modalidade em que era um craque, e natação, mas tudo teve de ser interrompido pelo motivo de sempre: trabalho. Embora tenha viajado muito, Rino também avalia que poderia, uma vez que tinha condições financeiras, ter conhecido mais lugares e outras culturas. Ele acredita que teria sido um grande aprendizado. "Eu não sou de viajar sozinho, mas, para você ter uma idéia, fui casado quase 20 anos com a minha primeira mulher e ela nunca viajou comigo. Preferia ficar em casa. Hoje, meu maior prazer é viajar com a minha mulher."

Filho de típicos italianos, católicos fervorosos, segue a mesma religião dos pais, embora não seja praticante. Sua busca pela espiritualidade plena acabou conduzindo-o por outros caminhos. Durante 20 anos, participou de cerimônias espíritas, de mesa branca, mas acabou se afastando porque, com todo o seu espírito crítico, passou a ver falsidade em algumas pessoas com as quais convivia.

Porém, o misticismo e os dons espirituais são presentes, e muito fortes, em Rino Ferrari. Quando as lembranças dos pais vêm à tona, ele sabe que não são apenas memórias. Sente mesmo a presença dos dois a seu lado, dando-lhe forças em momentos de dificuldade. Ele diz ser isso um assunto de fé e se afirma um "crente com muito orgulho". Rino acredita que ninguém jamais terá certeza se existem outras vidas, mas haver um poder maior é para ele algo inquestionável. "Não sabemos se é um Deus, mas temos plena consciência de que é um poder infinito."

Sua relação com esse poder é de confiança, de respeito. É um homem que reza, ora para pedir saúde e para agradecer o amor. Por vezes, sente-se punido pela vida; algo, no entanto, transitório. Porém, a proteção divina, para ele, é algo perene. "Acho que Deus manda umas missões às vezes pesadas, mas, por outro lado, tem-me dado forças suficientes para carregá-las e até para resolvê-las."

Talvez imbuído desse espírito místico, Rino acredita que boa parte dos problemas emocionais que teve na infância e também na vida adulta é de uma outra vida anterior à sua atual encarnação. Sofrendo de rinite, sempre teve certa dificuldade em respirar e, conseqüentemente, jamais foi bem-sucedido na tentativa de aprender a nadar. "Esse problema vem do útero da minha mãe, tenho certeza. Tecnicamente eu sei, mas, mesmo assim, eu não nado. Eu 'morri' afogado várias vezes. E estou aqui." Uma dessas vezes não foi por causa de problemas respiratórios, mas por descuido. Aconteceu em Santos, quando passava férias com a família ao lado do amigo e cliente Odil de Sá, hoje presidente do Sindicato dos Corretores de Imóveis de São Paulo.

Naquele tempo, era muito comum encarar as ondas sobre uma bóia de câmara de pneu, mas era algo altamente traiçoeiro, e que mais tarde foi proibido. Odil conta que estava na praia e viu sua esposa e o casal de amigos se afastando rapidamente sobre essas bóias. "Eles nem notaram que tinham perdido o pé e que não sabiam nadar. Fui lá e consegui retirar minha esposa. Quando ia voltar para trazer os dois, o salva-vidas veio me ajudar. Na mesma noite, a minha esposa teve um colapso, um choque nervoso. Deu um efeito retardado e ela desmaiou. Tive que levá-la ao hospital."

Rino avalia que a vida foi muito "rica" para ele, mas que nunca pensou especificamente em ganhar dinheiro. A remuneração, na sua trajetória profissional, sempre foi a conseqüência de um trabalho bem feito. Afirma que gosta de ter capital para realizar, para investir, especialmente na fazenda onde agora vive e trabalha, em São Carlos.

Mesmo quando começou a ganhar 1 milhão de cruzeiros por mês, ainda nos tempos da Publicidade Sem Rival, vivia tranqüilamente com apenas 200 mil. Ele declara que não tinha tempo de pensar grande. A vida que levava já era boa demais em comparação àquela que tivera no cortiço. Ele defende que tudo o que fez até hoje "não foi nada demais", e que tudo o que continua a fazer é muito mais por trabalho e muito menos pela preocupação com o patrimônio. Seu objetivo é ter dinheiro para poder produzir. "Eu não preciso de carro de luxo, não preciso de avião, não preciso de roupas caras, não preciso de nada. Quero apenas saúde para trabalhar, amor e tranqüilidade para curtir a família."

Embora nunca tenha se interessado por política a ponto de se envolver mais diretamente, Rino, ainda que diga o contrário, tem uma visão realista dos problemas que afetam a economia do Brasil, hoje e sempre. Sua maior crítica, como a de muitos outros empresários, é com relação ao sistema tributário. Por outro lado, não é do tipo que passa os dias reclamando da situação econômica e deixa de realizar. Prefere crer em sua capacidade e nunca, jamais, depender dos desígnios do poder político. Uma de suas ferozes críticas é relativa ao PAC (Programa de Aceleração no Crescimento), instituído pelo Governo Lula no início de 2007, que não incluiu medidas diretas para o setor agropecuário, a seu ver um dos principais pilares da economia nacional.

"O setor salvou o Brasil da inflação, mas é o que mais sofre e o que mais perde dinheiro. Estamos sempre procurando saldar nossas dívidas, ao menos nós, os pequenos e médios fazendeiros, que não recebem nenhum tipo de vantagem do governo." Na fazenda de São Carlos, ele investiu cerca de 25 milhões de reais, em um período de cinco anos, entre a compra da propriedade e benfeitorias. Ele avalia que esse capital poderia ter rendido até dez vezes mais se, simplesmente, tivesse aplicado em investimentos no exterior. Porém, preferiu investir, gerar empregos, produzir. "Então, você tem de viver e morrer com esses tributos loucos. Como sabemos, esses recursos arrecadados muitas vezes não se constituem em benefícios que atendam às necessidades básicas da população, perdendo-se nos meandros corruptos da burocracia governamental."

Com seu perfil de extrema simpatia, sua capacidade de conquistar as pessoas certas e a vontade de realizar, de empreender, provavelmente se Rino tivesse seguido a carreira política obteria grande êxito. Porém, isso jamais passou por sua cabeça. Ele acredita que não teria capacidade para essa atividade. Admite que, se lhe entregassem a administração de uma cidade, seria, com certeza, um prefeito autoritário, quase um ditador. Mas, muito provavelmente, ele transformaria o lugar em algo melhor para todos, atrairia indústrias e progresso, promovendo qualidade de vida e trazendo a felicidade.

O que realmente marca o perfil de Rino é seu empenho pessoal, garra e a vontade de melhorar como pessoa, como profissional. Quando estava com 15 ou 16 anos, trabalhando na publicidade, com muitos clientes da colônia italiana, se deu conta de que, embora tivesse a mesma origem deles, não sabia falar o idioma. Assim, conseguiu emprestado o livro "Cuore", de autoria de Edmondo De Amicis, para aprender italiano. Bastou ler três ou quatro vezes para começar a falar. Não satisfeito, para melhorar a pronúncia, pedia aos amigos que o corrigissem. Assim, passou a falar fluentemente o idioma.

É um incansável espírito de luta, um permanente desejo de melhorar o que impulsiona Rino na vida. "Não sou um gênio; sou um trabalhador que tem senso de oportunidade", define-se. Nada em sua vida foi planejado, pois é uma pessoa extremamente intuitiva, movido pelo impulso positivo. O "agir pelo inconsciente" é o que o leva a realizar, guiado muito mais pelas circunstâncias, por intuir aquilo que é bom e evitar o que não é.

Nunca estabeleceu para si que seria publicitário, ou que teria negócios imobiliários, ou que seria fazendeiro. Muito menos, que iria viver as tantas "aventuras" que teve em sociedade, até porque essas últimas não deram mesmo certo. Nesse aspecto, ele acredita que o fracasso deve-se ao fato de não ter vocação para tolerar aquilo com o que não concorda – e dois sócios são duas cabeças, três sócios três cabeças –, algo bem difícil de lidar para alguém como Rino. "Eu constato muitos erros, sou muito crítico. Fui assim a vida inteira. Acertei, errei, fiz algumas 'burradas' homéricas, perdi rios de dinheiro." No entanto, também é verdade, ele nunca se deixou cooptar ou traiu a sua própria consciência. Jamais concordou com aquilo em que não acreditasse realmente.

Rino defende para si uma virtude: a de ser persistente nos objetivos que define para o futuro. A própria fazenda é um sinal concreto dessa persistência. Ele também acredita que, durante toda a sua vida, teve compromisso com o sucesso, lutou pela realização com qualidade, pretendeu alcançar sempre mais. "Eu almejo sempre, e ainda hoje, a perfeição. Sou louco pela perfeição e brigo com quem não busca a excelência." Incansável, Rino avalia que não consegue parar de sonhar novos sonhos e, por isso, muitas vezes deixou de apreciar plenamente uma conquista apenas para poder rapidamente abraçar um novo desafio. A terapia ajudou a amenizar sua tendência ao perfeccionismo. "Continuo querendo o melhor, mas hoje aceito que, de acordo com as circunstâncias, nem tudo pode ser cem por cento. Hoje, sou mais tolerante com a não-perfeição."

À persistência e múltiplas experiências aliam-se o charme e a capacidade de conquistar todo mundo. A grande riqueza de Rino Ferrari talvez esteja em seu potencial de fazer amizades com as pessoas que conheceu. "Todos ficavam íntimos e amigos, fossem clientes ou profissionais dos veículos."

Quem vê cara e coração

O que Clélia Ferrari mais admira em seu pai é o fato de ele nunca ter desistido de lutar, principalmente no sentido de encontrar a felicidade pessoal. "Acho isso fantástico, porque ele acaba conseguindo resolver muita coisa, pois sempre teve muitos problemas por conta da sua criação, fatos muito marcantes, e hoje, porém, está tudo acertado. Se ele não fosse um lutador, não chegaria aonde chegou. Eu acho isso admirável."

O amigo Odil de Sá diz que muito desse perfil de luta está expresso na teimosia. Ele lembra que, certa vez, Rino o deixou muito preocupado quando ligou e disse que teve um infarto, em Rio Claro. Sofrendo dores terríveis, recebeu recomendações médicas de pegar o primeiro avião para São Paulo, mas não havia vôos disponíveis. "Então, depois de muito esperar, ele decidiu vir de carro. Demorou umas quatro horas entre começar a ficar mal e ser atendido. Ele se arriscou muito."

O coração iria surpreendê-lo novamente durante uma viagem à Europa. Rino Filho conta que seu pai estava na Itália e uma noite tomou um táxi para ir jantar. Casualmente, ou porque talvez tivesse pressentido algo na fisionomia de Rino, a motorista perguntou se ele estava bem. Ele respondeu: "Ah, está doendo um pouco. O braço está formigando." A motorista respondeu: "Desculpe, mas o senhor não está em condições de jantar!". Enfim, em vez de levá-lo ao restaurante, a taxista o carregou para o hospital, onde foi atendido por um convênio Brasil/Itália. Os médicos logo perceberam que era um infarto e que ele teria de passar por tratamento urgente. Rino não aceitou. "Meu pai assinou um termo de responsabilidade e preferiu voltar ao Brasil. Quando chegou, ao descer no aeroporto, ainda parou para compras no free shop. Dá para acreditar nisso?"

O radialista Odinei Edson, da Rádio Bandeirantes, conheceu Rino por meio de seu irmão, o também radialista Osmar Santos, de quem o publicitário era grande amigo. Odinei comenta que, certa vez, os dois foram até a fazenda em São Carlos. Saíram para um passeio de charrete com Rino, mas ele comandava os cavalos como se fosse um carro de Fórmula 1, parecendo um moleque de 15 anos, quase fazendo o veículo capotar.

"Uma pessoa que gosta de viver no campo, cavalgar, cuidar da criação. Nessa visita, a gente percebeu nele outro lado que não conhecíamos. Até então, nós só pensávamos no Rino como um publicitário. Na vida rural, de repente se percebe o carinho que ele tem com as coisas e como ele desenvolveu o trabalho na fazenda. Então, deu para compreender um pouco mais o porquê de tanta riqueza cultural e como realmente ele se entrega de corpo e alma a essas coisas. É um profissional vencedor, uma pessoa que conquistou talvez não tudo o que o potencial dele pudesse permitir, em razão dessa leveza, mas que alcançou a felicidade."

O apresentador e jornalista João Dória Jr. conheceu Rino Ferrari em 1980, por intermédio de seu pai, João Dória, que era grande amigo do publicitário. Portanto, teve com ele uma verdadeira relação de "pai para filho", de grande respeito. "O Rino Ferrari é um vitorioso no mundo da propaganda brasileira. Um homem confiante, alegre e verdadeiro." O deputado estadual e ex-prefeito de Rio Claro, José Aldo Demarchi, avalia que ele é um grande empreendedor, dono de um senso de humor invejável, otimista, criativo e, acima de tudo, apaixonado por tudo o que faz.

Para o membro da Fundação de Rotarianos de São Paulo, Gunter Wolfgang Pollack, Rino é o tipo do homem movido a desafios, mesmo que, no histórico de sua vida, não tenha obtido sucesso em todas as iniciativas que empreendeu, mas "coragem nunca lhe faltou".

Lair Antônio de Souza conheceu Rino Ferrari naquela "amizade de rua", na brincadeira de crianças. "Eu vim do interior em 1940 e morava no bairro da Lapa. Depois, fui para a Água Branca e conheci o Rino na rua. Eu estudava em um colégio e o Rino estudava em outro, que ficava a uns 200 metros de distância do meu." O relacionamento só foi estreitado quando os dois tinham 17 anos. Ele conhece muito bem o lado "mulherengo" do amigo, uma vez que saíram juntos muitas vezes, quando ambos eram solteiros. Para o amigo, talvez seja o único "defeito", totalmente compensado por qualidades como inteligência, sagacidade, espírito trabalhador, perspicácia e perseverança.

O diretor do Banco Cruzeiro do Sul, Luiz Thompson, arrisca-se a afirmar que Rino Ferrari é "imortal". Está num grupo de pessoas que fizeram o Brasil, determinaram linhas que estão em extinção. O ator Mauro Mendonça, que trabalhou no atendimento da agência, o percebe como uma pessoa educada, persistente e trabalhadora. "Para trabalhar em uma agência tem de ser vivo, e ele é." O advogado Luiz Gonzaga Bertelli sabe que Rino é um homem romântico, que gosta de tudo o que é belo, artes, boa música, boa comida, bons vinhos. Mas, acima de tudo, é um homem moderno, que gosta de trabalhar.

Rino Filho comenta que aprendeu a compreender o pai com o tempo, a entender sua personalidade forte. Porém, ele também sabe que o "Rinão" é uma pessoa de pavio curto. "Se você levar ao pé da letra tudo o que ele fala, em três horas de convivência você briga e, no dia seguinte, não aparece para trabalhar. Eu aprendi a me relacionar com ele e nos tornamos grandes e inseparáveis amigos. Resgatamos o convívio que tínhamos quando eu era criança."

A prática que leva à perfeição

Muitas pessoas defendem a idéia de que "saber não ocupa espaço". A verdade é que tudo o que aprendemos na vida, por mais estranho ou "insignificante" que possa parecer, será um dia utilizado em algo que nos propusermos a fazer. Rino acredita que aprendeu muito com sua mãe. Fosse no trato com os negócios, ou simplesmente sobre os tipos de tecidos, corte e caimento de vestuário, uma vez que ela trabalhou certo tempo com a venda de roupas. A experiência acabou sendo levada para a publicidade, quando ele atendeu clientes da área de moda.

Também graças às duas profissões, publicitário e corretor de imóveis, aprendeu um tanto de engenharia e arquitetura. "Talvez eu tivesse a inteligência, mas foi a profissão que me deu essas aptidões, porque eu vivia intensamente o cliente." No entanto, sobressai a capacidade de gerenciar, ainda que ele se considere muito melhor na execução – e sempre de pequenos negócios. Jamais conseguiu compreender como as grandes corporações podem ser sociedades anônimas. Lembra-se do cliente Telefunken, cujo maior acionista tinha 2%, e a empresa funcionava. Cita, também, o sucesso de montadoras como a Ford, mas afirma que "não sabe ser tão grande".

Para alguns, a publicidade, por envolver a criação, é tida como atividade que pede altas doses de sonho, emoções, paixão, por mais que seja um negócio, um meio de ganhar dinheiro. Rino nunca pensou dessa forma. Os anúncios que criava tinham o objetivo de fazer seu cliente vender. Nunca sonhou com prêmios. "Em que pese ser agradável ganhá-los, e ganhei muitos, nunca tive essa ambição. Nunca fiz anúncio que não fosse para vender. O cliente confiava em mim cegamente, até porque eu o inspirava a isso."

Essa forma de agir talvez tenha como maior exemplo o caso de um cliente que fazia pequenos anúncios, mas foi conquistado por um concorrente. Porém, a tal agência acabou estourando a verba da empresa com uma campanha de página inteira no jornal. Rino afirma que jamais faria isso, inclusive porque o cliente ia muito bem com os pequenos anúncios que vinha fazendo.

Ainda que, desde sempre, o perfil de Rino seja marcado por ser um espírito empreendedor, com capacidade, visão e coragem, ele prefere chamar de inocência o seu modo de agir profissionalmente. Também atribui sua surpreendente ascensão ao acaso e à bondade das pessoas que gostavam dele. Tanto é assim, que nunca parou para pensar no que as pessoas da sua época de juventude, de batalhas constantes e de alto grau de pobreza, pensariam dele depois do sucesso conquistado. Ele comenta que sua mãe, ao vê-lo fazendo as coisas, apenas o chamava de louco. "Só que ele fazia exatamente igual a ela, mas em um número muito maior e com bons resultados." O pai sequer tomava conhecimento. Rino nunca ouviu de Flaminio uma expressão de elogio ou de crítica.

No entanto, os clientes depositavam nele a mais alta confiança. Algo que, fique claro, não nascia do acaso. Era, sim, sedimentado na vida, na realidade, nos fatos. Rino inspirava confiança por seus atos. Jamais deixou de pagar o que era devido aos funcionários que saíram da agência, nunca deixou de quitar uma conta no dia do vencimento. E isso se transmitiu para a atividade do dia-a-dia na publicidade, algo forte na sua agência – não é uma das grandes, não é badalada, mas é respeitada por seu estilo.

Rino, na verdade, procura viver os dois lados da vida, busca o equilíbro em tudo aquilo que se dispõe a fazer. Desde sua infância, teve um pé no sonho e outro na realidade. No primeiro aspecto, sempre contou com o charme, a capacidade de ser sedutor, o poder de despertar carinho e a credibilidade dos que o cercavam. No segundo, jamais esqueceu que não apenas ele, mas também o seu cliente, precisava faturar, progredir, crescer. Tudo isso ele levou para os negócios da agência, da cervejaria, da imobiliária, da fazenda. Para toda a sua rica vida, enfim.

Essa confiança, Rino acredita, é condição sine qua non para que a relação entre agência e cliente funcione, uma vez que a publicidade nada vende de concreto, e sim algo etéreo, uma promessa. De nada adianta ter um anúncio bonito, se ele resultar em desastre na prática. A Rino sobreviveu durante todo esse tempo porque pertence ao "pequeno núcleo da verdade". O "fantasioso" nunca foi seu cliente. O cliente "pé no chão" é seu cliente.

Contraditoriamente, um dos problemas de Rino Ferrari, se assim podemos dizer, foi justamente o excesso de confiança, a confiança que ele depositou em alguns. Desde o tempo em que era apenas um garoto, muitas pessoas próximas apostaram na sua capacidade, ainda que ele mesmo se considerasse "um bocozão humilde e assustado". Acabou fazendo o mesmo quando se viu em posição de ajudar o próximo. O único problema é que, por seu jeito expansivo e apaixonado, acaba sempre se excedendo. "Eu deveria ter esperança de 10% no ser humano, mas tenho 150%. Isso acaba criando uma desilusão posterior, porque poucos correspondem às expectativas. Tenho na fazenda um grupo de colaboradores de alta confiança, de excelente qualidade. Levou tempo para formá-los, mas hoje tenho esse patrimônio."

Honestidade é sua marca principal. Para ele, não adianta empreender se não puder chegar ao máximo da qualidade lá adiante. Foi assim durante toda a sua vida profissional, e continua a ser agora nos negócios da fazenda. Rino cuida de fazer, sempre, todo e qualquer ajuste necessário nas instalações para atender às normas que determinam a correta criação de animais, bem como, e ainda mais, os benefícios e confortos adequados à equipe de trabalho. Para ele, o mais importante em sua vida sempre foi e continuará a ser o senso de modéstia. A vida inteira, todas as suas conquistas foram fruto do trabalho, jamais de sonhos. Nada de sentir-se grandioso, nada de pensar "eu sou o bom".

O elogio do cliente, no ramo da comunicação, é uma armadilha. O prestador de serviços escuta, se emociona e acredita que já fez o suficiente. E descansa. Só que, no dia seguinte, aquele mesmo cliente que o elogiou ontem está esperando nova ação, outra boa idéia que lhe permita continuar crescendo, fazendo sucesso no mercado. Uma empresa quer ser eterna e, para tanto, precisa alcançar bons resultados todos os dias, buscar a perfeição a vida toda.

Rino é uma pessoa extremamente intuitiva. O que o leva a fazer as coisas, na verdade, é muito mais "o agir pelo inconsciente", algo não premeditado, mas fruto das circunstâncias, de pressentir e saber o que é bom, e de evitar aquilo que não é.

"Eu constato muitos erros no dia-a-dia, sou muito crítico. Assim foi a minha vida inteira – acertei, errei, ganhei e perdi dinheiro, mas nada foi premeditado, planejado, estudado." Ele nunca teve a presunção de que estivesse sempre certo, mas seguia seus próprios "conselhos" por inúmeras vezes. "Os grandes amigos que eu tive, todos senhores idosos que me aconselhavam lá de cima da sua longa experiência, eu ouvia com muito interesse, agradecia e fazia do meu jeito".

Talvez a melhor testemunha da vida profissional de Rino seja mesmo o amigo Lair Antônio de Souza. O primeiro emprego de Lair foi como carvoeiro, enquanto Rino era entregador. Quando Lair foi trabalhar na Companhia Brasileira de Adubo - CBA, em 1950, Rino ingressou na Sem Rival e, coincidentemente, cuidava da conta publicitária da empresa na qual o amigo se empregara. Em 1955, Lair montou sua empresa, a Solorrico, e logo em seguida Rino abriu a própria agência. Assim, o caminho dos dois se cruzou de vez: Lair, que no início da agência ficou sócio de 1% da Rino Publicidade, acredita que "vencer na vida" há 60 anos era muito mais difícil. Porém, assim como hoje e sempre, quem possuía capacidade real ou era inteligente, como seu melhor amigo, poderia, sim, conquistar seu espaço. "Como eu fiz, abrindo várias empresas, como ele também fez. E foi crescendo. Hoje, está aí desse tamanho. A agência sempre se destacou pela qualidade de trabalho, com idéias muito originais. O segredo está justamente na criação, e isso era um dos pontos fortes dele, idéias que realmente vendiam."

O publicitário José Carlos de Salles Gomes Neto, que dirige o jornal especializado Meio & Mensagem, define Rino como pessoa determinada e que jamais deixou de fazer aquilo que achava correto e que o satisfizesse tanto no campo pessoal quanto no profissional. Um empreendedor nato, que teve várias iniciativas, não apenas a Rino Publicidade. "É uma agência de ponta, consagrada, e ele é uma pessoa muito respeitada no mercado. Ele teve de fazer por isso, porque não recebeu ajuda de uma família já tradicional na área e com dinheiro, como acontece em alguns casos. Por isso mesmo, acaba sendo um exemplo de empreendedorismo."

O presidente da Publicis, Orlando Marques, diz que Rino Ferrari é um apaixonado pelo negócio da propaganda e que sempre se dedica, de corpo e alma, a tudo que faz. "Ele foi para mim um exemplo a seguir, por esse denodo e dedicação. Aprendi muito com ele e aprendi também que, se as coisas são feitas com carinho e dedicação, elas dão certo."

O advogado Luiz Gonzaga Bertelli, presidente do CIEE, considera Rino um vencedor pelo fato de praticamente toda a sua formação ter-se dado na "escola da vida". Um sujeito prático, que sempre soube ocupar espaço, que cresceu no relacionamento com as pessoas, construindo toda uma trajetória vitoriosa. Há 40 anos, comenta Bertelli, era muito difícil convencer um empresário a fazer propaganda, porque essa atividade ainda era mal entendida. Achavam que as empresas que mais anunciavam eram as que estavam com dificuldades financeiras. Bancos, por exemplo, dificilmente faziam marketing e publicidade, já que o banqueiro tradicional achava que aquele que anunciava muito estava desesperado para conseguir clientes. "O Rino participou de todos esses movimentos, ao lado dos grandes publicitários do País. Ele foi o precursor da moderna propaganda brasileira", comenta, acrescentando que Rino foi incansável, não media esforços e se identificava com os projetos, passando a ser um grande parceiro de seus clientes.

O ator Fulvio Stefanini conheceu Rino há muitos anos, no Guarujá, na casa de um amigo em comum, de nome Frank. "Ele é um publicitário de grande sucesso e prestígio no meio, extremamente simpático e afável. Além disso, é atencioso. Embora não nos víssemos com freqüência, ele jamais esquecia de me mandar o pôster de fim-de-ano da Rino Publicidade."

O jornalista Edson Di Fonzo conheceu Rino em 1972, quando era repórter da Folha da Tarde, e o chamou para planejar um trabalho de assessoria de imprensa, organizar uma viagem de jornalistas para uma apresentação do Ministério da Agricultura, no interior de São Paulo. Depois disso, entrevistou o publicitário diversas vezes para os veículos em que trabalhou. Di Fonzo conta que Rino atualizava-se sobre política nessas conversas que mantinha com a imprensa.

Quando o País sofreu a ditadura imposta pelo Golpe Militar de 1964, Rino, corajosamente, contratou para trabalhar na agência muitos jornalistas que, em função de problemas políticos, não encontravam emprego. "Foi a primeira agência de publicidade que conheci. Eu era um jovem jornalista à época, um aprendiz de feiticeiro. E aprendi muitos bons feitiços com ele, especialmente sobre a forma de tratar o cliente, de planejar as estratégias. Hoje, tenho uma empresa de comunicação, e muitas das coisas que aprendi com Rino coloco em prática no dia-a-dia."

Di Fonzo comenta que, ao conhecer Rino Ferrari, qualquer um fica com a impressão de que ele é uma pessoa fechada, ainda que afável. Porém, pouco a pouco, ele mostra sua predisposição ao diálogo e a forte facilidade de comunicação. "Uma das coisas que sempre respeitei muito nele foram os princípios éticos. Ele nunca pediu nada ou se manifestou de modo antiético. Era esse o nível que ele mantinha em todas as conversas informais com os jornalistas e na hora de dar uma informação oficial, principalmente em nome de algum de seus clientes." O diretor da Di Fonzo Comunicação avalia que a visão "além do tempo" que tem Rino Ferrari sempre foi muito bem expressa em todos os cartazes de fim do ano da agência.

Em sua opinião, Rino sempre foi um homem evoluído em relação ao tempo, em função de um arcabouço cultural e da intuição que tem, tanto na publicidade quanto em seu cotidiano. "Na época do regime militar, o empresariado brasileiro esperava o paternalismo por parte do governo – Rino nunca aceitou isso. Sempre fez acontecer e sabia realizar as coisas. Não esperava nada em troca. Via um quadro de perspectivas à frente e saía para buscar."

O jornalista e escritor Álvaro de Moya, um dos mais importantes e respeitados especialistas mundiais em histórias em quadrinhos, declara-se um crítico, alguém para quem não existe o cinza: ou é branco ou é preto. Ou a coisa é genial ou é uma porcaria. Não existe nada mais ou menos. É sob essa ótica que observa o amigo Rino Ferrari. "Quando eu não gosto de uma coisa, eu não gosto mesmo. E dificilmente elogio alguém. Só que, quando uma pessoa é realmente boa, é aquele extremo que eu digo. O Rino não se define com um meio-termo. Acho-o de fato uma pessoa excepcional. O Rino é uma dessas raras pessoas por quem eu tenho uma admiração aqui no Brasil, um país no qual há uma inversão de valores muito grande. Só há algumas pessoas, que eu contaria nos dedos, que realmente admiro. São bons profissionais, com senso crítico com relação à política e ao comportamento profissional, ao comportamento dos outros. Sem dúvida, o Rino é um deles. Ele superou a minha expectativa como profissional e ser humano."

O diretor financeiro da Rino Publicidade, Ioshiaki Kobayashi, enxerga Rino como um homem de tremenda visão de negócios, grande conhecimento e empreendedor com talento extraordinário. Ele elogia a opção de Rino em reinvestir seu capital em projetos produtivos, em vez de simplesmente, como muitos empresários, apenas ir ao mercado financeiro. Rino prefere a produtividade, o operacional, e se envolve pessoalmente. Tem determinação por produzir, gerar empregos, aquecer a economia do País. "É impressionante a visão empresarial aguçada que ele tem, e exatamente focada no empreendimento. Ele sabe construir."

Kobayashi acrescenta que muitas vezes Rino faz as coisas sem planejamento, porque já "resolveu" aquilo na cabeça, e de uma forma que dará resultado. E, assim, em 99% dos negócios, ele sempre teve sucesso. "Tem coisas que você imagina: 'puxa vida, será que esse negócio vai dar certo?', e dá certo. Ele consegue. E aí entra também a arte da comunicação, que ele conhece e domina como ninguém."

Uma escola de publicidade

Sempre com uma grande visão global, Rino era capaz de enxergar tudo o que os funcionários da agência estavam fazendo. Sinal de uma excelente percepção, de conhecer as coisas e as pessoas, uma vivência. "Eu tenho de confiar. Eu cobro, finjo que estou entendendo, eu tenho feeling, consigo ver as coisas no grosso modo, mas não vou até o detalhe. Eu atiro no escuro e acerto no alvo." Rino também coloca amor no trabalho – é amigo de seus funcionários, cuida deles, lhes ensina a produzir melhor, crescer na vida; estimula-os mesmo quando desejam partir para outro emprego. "Isso é amor. As formas de amor são variadas."

Janete Cavalcanti Ferrari lembra que, no início da agência, Rino se estabilizou rapidamente, mas que jamais deixou de ser exigente. "Ele queria tudo muito bem feito. Já havia alguns clientes que eram bons e que estavam acostumados com o ritmo de uma agência grande. Então, não podia diminuir a qualidade do trabalho. Sabia que devia seguir no mesmo nível, senão perderia pontos. E conseguiu, porque soube colocar gente boa para trabalhar com ele, pessoas que estão lá até hoje. O Rino sempre teve uma ótima equipe. Ele tinha olho clínico – bastava ver a pessoa e sabia se seria ou não um bom funcionário."

Nos primeiros anos de atividade, a maioria dos funcionários da agência não tinha formação profissional em propaganda. Havia "se criado" nesse meio, não raro aprendendo, na maioria das vezes, com o próprio Rino. Exceto por um dos desenhistas de layouts, Nino Borges, os demais eram pintores que foram trabalhar no Departamento de Arte. Curiosamente, eram de várias nacionalidades: um italiano, um grego, um chileno, um argentino. Logo, Rino contratou "medalhões", como Manoel Bandarra e Heber Monteiro, artistas que mais tarde se tornaram nomes famosos no meio.

Em 1964 veio o Golpe Militar que interrompeu o governo do presidente João Goulart, deixando o País submetido à ditadura, que durou até 1985. Naquele período, muitos atores, escritores, intelectuais e outras personalidades públicas que eram visadas por suas idéias "subversivas" chegaram a trabalhar na Rino Publicidade, porque não conseguiam emprego em lugar nenhum. Ainda que não se envolvesse diretamente com política – e por isso mesmo jamais passou por sua cabeça a idéia de que os agentes da repressão pudessem considerar que estava protegendo "gente de esquerda" –, Rino deu oportunidade de trabalho a essas pessoas, que atuaram como redatores e artistas na agência. Se, por um lado, esses profissionais estavam praticamente marginalizados, por outro, a Rino Publicidade precisava de talentos na área de criação.

Assim, passaram pela agência destacadas personalidades da cultura e empresariado brasileiros: Gianfrancesco Guarnieri, Jô Soares, Juca de Oliveira, Miroel Silveira, Henrique Matteucci, Jaime Barcelos, Talma de Oliveira, Alida Maria Fleury Bellandi, Ângela Cassiano, Dimitri Petroff, Duílio Malfatti, Fernando Almada, Heber Monteiro, Humberto Mendes, Baby Jordão, Álvaro de Moya e muitos outros.

Rino conhecia essas pessoas graças à amizade que mantinha, desde os tempos da Sem Rival, com colunistas, articulistas e demais profissionais das redações da Gazeta Esportiva, Folha de S. Paulo e O Estado de S. Paulo, dentre outros grandes veículos. Um dos motivos que levaram Rino a contratar essas pessoas foi o exemplo que viu na TV Excelsior, que contratara para trabalhar no departamento pessoal o ator Jaime Barcelos. Álvaro de Moya, então diretor artístico e comercial da emissora, conta que Rino viu isso e achou que sua empresa poderia fazer o mesmo. Esses intelectuais tiveram um trabalho profícuo na agência e ajudaram Rino a ter uma imagem simpática perante os patrocinadores e o mercado.

Quando tinha 31 anos, no início da década de 1960, o ator Mauro Mendonça também trabalhou na Rino Publicidade, na área de atendimento. Estava para ser pai pela segunda vez e se encontrava desempregado, em meio à crise no teatro provocada pela ditadura militar. Por intermédio de um conhecido, soube da vaga na agência. Naquele momento, acontecia uma promoção de aniversário da Gazeta Esportiva, e Mauro recebeu a tarefa de conseguir anunciantes suficientes para duas ou três páginas. Ele conta que pegava o catálogo de endereços e visitava as lojas de artigos esportivos que poderiam ter interesse.

Foram quatro meses de trabalho, em que teve a oportunidade de conhecer a cidade de São Paulo inteira, visitando empresas em todos os bairros. "Foi uma experiência muito engraçada. A relação com Rino era muito boa. Ele é educado, um homem esperto, vivo no trabalho e tem discernimento. Não é à toa que fez tanto sucesso."

Mauro conseguiu cumprir a tarefa e, para sua felicidade, logo em seguida foi chamado para integrar o espetáculo "Seara Vermelha", de Jorge Amado. Quando entregou todo o material, suficiente para duas páginas do jornal, antes de ir embora, Rino disse a ele: "Só isso? Quero mais.". Tempos depois, Mauro encontrou um rapaz que ficou na agência e disse a ele que havia feito um excelente trabalho, mas que Rino havia dito aquilo para incentivá-lo a conseguir mais. "Achei muito curiosa a situação", recorda o consagrado ator.

Paulo Lemos começou na agência em 1972, quando fazia faculdade de Economia na Universidade de São Paulo - USP, aos 23 anos. Paulo lembra que, certa vez, levou alguns layouts para o cliente na garupa de sua moto, por um caminho que passava pela Via Dutra. Porém, o elástico que prendia os materiais arrebentou e tudo voou para o meio da estrada. Cada vez que chovia, ele era obrigado a parar debaixo de viadutos para não molhar os layouts. O pessoal da agência sequer ficou sabendo do ocorrido na Dutra. "Eu sai correndo atrás dos desenhos no meio da estrada e consegui recuperar todos, uns meio sujos, mas eu cheguei ao cliente e pedi desculpas, dizendo: 'Olha, aconteceu um imprevisto.' Por sorte eu vi cair, senão com certeza o Rino teria me despedido naquele momento." Até que um dia, por necessidade de mudanças na agência, ele saiu, depois de 11 meses aprendendo o ofício. Gostou tanto que continuou no ramo, mas com alguns poucos clientes, porém sem um lugar adequado para trabalhar. Foi quando Esdras o convidou para voltar à Rino e levar com ele seus clientes, mas recebendo uma comissão, é claro, e atuando exclusivamente com prospecção de negócios.

Dessa vez, Paulo ficou na agência durante sete anos, até ser convidado a gerenciar a área de propaganda das Casas Pernambucanas. Lembra: "Eu deixei minhas contas na Rino, mas eles continuaram a me pagar as comissões. Havia meses em que não tinha tempo de passar lá para pegar o dinheiro. Então, o contador da agência tratava de enviar todas as contas corretamente explicadas e, assim, era só retirar o cheque.". Paulo também comenta o ambiente de alegria e amizade da agência. "Eu tinha vontade de ir trabalhar, diferentemente de outros empregos que tive em algumas agências cujos ambientes eram de 'estrelas', nos quais todo mundo sabia tudo, mas ninguém sabia nada." Como grande lição de Rino, ele diz que aprendeu a conquistar clientes. "Em cada reunião eu aprendi alguma coisa diferente, da Rino e do Rino. E foi assim que eu fui assimilando a forma de prospectar clientes que ele tem. Fiz algumas alterações para o meu modo de ser, porque o Rino é completamente diferente de mim." Grato, ele comenta que o acolheram lá para ensinar e que o pagavam para aprender. "Nunca fiz faculdade de Propaganda e Marketing, mas posso dizer que 90% do que eu aprendi foi na Rino, que me empurrou para o grande trabalho que fiz durante dez anos nas Casas Pernambucanas."

Também veio para a agência o jornalista Renato Pires, ainda bem no início da Rino, no princípio da década de 1960. "Naquele tempo não havia escolas de publicidade, e os donos de agências recrutavam seu pessoal nos jornais. Principalmente redatores. Assim que soube por um amigo que o Rino estava precisando de um redator, eu fui falar com ele", relata. Surpreendeu-se com a figura do publicitário, de quem, como primeira impressão, ficou a de um homem atencioso e dinâmico, que rapidamente lhe deu o briefing para a produção de comerciais para meia dúzia de produtos de um determinado cliente. Essa conversa aconteceu numa quarta-feira. Renato quebrou a cabeça para criar seis comerciais e os apresentou dois dias depois. "O Rino deu uma olhada e disse que estava perfeito. Perguntou se eu podia começar a trabalhar na segunda-feira. Respondi que sim, e ele então me apertou a mão: 'Está contratado', frisou."

No domingo, Renato resolveu dar uma olhada no programa no qual os tais comerciais seriam apresentados pela garota-propaganda Neide Alexandre, na TV Excelsior. E aí, para sua grande surpresa, todos os seis filmes que criou entraram no ar. "Eu não esperava que a coisa fosse tão rápida. Um delírio. Já comecei a me sentir um publicitário." Além da satisfação de um excelente salário, Renato começou a conviver em um ambiente agradável, de maneira que estava longe de imaginar. "A idéia que eu fazia de uma agência era a de um escritório com horário para entrar, para almoçar, para sair, uma rotina em frente à máquina de escrever."

Em sua visão admirada, eram muitos os encantos da Rino, quer por conta do grande número de intelectuais que a agência contratava naqueles anos, quer por outros fascínios. Sua memória guarda um episódio divertido. Havia por lá uma diretora de arte, uma senhora de origem alemã, que adotou postura bem curiosa para a época: pedia que toda a equipe, lá pelas 10 horas da manhã, interrompesse o trabalho para fazer uma sessão de risos e gargalhadas de cinco minutos. "Era para relaxar. E não é que no meio daqueles 'quá, quá, quá' bem altos, a gente desopilava?"

E assim foi sua transição, do jornalismo à publicidade, porque Renato pegou gosto pela coisa e continuou na área, só voltando à antiga profissão para escrever sobre o assunto em alguns dos mais respeitados veículos, como o jornal Meio & Mensagem e revistas do setor. Um registro importante é que Renato foi substituído na Rino por ninguém menos do que o ator Juca de Oliveira, que seguiu o mesmo caminho do colega Mauro Mendonça e se tornou redator da agência. "Desde sua fundação, a Rino sempre teve a preocupação de contar, em seus quadros de funcionários, com as melhores cabeças do mercado. Esse foi e continua a ser o 'estilo Rino', quando se trata de recursos humanos. Quesito importante em se tratando de publicidade", declara Juca.

Myrian Ferrari foi para a Rino Publicidade em 1966, no prédio da Praça da República, depois de seis anos de carreira como funcionária pública do INSS. Quando o tesoureiro faleceu, Rino não hesitou em chamar a irmã para ocupar o posto: "Você tira umas férias e vem trabalhar comigo para experimentar." Era um teste para ela, que, formada normalista, tinha apenas a experiência como recepcionista de uma escola de inglês e o trabalho rotineiro do setor público. Ela teve algum receio, porque não haveria uma pessoa para passar o serviço com todos os detalhes. "Deu certo. Fui aprendendo, vencendo desafios, e acabei tornando-me a pessoa de confiança dele no Departamento Financeiro."

O diretor financeiro Ioshiaki Kobayashi começou a trabalhar na Rino Publicidade em dezembro de 1979. Ele, que acabara de passar em uma seleção para o mesmo cargo na Ford, lembra ter sido entrevistado por Esdras, que, após informar que ele estava aprovado para o cargo de contador, recomendou: "Olha, eu tenho que lhe contar uma coisa. O nosso chefe... é muito difícil trabalhar com ele. Ele é inteligente, mas é muito bravo.". Kobayashi logo quis conhecer "aquela pessoa tão interessante". Viu aquilo como um grande desafio. "Engraçado que, no meu primeiro dia, sem ter sido apresentado para os outros funcionários, eu ia passando pelas mesas e ouvindo os murmúrios de 'Ih... Mais um'. Era preocupante."

Só que ele veio para ficar, e está lá até hoje. Mas, no início, precisou ir, suavemente, tomando o pé das coisas. Quando conheceu o tal "chefe bravo" mais tarde, para sua surpresa, encontrou uma pessoa absolutamente calma. Foi muito bem recebido. Ainda bem, porque o volume de trabalho que teria pela frente era absurdo. Vindo de uma multinacional, que seguia toda uma série de rígidos padrões, "Koba", como logo passou a ser chamado pelos colegas e pelo patrão, achou por bem começar a implantar normas internas. Porém, a primeira atitude que teve foi um desastre, porque agência de publicidade era algo bem diferente do que conhecera como ambiente de trabalho até então.

A primeira regra, o cartão de ponto, de cara, não pegou. Rino ficou louco quando viu os funcionários reclamando da nova imposição da agência. "Marcar o ponto? Aqui não é assim!", falou furioso, pela primeira vez demonstrando a famosa "braveza" a um assustado Koba. "Bem, eu tinha de entender as praticas e costumes do ramo, porque a publicidade é totalmente diferente. Foi um belo desafio. Demorou um ano para assentar as coisas, para chegar a um acordo, mas deu tudo certo." A despeito dos sagrados "dogmas" empresariais, Koba reconhece que a Rino é uma empresa correta. Em 46 anos de atividade, jamais atrasou o pagamento de um funcionário sequer.

Na década de 1980, em meio à completa e absoluta falta de estabilidade da moeda norte-americana, a agência viu-se em dificuldades para quitar um empréstimo contraído em dólares. Chegou a tal ponto que, num dado momento, o dólar valorizou perante a moeda nacional na proporção de um para três. Seria impossível liquidar a dívida. Seria, se a agência não fosse dirigida por um empresário responsável e consciente. "Tentamos negociar, mas ainda assim faltariam recursos. O Rino decidiu que a única medida possível seria penhorar suas jóias pessoais e vender o próprio carro para não atrasar as faturas pendentes de fornecedores e, principalmente, o pagamento do pessoal."

Nesse ponto, Koba avalia que Rino pode até ser exigente, mas esse seu perfil, que em muitos causa receio, foi sempre potencialmente positivo, uma atitude capaz de encontrar as melhores soluções em momentos difíceis. Ele ressalta, ainda, a preocupação de Rino com o capital humano, com as pessoas que trabalham e, também, aquelas para quem a empresa presta serviços. "Ele sempre investiu em cursos que deram suporte na formação profissional. Quando eu entrei, era apenas o contadorzinho bitolado."

O atual presidente da Rino Publicidade, Rino Ferrari Filho, chegou à agência em meados da década de 1970. Somente quando completou 19 anos, Rino Filho aceitou a oferta do pai e foi trabalhar com ele, passando a estudar à noite para cumprir o expediente de período integral – sem regalia de espécie nenhuma.

Começou como operador de audiovisual. "Era complicadíssimo esse negócio, não era moleza. Eu trabalhava com todo mundo que fosse apresentar alguma campanha, carregava um projetor de filmes em 16 mm que pesava 20 quilos." Se a tarefa já era complicada o suficiente, ainda para piorar, na hora 'H', os projetores quebravam e não havia um equipamento de reserva. "Sempre dava problema. Eu tive de aprender a emendar filme naquelas coisas antigas. Era um troço horrível: som para os spots de rádio e projetores para filme, não havia essas facilidades tecnológicas de hoje." Porém, logo se viu livre da árdua incumbência. A maioria dos aprendizes da agência começava nessa função. "O Fernando também começou fazendo isso. Acho que era uma espécie de teste de fogo para os novatos." No entanto, ele comenta que para o "pobre" Esdras, o desafio foi ainda bem "pior", porque começou como office boy. "Eu pulei essa fase quando comecei minha vida na agência."

O atual vice-presidente executivo, Esdras José Maciel, chegou à Rino Publicidade por indicação de um cunhado que trabalhava na agência, em 1962. Ele morava no interior, e a condição da família para que fosse morar na capital era, primeiro, conseguir um emprego. Esdras era um garoto de 15 anos, mas chegou, em suas próprias palavras, "todo pretensioso", atirando sobre a mesa de Rino os diplomas do ginásio e do curso de datilografia – afinal, naquela época, era raro um jovem ter formação daquele nível.

Rino não se deixou levar pela pose do rapaz, e perguntou: "Então você sabe fazer tudo isso. Ótimo. Está vendo aquela máquina de escrever? Está aqui o envelope. Vai lá e escreve: A Floriano Scatolin Irmãos Ltda. - Foto Léo – Avenida São João, 25 - São Paulo." Só que Esdras, nervoso como estava naquele momento, não foi capaz de cumprir o teste com sucesso, no que o futuro patrão retrucou: "Então está bem. Você vai ser office-boy até aprender a ser menos pretensioso.".

Rino Ferrari comenta que Esdras tinha o perfil de um jovem irreverente, um verdadeiro "bicho bravo". Com paciência, sem entender a razão pela qual continuava com um funcionário tão desobediente, permitiu que Esdras mostrasse seu verdadeiro gênio, o que viria a dar ao mercado um profissional de altíssimo gabarito. Ou seja, mais uma vez apostou e ganhou, como acontecia quando sua intuição teimava em pautar suas ações. "O Esdras sempre foi arrogante, e ainda é. Nasceu em Laranjal Paulista, mas acha que é nova-iorquino. Para minha alegria, correspondeu a todas as expectativas", brinca o irreverente Rino.

Assim começou a carreira de um garoto que sonhava em ser oficial da Aeronáutica, mas que entrou para a Publicidade, ficou encantando, apaixonado, ainda que a tarefa não fosse fácil para quem acabara de chegar de Laranjal Paulista. Ele foi valente e enveredou pela muitas ruas da assustadora metrópole, encontrou endereços, atendeu bem as pessoas e cumpriu suas metas. Delimitou seus próprios caminhos. Tanto que, em apenas três meses, foi promovido para o setor de checking.

Sua nova responsabilidade era a de separar todos os anúncios, que serviam como comprovantes das publicações aos clientes, para anexá-los às faturas de cobrança. Não bastasse, Rino exigia que todos os anúncios fossem colados em um grande álbum, com um carimbo informando em qual veículo tinha sido publicado e a data. "Era um material fantástico. Pena que não conservamos. Acho que virou pó", diz Esdras.

Logo, o garoto de Laranjal Paulista foi subindo mais degraus, tornou-se assistente de Mídia, depois chefe e, em seguida, diretor da área. Porém, Rino percebeu que ele poderia ser melhor ainda no Atendimento e, com isso, ganhar noções mais amplas do negócio da propaganda. Meio a contragosto, uma vez que gostava de ser mídia, Esdras aceitou o convite e acabou percebendo que o patrão, mais uma vez, estava certo. Hoje, formado em Administração de Empresas pela respeitada Fundação Getúlio Vargas - FGV, com o apoio da agência que o ajudou a pagar os estudos, ele divide a gestão da Rino Publicidade com Rino Filho e Fernando, sendo que cada um tem suas funções bem definidas. A de Esdras é responder pelo Atendimento e, indiretamente, também pela Operação, Mídia, Produção e Custos.

O sobrinho de Rino Ferrari, Fernando Piccinini, hoje vice-presidente de Criação, começou na agência ainda garoto, como office boy. Na verdade, desde os seis anos de idade passava horas na empresa, como se aquilo fosse uma extensão de sua própria casa. Jamais esquece a típica balbúrdia das 6 horas da tarde: "Fechou anúncio na Folha! Tem de sair correndo para o jornal!", era a gritaria comum, com a turma desesperada para não perder o espaço na edição do dia seguinte. E naquela época não havia computador, nada parecido. Era preciso ir ao jornal carregando um clichê de uns 12 quilos com o anúncio de uma página.

Fernando, ainda uma criança, fez esse trabalho algumas vezes. Não porque inexistisse outro funcionário para fazer isso, mas porque ele queria tanto ajudar o tio, sentir-se "importante", que Esdras, às vezes, cedia ao olhar pidão de "posso ajudar?" do menino. Dizia a ele: "Fernandinho, tem de levar esse clichê à Folha. Sabe onde é, né?". Significava que o garoto teria um longo caminho a percorrer, da Praça da República até a Rua Barão de Limeira. E carregando o pesado material. Ele seguia feliz, pois estava ajudando a empresa do tio, que o tratava como um verdadeiro filho. E quando chegava ao jornal, já ouvia o rapaz do balcão gritar: "O garoto da Rino chegou!". Porque era o único "anãozinho" que aparecia por lá.

Para Fernando foi um delírio compartilhar o espaço com aquelas pessoas, na inteligência e na efervescência cultural do início dos anos 60. Não entendia nada, mas achava tudo muito divertido. E o melhor momento era quando chegava o período de férias escolares, porque podia chegar à Rino já bem cedinho, às 8 da manhã. A época do Natal era outra alegria. A agência sempre proporcionava aos clientes cestas maravilhosas, caprichadas, com peru, leitão, caviar, champanhe e vinho.

"O Rino montava uma cesta magnífica. Até porque ele nunca teve aquilo, e, quando conquistou condições de fazê-lo, passou a distribuir para os clientes e amigos." Dos 10 aos 16 anos, Fernando divertiu-se com a entrega dos brindes natalinos. Sim, diversão era a palavra. Ao lado do fiel motorista da agência, Joaquim, uma figura muito bem-humorada, saía pelas ruas da cidade em uma "poderosa" Kombi vermelha. Cuidados: o tio recomendava que não aceitasse gorjetas dos clientes, e ele, espertamente, de olho no importante "faturamento" extra, respondia: "Ninguém sabe que você é meu tio.". Só que alguns perguntavam: "Você não é o Fernandinho?". O mais engraçado foi quando passou a trabalhar na criação de anúncios, uns dez anos depois. Ele ia ao cliente apresentar a idéia e este perguntava: "Você não é o menininho que entregava a cesta de Natal?".

E assim foi, desde a inauguração da primeira sede da agência, na Praça da República, em 1963, quando Fernando passava suas férias ali. Abria e fechava a agência, fazia tudo o que fosse capaz para ajudar, cortava a arte final que ia para os jornais – queria aprender. Em 1974, aos 14 anos de idade, falou para o tio: "Eu quero trabalhar na criação.". Ele era muito ligado em tudo, ouvia rádio, sabia das coisas e, assim, a área era a sua "cara". E foi para o estúdio, marcar letra, lavar pincéis, varrer, fazer serviços gerais e cuidar dos arquivos. Agitado como sempre, ansiava por mais, queria movimento. Até que um diretor de criação, Milton Guarnieri, se encantou com o moleque e começou a lhe dar tarefas e responsabilidades maiores. Com esse voto de confiança, um dia atreveu-se a dar uma idéia para um filme. A equipe adorou: "Pô, cara, é isso mesmo. Escreve o filme aí.". Só que não foi simples assim. Foi preciso roteirizar a idéia umas 40 vezes, até receber um "OK".

O filme foi feito para um brinquedo, uma perna-de-pau chamada "Cyborg". Mostrava um carteiro que era impedido de entregar uma encomenda em uma residência ao ser ameaçado por um cachorro bravo. Na cena seguinte, ele reaparecia usando a tal perna de brinquedo e conseguia entregar a carta. O garoto tanto fez que, também, recebeu atenção da redatora Doris Malfatti, sobrinha da prestigiada pintora Anita Malfatti.

A senhora, de cinqüenta e poucos anos, era uma verdadeira enciclopédia ambulante e, para sorte de Fernando, ela o adotou como aprendiz. Passava-lhe diversas tarefas, anúncios e textos para redigir. Tanto ele "encheu" a paciência do pessoal da criação, que ganhou máquina de escrever e mesa. Vira e mexe emplacava um título, um conceito. "Então, com todo esse peso da bagagem e com o apoio que o Rino me deu, não saí mais da agência. Fui registrado por um salário mínimo, aos 14 anos de idade."

Contudo, embora "filho" do dono, nunca teve regalias. "Judiavam de mim. Com uns 11 anos de idade me mandavam comprar 'guache xadrez' no centro da cidade. Uma vez fui buscar 'retícula em pó'. E aí ligaram lá na loja, e os vendedores, que entraram na brincadeira, entregaram-me uma caixa enorme." E lá foi ele para o escritório só para ouvir as risadas dos colegas. Fernando lembra que a história dos famosos almoços na agência começou em 1972, quando mudaram para a sede da Rua Alfredo Ellis, no Paraíso.

Sempre atento aos cuidados com a equipe, Rino decidiu que poderia dar uma alimentação saudável aos funcionários. Montou um bem-estruturado restaurante, contratou uma boa cozinheira, já que na época não existiam os tíquetes de alimentação hoje tão comuns. Não demorou nada para que começassem a ser servidos almoços também aos clientes, como forma de ampliar o relacionamento. Depois de formado, Fernando acabou indo para a concorrência, até mesmo por insistência de Rino – é importante conhecer melhor o mercado, vivenciar outras agências e adquirir novas experiências. Trabalhou durante sete anos na Salles, onde aprendeu muito, mas é claro, retornou à Rino Publicidade, que desde sempre foi a sua casa.

E assim agindo, Rino formou muitos outros profissionais, fazendo com que a agência ficasse reconhecida no mercado como uma "escola de propaganda". Sem pretensões, sem orgulho desmedido, ele apenas constata a realidade, nas voltas que o mundo dá. "Fui recusado como aluno na Escola Superior de Propaganda e Marketing, a ESPM. Então, eu ensinei na prática os alunos que saíam de lá." Na agência, é verdade, ingressavam pessoas com talento nato, porém ainda despreparadas para o mercado, mesmo que bem formadas na teoria. Se o salário inicial não era grande coisa, até porque a agência ainda era pequena, a oportunidade de aprender que tiveram esses jovens foi extremamente valiosa. A rotatividade era brutal. Então, isso exigia de Rino pulso firme para comandar aquele verdadeiro bando de moleques. Embora não se metesse a criar, ele era especialmente talentoso em alguns aspectos, como a criação de títulos e layouts.

Rino, autodidata, acabou até mesmo ensinando o ofício a alguns pintores, bons artistas que trabalharam com ele e que nada sabiam sobre publicidade. A agência sempre teve grandes duplas de criação, mas, pela grande experiência de seu criador, estas souberam aproveitar as observações inteligentes e objetivas de Rino. E a forma de conduzir, de ensinar, de forjar esses profissionais, sem dúvida trouxe resultados concretos. Tanto que muitos publicitários que saíram de lá alçaram vôos mais ousados em agências concorrentes. Outros montaram suas próprias empresas, como Carlos Próspero, Sérgio Graciotti e Duílio Malfatti, hoje presidente da Euro RSCG.

Os bons contatos de Rino Ferrari com os veículos de comunicação, clientes, fornecedores e entidades setoriais renderiam a ele parcerias importantes com jornalistas e outros profissionais que, mais tarde, passaram a fazer parte da equipe da Rino Publicidade. Um deles é Alberto Quartim de Moraes, hoje diretor da Editora Cónex. Os dois se conheceram em 1973, quando o jornalista acabara de deixar a redação de O Estado de S. Paulo. Depois de um breve período como secretário de redação na Editora Banas, não inteiramente satisfeito com seu trabalho, passou a prospectar o mercado. Um de seus antigos colegas da imprensa o apresentou a Rino, que, à época, precisava de alguém para o que ele chamava de diretoria de Relações Públicas. Quartim nunca havia trabalhado nessa área, mas decidiu apostar. "Houve uma empatia muito rápida e, em cinco minutos, a gente se entendeu e eu me transformei naquele título honorífico". Na verdade, Quartim ficou responsável pela assessoria de imprensa aos clientes da agência, uma função que hoje, internamente, a Rino Publicidade não tem mais.

Quartim foi funcionário da agência durante dois anos, aprofundando sua amizade com Rino e Rininho, que naquela época estava começando na agência. "Fiquei amigo do Fernando, de quem, mais tarde, editei dois livros pela Cónex. Naquela época, ele era um moleque que jogava pingue-pongue na hora do almoço nos fundos da agência". Alberto lembra que Rino ficou muito entusiasmado com seu trabalho, porque ele desenvolveu uma técnica de "pensar com a cabeça de editor". Ou seja, passou a selecionar, entre os clientes da agência, aqueles que efetivamente tinham notícias importantes a serem divulgadas.

Ele também criou uma nova imagem para o material de divulgação dos clientes da agência. A idéia era desenvolver um logotipo – uma careta com risada estilizada – que diferenciasse os envelopes da Rino de outros tantos materiais de assessorias de imprensa recebidos pelas redações dos jornais. Nesse início da década de 1970, a atividade de divulgação jornalística ainda não era muito conhecida, e Quartim de Moraes aproveitou-se de seu conhecimento como profissional da área, de sua grande experiência, para introduzir também um conceito de aferição de resultados, o cálculo da centrimetragem do clipping dos clientes.

"Claro que a mídia espontânea, depois desse cálculo, demonstrava que o trabalho trazia um retorno imensamente superior ao fee que o cliente pagava. Especialmente empresas como a BIC, o mais importante cliente da agência naquela época." Quartim de Moraes deixou a Rino para voltar às redações, nesse caso atendendo a um convite de Roberto Muylaert, então diretor da extinta revista Visão. Na memória, ele guarda a forte impressão que ficou de Rino: a capacidade de batalhar; uma pessoa que, em sua definição, é o protótipo do self made man. "A ausência da cultura geral livresca ele supriu com um enorme sexto sentido, sensibilidade e habilidade para lidar com pessoas, aliadas ao grande faro para negócios que tem. Ele não teve tempo para estudar mais, mas fez a melhor escola, que é a da vida. E por isso mesmo ele pode dar aulas."

Em 1971, o advogado Carlos Miguel Aidar assumiu a diretoria jurídica do Frigor Eder S.A. – Frigorífico Santo Amaro. O emprego, conseguido quando ele tinha apenas um ano e meio de profissão, deu-lhe a oportunidade de conhecer muitas pessoas em empresas que se relacionavam com o seu empregador, o que foi gratificante. Como todos gostavam de seu trabalho, passou a participar da advocacia dessas outras empresas, na maioria fornecedores do Frigor Eder, como a Rino Publicidade. A partir desse momento, Aidar e Rino conviveriam profissionalmente, tendo se desenvolvido um clima de recíproco respeito, confiança e credibilidade. Foi então que recebeu o convite para assumir o Departamento Jurídico da agência.

Aidar aceitou e, claro, cuidou dos outros negócios do Rino empreendedor, como a negociação de venda da Cervejaria Mãe Preta, em Rio Claro. Enfim, acabou por se envolver também nos assuntos familiares, como a questão da separação de Jane. O advogado opina: "Não há separação tranqüila. Algumas são mais facilmente negociáveis, e outras, mais desgastantes.". Como advogado, Aidar tem uma tese: todas as pessoas inovadoras fatalmente acabarão se envolvendo, em algum momento, em um entrave jurídico, seja qual for a razão.

Isso porque, normalmente, enfrentará situações desconhecidas ou criará algo inusitado. Enfim, tudo aquilo que muda os paradigmas tradicionais aos quais a sociedade está habituada acaba gerando dúvidas, incertezas e também processos.

Ora, sendo Rino Ferrari uma figura extremamente ativa, empreendedora e que buscava sempre corajosas novidades, não seria difícil concluir suas probabilidades de se meter em encrencas. Porém, no dia-a-dia do trabalho, os processos por questões publicitárias às vezes aconteciam, mas a freqüência maior era de clientes que não pagavam depois de obterem produções fantásticas. Porém, idéias criativas sempre se caracterizaram como sendo o ponto mais positivo do publicitário.

Aidar comenta que, muitas vezes, Alexandre Eder, proprietário do Frigor Eder, chamava Rino não para falar sobre publicidade, mas para trocar confidências, pedir conselhos. Por sua vez, Rino apostava nessa relação de amizade para propor projetos especiais ao cliente. Porém, Eder era extremamente conservador e relutava muito. "Rino sempre buscava as técnicas e recursos novos no mercado." O advogado tem uma visão de Rino como um "imperador democrático". Alguém capaz de exercer o autoritarismo com o bom senso que nasce da liderança, ou seja: ele não pisava em ninguém, não menosprezava aqueles que queriam crescer. Ao contrário, dava-lhes oportunidades. Destaca, ainda, no perfil do amigo e ex-patrão, o caráter inovador e determinado. "É do tipo que, quando coloca algo na cabeça, luta até o fim. Uma pessoa que sabe o que deseja alcançar. Grande figura!"

Ruben Goulart de Andrade, fundador da RG Propaganda, foi diretor de criação da Rino Publicidade de 1973 a 1978. Foram cinco anos de um trabalho interessante e proveitoso, de grande desenvolvimento profissional e, principalmente, de grande amizade com Rino Ferrari. Ele lembra que o publicitário sempre tinha um caderninho que levava às reuniões para anotar insights. "Uma vez, estávamos todos nós da criação sofrendo para batizar um pão de forma. O Rino entrou na sala, olhou para o pão e disse: 'Esse pão aí é uma boa bocada'. O nome acabou pegando. Batizamos de Bocatta." Se o volume de trabalho na agência sempre era imenso, compensava-se pelo agradável ambiente, um lugar alegre, onde se trabalhava feliz. "Muitas agências seguem uma trilha de excessiva seriedade. Na Rino, a gente não precisava cumprir rígidos horários, mas, por outro lado, acabávamos ficando até mais tarde por vontade própria. Era gratificante aquela amizade toda."

Ruben conta que, certa vez, a revista Propaganda publicou matéria de capa sobre a agência. Para fazer uma brincadeira, ele fotografou a capa, fez um layout, com uma foto do Rino com as mãos para fora do quadro e um balão com uma fala engraçada, o que garantiu muitas risadas, até mesmo do próprio patrão. "O Rino era muito querido pelo escalão menor. Valeu a pena trabalhar com toda a equipe de ontem e de hoje."

O vice-presidente executivo da Federação Nacional das Agências de Propaganda - Fenapro, Humberto Alves Mendes, começou a trabalhar com Rino em 1962, como responsável pelo Departamento de Mídia. "Para ser sincero, eu me considerava 'mediano' para a função, mas o Rino confiava muito na minha capacidade." Não apenas isso, o patrão sempre deu a ele a liberdade de expressão, algo que em muitas empresas é inteiramente cerceado. "Eu participava do movimento político-ideológico. Militava na esquerda, como a maioria dos jovens do meu tempo. O Rino sabia disso e não fazia objeção. Uma vez, eu fui preso, faltei alguns dias e ele fez vista grossa. Tinha um sujeito que trabalhava numa certa revista, puxa-saco como ele só, que, gratuitamente, foi ao Rino fazer uma fofoca sobre a minha participação política. O Rino mandou o cara à merda."

Sobre o entusiasmo do pai com novos profissionais que contratava, Rininho lembra que havia uma espécie de "disputa" na agência. Ele e os colegas faziam uma aposta informal e marcavam num papelzinho o número de dias que o novo funcionário "encantador" duraria até que Rino percebesse que ele não era nada daquilo que estava no currículo e no discurso. "À primeira besteira que o cara fazia, a gente já sabia o resultado, porque sabemos como ele é. Isso não era falta de foco. É que ele se entusiasmava e falava: 'O cara vai resolver um problema sério da gente'. Só que, na hora 'H', é um pouco diferente. Nem sempre você tem candidatos que sentam na cadeira e o trabalho sai legal. Têm propostas, às vezes, que não se realizam, como é normal no trabalho." Rininho comenta que, sempre tentando acertar, Rino achava que o talento da mão-de-obra era algo importante, e que a agência só não crescia porque faltavam mais pessoas no lugar certo. Por isso, Rino sempre buscou desenvolver profissionais, mas teve também muitas decepções.

Apesar disso, continuou apostando nas pessoas, com algumas tendo sucesso e criando uma forte relação de amizade, mas sempre foi exigente. Sabia que o interlocutor entenderia seu jeito de ser. E, por isso mesmo, se permitia algumas explosões de temperamento, sob certo ponto de vista até engraçadas. Rininho, que o conhece melhor do que ninguém, sabe que o pai é uma pessoa afável e divertida no convívio. "Em casa, às vezes ele era exigente, irascível. Hoje, acho que está conciliando as coisas. Essa simpatia profissional ele leva para dentro de casa, ao círculo mais fechado."

Homens de propaganda, homens de mídia

Um dos pilares de sucesso da Rino Publicidade sempre esteve na capacidade de seu diretor, Rino Ferrari, em lidar com os veículos de comunicação, estabelecendo também com seus funcionários, contatos de mídia e diretores, uma relação que ia além dos parâmetros profissionais e se tornava uma verdadeira amizade. Uma dessas pessoas foi Alfredo Carvalho Filho, Alfredinho, que era diretor comercial da TV Record, emissora da qual a família Carvalho foi proprietária até 1989.

Seu avô, Paulo Machado Carvalho, o grande "Marechal da Vitória" como chefe da delegação da Seleção Brasileira na Copa do Mundo de 1958, na Suécia, foi o principal acionista da emissora, juntamente com seus três filhos: Alfredo Carvalho (falecido em 1990), que respondia pela direção comercial; Paulo Machado Carvalho Filho, diretor artístico; e Antonio Augusto Amaral de Carvalho, o "Tuta", na criação e na direção técnica. Os três fizeram uma grande reforma naquela que era, na época, uma das mais importantes emissoras de televisão do mundo, responsável pelo lançamento de festivais de música popular, programas humorísticos, telenovelas e outras grandes atrações.

A família Carvalho nunca foi rica, mas sempre foi muito reconhecida, especialmente pela atuação e liderança da TV Record. Em razão desse renome, os Carvalhos costumavam receber muitos convidados para jantares e festas, organizados na grande casa em que moravam no Centro, na Rua das Palmeiras. Ao menos uma vez a cada 15 dias, Alfredo Carvalho convidava o mercado publicitário, agências, clientes e fornecedores para jantar ou jogar cartas. Rino estava entre essas pessoas. "Os jantares do meu pai eram as coisas mais malucas do Planeta. Algumas vezes, eram servidos como prato principal ninhos de andorinha, sopa de nadadeira de tubarão, formigas não sei de que jeito, patas de elefante etc. Ele fazia umas coisas meio doidas", relata Alfredinho.

A primeira lembrança que ele tem desses jantares é de quando tinha uns oito anos de idade. "Para mim, naquela fase, o Rino era um dos 'velhos', porque já estava com 35 anos. Meu pai gostava muito dele, que chegava muito bem vestido, sempre elegante." Foi apenas em 1968, aos 19 anos, já trabalhando na Record, que seu pai o chamou e disse: "Hoje vamos lá conhecer Rino Ferrari.". Alfredo comenta que o publicitário sempre foi uma pessoa muito querida por toda a sua família.

"Meu pai e ele, nas décadas de 1950 e 1960, fizeram muitas inovações em termos de televisão, principalmente. Era uma amizade muito forte. Eles se gostavam muito, e o Rino era uma das figurinhas carimbadas que, volta e meia, ia comer lá em casa. Mais tarde, quando comecei a trabalhar em televisão, embora ele tivesse reduzido a freqüência desses jantares para um a cada quatro meses, em alguns deles o Rino comparecia."

Além dessa relação de parceria profissional entre os dois, existia outra pessoa importante na equação, a figura de Bernardino Gonçalves, "Dilo", falecido há cerca de dez anos, aos 80 anos. Entre as décadas de 1960 e 1980, Dilo foi um dos maiores contatos publicitários no segmento de rádio e televisão. Amigo de Rino, ele não apenas atendia à agência como freqüentava a casa da família Ferrari.

Ele encerrou a vida profissional como gerente comercial da Rádio Jovem Pan. "Até seus últimos dias, a grande cota da Fórmula 1 e a da AGF Seguros era fechada pelo Dilo com a Rino Publicidade. A agência sempre esteve presente na programação da Jovem Pan." Em sua trajetória profissional, que começou como contato da TV Record, aos 19 anos, passando pela diretoria comercial da Jovem Pan, até a vice-presidência da TV Record, Carvalho Filho sempre manteve negócios com a Rino Publicidade. Recorda que, "além do Rino, nossa figura de maior contato era o Esdras. Então, a agência fazia parte do nosso dia-a-dia, fosse qual fosse o nosso veículo".

Carvalho Filho lembra, certa vez, quando estava na Jovem Pan, que procurou Rino para fazer uma proposta de publicidade em rádio para o cliente BIC, que sempre anunciou bem em televisão. Foi uma idéia decisiva. O Dilo falou: "Por que não fazemos uma vinheta de volta às aulas, pois estamos no início do ano?". Eles foram recebidos por Rino, que, com a costumeira simpatia, disse: "Essa é uma idéia formidável. Vamos levá-la, sim, ao cliente. Eu tenho quase certeza de que ele vai aceitar, porque essa oportunidade ele não pode deixar passar."

No dia seguinte, a secretária da agência marcou uma reunião com os dois contatos da Jovem Pan. Dessa vez, porém, foram recebidos por um Rino um tanto sério que disse: "Tenho uma boa e uma má notícia. A boa é que o cliente fechou. A má é que ele acha o rádio muito bom, mas gostou tanto da idéia da volta às aulas que preferiu fazer na TV."

Carvalho Filho comenta que, "claro, continuamos contentes, felizes, porque era tudo uma casa só, a Jovem Pan e a Record, tudo um bolo só denominado Emissoras Unidas". Porém, os dois não desistiram. Em julho, voltaram com a mesma idéia para a BIC. Então, finalmente, o cliente não apenas deixou-se convencer pelo rádio, como manteve a propaganda também na televisão. Daí para frente, durante anos, a BIC patrocinaria as vinhetas de volta às aulas da Jovem Pan.

Um momento marcante para a Rino Publicidade, na opinião de Carvalho Filho, foi quando da criação, em 1976, de uma campanha de trânsito para reduzir a agressividade dos motoristas, tendo como slogan: "Não corra, não mate, não morra". A Jovem Pan fez uma promoção para os ouvintes enviarem sugestões de um logotipo ideal para acompanhar esse slogan. E quem deu o voto de minerva entre os trabalhos finalistas foi o então diretor de Criação da Rino Publicidade, Manoel Bandarra. "Em cima disso, nós criamos com a Rino toda uma campanha própria que divulgamos no rádio, fizemos um jingle, adesivos para automóveis. Enfim, muita coisa aconteceu em torno disso."

O relacionamento entre Carvalho Filho e Rino Ferrari teve um intervalo entre 1984 e 1986, quando o primeiro tornou-se diretor de Marketing da TV Record, o que criou um afastamento, uma vez que a função, naquela época, tinha mais foco nas ações internas da emissora. Em 1987, ao ser nomeado diretor geral da emissora de televisão, Carvalho Filho voltou a encontrar Rino com alguma freqüência.

"Nesse cargo, faz parte do métier visitar as agências de propaganda de importância, dentre elas a Rino, e principalmente os amigos. Durante todo esse tempo de convivência, posso dizer que Rino sempre foi um sobrevivente, e realmente aprendi muito com ele, em especial no que diz respeito à hombridade, à dignidade, à palavra empenhada e ao ato de honrá-la. A ter sempre uma expressão amiga, um divertido e agradável modo de se pronunciar. Quando algum anúncio lhe parecia impossível de ser executado, ele dizia um 'vocês estão loucos', mas de um jeito tão simpático, que ficávamos bravos com o cliente, nunca com ele. Rino estava apenas fazendo o papel de intermediário, entre a vontade do cliente e as oportunidades que a mídia oferecia. E ele fazia isso magicamente."

Para Carvalho Filho, Rino é muito criativo e sempre buscou soluções novas para o negócio da propaganda. Em primeiro lugar, ele se valia da honestidade em seu trabalho, depois da simpatia, extremo profissionalismo e uma grande competência ao escolher os homens de criação. "Chega uma hora em que fazer propaganda de um mesmo produto cansa, como as canetas BIC, por exemplo. Entretanto, ele sempre conseguia transformar. A equipe que ele formava continuava descobrindo caminhos novos, de maneira extremamente ágil." E, também, se impressionava com a filosofia da Rino Publicidade. Enquanto as agências de grande porte davam muita importância ao status e, talvez, ao lado mais socialite da propaganda, para Rino Ferrari a coisa era "branco no preto, preto no branco". A sede era própria, podia ficar num bairro não tão charmoso – ainda estava localizada no Paraíso –, mas era dele. "É grande, espaçosa, um lugar confortável, aonde se sentia prazer em ir e onde se sentia prazer em estar."

Francisco Paes de Barros, ou Chico Paes de Barros, tem 37 anos em rádio, mas chegou a trabalhar durante 10 anos em agências de propaganda. Atualmente, como diretor geral da Rádio Capital, mantém contato com a Rino Publicidade, da qual a emissora ainda é cliente. Em 1970, quando conheceu Rino Ferrari, ele era diretor comercial da Rádio Record e o seu contato principal com a agência era o colega Dilo Gonçalves. Foi este quem apresentou Chico a Rino. Ficou impressionado com o dono da agência, que, além de muito inteligente, era atuante, gostava de participar da criação e da mídia e era uma pessoa envolvente e muito trabalhadora. "Ele sempre teve uma equipe muito boa, de criação, de mídia, uma agência extremamente profissional. E o Rino, falante como ele só, ia atrás dos clientes, se relacionava muito bem, sempre expansivo e alegre, porque gostava do que fazia."

Quando dirigiu o Sistema Globo de Rádio, Chico lembra que a agência fez o lançamento da Globo FM, que, em 1982, deixou de ser a antiga Rádio Excelsior FM. A campanha foi premiada no Brasil e no Exterior. O que mais chamou a atenção de Chico é que a Rino Publicidade, além de ser uma agência muito sensível, que tem preocupação com os objetivos do cliente, sempre teve uma participação na Responsabilidade Social. "A agência vê os grandes negócios, mas não se distancia dos problemas do Brasil, das dificuldades da periferia. Sempre teve esse cuidado, esse respeito com as classes menos favorecidas." Chico acredita que essa é uma característica muito peculiar, uma vez que a publicidade, em primeira instância, existe para quem tem poder de consumo – o que contrasta ainda mais num país que, como o nosso, pode ser dividido em dois "brasis", um consumista e outro miserável. Ele reforça que a Rino Publicidade sempre teve esse cuidado, de respeitar esse Brasil pobre. "Minha experiência profissional foi apenas em emissoras populares, de massa, e todas elas foram atendidas pela agência." Também ressalta o profundo respeito com o público. Uma agência moderna, que, claro, vive do business, mas não faz o tipo capitalismo selvagem. Chico comenta que quando se faz um comercial que será transmitido numa televisão de massa, como a Rede Globo, que tem 60% do total da audiência, sendo vista por esse Brasil "haitiano", é preciso ter essa sensibilidade e esse cuidado. "Isso que sempre me fez admirar a Rino. Essa sua preocupação social deve-se muito à formação dos diretores e do pessoal de criação da agência. Eu diria que, para mim, essa é a grande marca que vejo na Rino. Todas as campanhas para a Rádio Capital têm cunho social, uma vez que a emissora direciona o seu jornalismo de serviço à periferia, com essa preocupação cidadã."

Samir Razuk, ex-diretor da Rádio Bandeirantes, amigo há mais de 40 anos de Rino Ferrari, o conheceu quando ainda era contato de publicidade. Houve épocas em que contratou a Rino para ser a agência da emissora, e assim nasceram muitas idéias revolucionárias para o rádio. Ele conta que era prática comum as agências, uma vez ao ano, promoverem encontros, grandes jantares e almoços, convidando os veículos e clientes. Então, essas ocasiões sociais foram o estopim de uma amizade que se tornou muito mais forte com o tempo. "Além do interesse de venda e compra, quando há essa intimidade é muito gostoso. É difícil haver um elo afetivo entre esses dois lados do negócio, porque tanto o mídia que compra, quanto o contato que vende vivem disso. O Rino preocupava-se em dar uma atenção maior aos clientes, aos veículos." Ele comenta que, naquela época, muitas agências recebiam os mídias friamente. O contato entrava, fazia sua proposta, e a agência, muitas vezes, sequer levava para o cliente. Ou seja, um projeto que poderia ser realmente inovador morria na mão do contato, que o enfiava na gaveta. "Na Rino, eles falavam: 'Olha, vou levar, mas não garanto'. Eles já davam opinião na hora. Essa é a diferença entre agências que têm dezenas de clientes e opções diversas."

José Carlos de Salles Gomes Neto trabalhava com a venda de espaços publicitários em revistas, quando foi visitar a Rino Publicidade, no início da década de 70. Foi então que começou a perceber a importância da agência. Esse relacionamento estreitou-se mais tarde, quando ele ingressou na revista Propaganda, na qual era contato publicitário, ocasião em que a Rino, como agência, tornou-se cliente. Sempre valorizado por Rino, ele reconhece seu perfil de homem bem-sucedido. "Certa vez, ele me propôs abrirmos um negócio juntos, qualquer negócio, e ele seria meu sócio. Acabou não acontecendo, mas acho que isso mostra o valor que ele também me deu como profissional. Existia um carinho, uma atenção muito grande um pelo outro".

O atual presidente da Publicis, Orlando Marques, conheceu Rino quando a sua agência ainda estava na rua Alfredo Ellis. Orlando era gerente de publicidade da revista Exame e ia até lá vender seus "sagrados espaços comerciais" para a carteira de clientes da Rino Publicidade, que considerava uma das empresas mais produtivas do mercado. E por isso mesmo, a revista sempre fazia um pacote anual bem focado nesse grupo de clientes. No dia em que o conheceu, Orlando tinha nas mãos as propostas de espaços para uma edição especial chamada "Brasil em Exame", e Rino analisou, junto com ele, cliente por cliente, para juntos montarem um plano de trabalho estratégico. Combinaram que Orlando iria a cada uma das empresas oferecer o espaço mais adequado ao que os dois haviam arquitetado, e Rino, em seguida, levaria uma proposta de anúncio prontinha e sob medida. "Foi um sucesso, pois vendemos seis páginas para aquela edição. Ficamos muito felizes."

Gunter Wolfgang Pollack, diretor da Fundação de Rotarianos de São Paulo, comenta que a estrada da vida profissional de Rino passa por algumas décadas muito interessantes do desenvolvimento da comunicação brasileira. "Se ele pegar todos os cartões de visita que já passaram por sua mão, deve dar mais ou menos 6 mil pessoas." Gunther ressalta que o publicitário conhecia todo mundo, e teve suas incursões de relacionamento com pessoas que também foram importantes na política nacional. Acompanhou a história de São Paulo bem de perto, mas sempre com bastante arrojo. Também o retrata como um homem muito leal com toda a equipe de trabalho.

O jornalista Armando Ferrentini, diretor-presidente da Editora Referência (que edita as revistas Marketing e Propaganda e o jornal Propaganda & Marketing), foi uma das pessoas que conviveram com Rino Ferrari quando este estava à frente da Rino Publicidade. Profissional com 40 anos de experiência no mercado, titular da cadeira de número 2 da Academia Brasileira de Marketing - ABM, Ferrentini foi pioneiro no trabalho de registrar tudo o que ocorre nos bastidores do mercado. Atualmente, é o presidente da Associação Brasileira dos Colunistas de Marketing e Propaganda - Abracomp, que realiza anualmente a mais tradicional premiação do setor no País, o Prêmio Colunistas.

Élvio Mencarini, genro de Fernando Severino, diretor da TV Tupi, lembra-se do carinho com que seu sogro referia-se ao Rino, a quem considerava um de seus melhores amigos. "Eu sempre comentava que eles eram amigos antes mesmo de virem ao mundo." De fato, os dois tiveram uma amizade por 50 anos, até o falecimento de Fernando, em 1999. Élvio comenta que, até nas brigas comerciais, eles eram carinhosos um com o outro, e isso sempre chamou sua atenção. Quando Élvio, aos 16 anos, começou a trabalhar em propaganda, no Grupo Dirigente –

que produzia quatro revistas técnicas e editava a Visão –, conheceu Rino em seus contatos com as agências. Somente quando começou a namorar aquela que hoje é sua esposa, soube da amizade entre o sogro e o publicitário. "O Rino é um sujeito extremamente generoso com as pessoas. Penso que essa generosidade, uma das características marcantes da personalidade dele, seja a razão do seu sucesso."

Na visão de Esdras, Rino é como um pai, especialmente no que tange ao respeito que sente por ele. "É um símbolo de trabalho, a vida inteira foi isso. Um exemplo de dedicação, lealdade e amizade. São esses valores que continuam presentes. Há dois aspectos fundamentais que pautam a vida de Rino: a honestidade e a verdade. Falar a verdade sempre e ser honesto sempre. E como fui muito influenciado por ele, porque nossa convivência começou aos meus 15 anos de idade, acho que esses mesmos valores, que eu já trazia em mim, foram acentuados no meu modo de ser."

A Rino sem o Rino

Desde sua fundação, a Rino Publicidade ocupou quatro endereços diferentes. Inicialmente, a Rua Conselheiro Crispiniano. Depois de 18 meses, a Praça da República, na primeira sede própria, e, em 1969, a Rua Alfredo Ellis, no Paraíso. A sede atual, na Avenida Nove de Julho, foi inaugurada em 1998. Rino saiu da direção da agência pouco depois dessa última mudança.

Se hoje ele se considera um empresário, garante que sua maior realização é a de ter sido um publicitário, porque isso lhe deu uma bagagem que outra profissão talvez não proporcionasse. Ele avalia que teve momentos lindos em sua vida, especialmente ao ver as realizações bem-sucedidas, quando todos reconheceram um trabalho que foi feito com disposição e paixão. Porém, um de seus grandes orgulhos é ter construído a atual sede da agência. Sente-se realizado e feliz por deixar a empresa nessas condições para seus sucessores. "É um belíssimo cartão de visitas para a publicidade de hoje, que está muito mais sofisticada."

Não foi apenas um prédio que legou aos sucessores. A agência, é fato, não seria o que é se Rino Ferrari tivesse agido de modo diferente na educação do filho e do sobrinho-filho, bem como nos grandes ensinamentos que passou para todos os seus fiéis e dedicados funcionários. Janete Cavalcanti Ferrari sempre viu em Rino um pai exigente no sentido de que os filhos fossem bons alunos e estudassem. Um pai preocupado com moral e educação e um bom amigo dos filhos. Para ela, os maiores valores que ele passou a todos foram a honestidade, a importância do trabalho, o sentido de família e, principalmente, a responsabilidade por seus próprios atos.

Ioshiaki Kobayashi avalia que Rino, como pai, sempre agiu da exata forma como ele é com os funcionários: muito exigente. "No passado sempre foi assim. Os filhos tinham de buscar os próprios caminhos. Ele seguiu essa cartilha e nunca aceitou essa história de, pelo fato de ser herdeiro, ser 'colocado' automaticamente na profissão. Conseguiu passar muito bem os sonhos dele para o filho Rino, ainda que sejam duas personalidades diferentes, até mesmo na maneira de atuar."

É a mesma opinião de Gunter Pollack, que enxerga em Rino Ferrari um homem que soube direcionar muito bem a educação dos filhos, no sentido de lhes dar uma percepção realista sobre a vida e o mundo, o que, para ele, explica o fato de Rino Filho ser bem-sucedido na mesma profissão que o pai. "Eles sabiam que o pai trabalhava muito, mas Rino sempre deixou claro que, além do empenho, era preciso ter um espírito de empreendedor. E isso é uma visão importante para passar aos filhos. Rino Filho é, igualmente, um empreendedor e por certo recebeu essa influência do pai."

Então, poderíamos dizer que a Rino Publicidade é, hoje, o bem-sucedido equilíbrio da razão e da emoção? Até poderíamos, é mesmo um fato. Porém, para Rino Ferrari é preciso mais do que isso. É necessário também ter persistência, buscar o crescimento interior permanente, manter o espírito jovem, ter sempre a iniciativa de fazer, de construir, de enfrentar problemas. "A maioria das pessoas desiste em algum momento. Persistência é uma característica, é compromisso com a fé, com o sonho, com a meta."

Hoje, ele está totalmente distante da sua Rino Publicidade, mas tem absoluta certeza de que fez o melhor por seus sucessores. Considera-os perfeitamente capazes de conduzir os negócios, talvez até melhor do que ele faria, em suas próprias palavras. A confiança é tal, que sequer questiona Rino Filho e Fernando sobre o dia-a-dia da agência. Filho e sobrinho, no entanto, fazem questão de pedir sua opinião, especialmente em momentos de crise com os clientes. "Essa profissão é muito complicada. É preciso matar um tigre por dia para sobreviver, mas eles se dão bem. Eles têm uma coisa que eu não tive, que é o estudo", lembra Rino.

Se a primeira Rino Publicidade era muito mais a própria figura de Rino Ferrari, isso mudou radicalmente. Hoje, existe uma equipe totalmente integrada, até porque é muito mais difícil conquistar espaço no competitivo mercado publicitário da atualidade. Quando Rino começou, valia muito mais um bom relacionamento. Hoje, os diretores da agência sabem que, além de charme e da amizade, é preciso ter qualidade e construir a melhor estratégia, saber agregar valor à imagem, ao serviço, ao produto do cliente. Na ótica de Rino, Fernando tem o seu estilo de "saber fazer amizade", trabalhar a emoção, enquanto Rino Filho, por sua vez, responde pela administração do negócio em si, pela razão. Além disso, somam-se aos dois a seriedade e a competência de Esdras e Kobayashi, também crias profissionais de Rino.

Para Rino Filho, o pai é um grande sujeito, um grande amigo. Alguém em quem admira, sobretudo, a coragem de realizar em todos os sentidos: profissionalmente e pessoalmente. Seria um traço marcante no perfil do pai, que vê com muita admiração pelas iniciativas que foi capaz de concretizar, muitas vezes partindo do nada, tendo em mãos apenas um ideal, um sonho. "Ele nasceu assim, e dá de 10 na gente, inclusive em mim. Eu sou muito conservador, sou 'certinho', enquanto ele é muito mais corajoso. Onde ele coloca a mão, as coisas funcionam. É claro que errou, mas acertou pelo menos em 80% das vezes."

Com o pai, Rino Filho também aprendeu uma grande lição: "Nada pode acontecer de mau se você disser a verdade.". Foi o que Rino sempre fez, mesmo quando era pego em alguma situação constrangedora ao apresentar uma campanha em que sua equipe tinha feito algo errado. Dizia ao cliente: "Desculpe, vou embora. E levava a campanha. Não deixava nem o cliente ver.". Se assim fazia, ao próprio filho e ao sobrinho Fernando, sempre recomendou para que nunca fugissem da verdade. Lição aprendida, sim senhor!

Rino avalia que, hoje, a Rino Publicidade é melhor por contar com uma equipe, bem diferente dos tempos em que precisava resolver tudo sozinho, quando sequer tinha alguém para discutir uma idéia e um projeto. Ele afirma que em qualquer agência é fundamental – e a sua sempre esteve consciente disso – que todos os departamentos atuem de maneira integrada: Atendimento, Planejamento, Criação, Mídia, Tráfego, Produção, enfim todas as áreas, porque o sucesso de uma é conseqüência do sucesso da outra. Atualmente, os responsáveis pela gestão são Rino Filho, Fernando, Esdras e Kobayashi. No Planejamento, onde todo mundo colabora, tem um profissional que concentra o trabalho, ainda que seja uma idéia de todos, inclusive da Criação. Tudo tem de estar dentro do contexto do planejamento estratégico, baseado nas necessidades do cliente.

Edson Di Fonzo fica admirado que a agência, até hoje, continue sendo uma das poucas empresas que não se associou às multinacionais. "Eles mantiveram aquele perfil criativo, futurista e otimista que conheci lá atrás. O mesmo relacionamento que eu tinha com o pai, tenho com o filho." Para ele, Rino Filho herdou do pai a perseverança, a paciência, a ponderação e, principalmente, o otimismo. Essa é a marca que ficou em sua lembrança quando pensa no que representa a Rino Publicidade, uma agência brasileira com sotaque internacional. "Os pôsteres de fim de ano me emocionavam muito, por suas mensagens que eram exatamente aquilo que todos esperam para o Ano Novo. A característica marcante era o otimismo."

Edson diz que quem conhecia a Rino e sabia de sua história esperava o pôster de fim de ano como uma criança que espera o presente de Natal. "Porque, assim como o presente de Natal, você nunca sabia o que viria. Era um brinde que serviria para toda a sua vida, para construir um tijolinho a mais na sua visão. Porque, na verdade, se você pegar todos os pôsteres que a Rino fez, perceberá que são como peças de um mosaico, de uma calçada histórica de otimismo, de visão de futuro, de crença no País e nos brasileiros. Cada um é um pequeno pedaço dessa longa imagem, esse quebra-cabeças de trabalho e fé no Brasil que a Rino construiu em todos esses anos de existência."

Mantendo-se integralmente nacional e independente, a empresa vive a experiência internacional pelo fato de ser associada à ICOM, uma rede globalizada de 80 agências independentes, localizadas em 57 países. Seus membros reúnem-se periodicamente para a troca de idéias e informações, bem como para auxiliar uns aos outros com seus clientes. O diretor executivo da ICOM, Gary Burandt, comenta que a Rino foi uma das primeiras agências de fora dos Estados Unidos a se associar. Para ele, é uma das melhores da rede e, claramente, é a líder na região latino-americana.

Gary opina que a agência mantém relacionamentos longos com seus clientes porque desenvolve fortes estratégias, um trabalho extraordinariamente criativo e um serviço muito bom. "O relacionamento entre os escritórios da ICOM e da Rino tem superado as expectativas. Eles participam de todas as reuniões, atendem a todas as solicitações de apoio de outros membros e se mostram um exemplo para outras agências da região. Encontrei o Rino rapidamente, umas duas vezes, e, nessas ocasiões, fiquei impressionado com a sua receptividade e o seu profissionalismo".

"A participação da agência na ICOM ganha seu ápice neste momento, em que o Rino Filho acaba de assumir a presidência mundial da Rede", conta orgulhoso Rino, o pai.

O ex-diretor executivo da ICOM Norval Stephens conheceu Rino por volta do ano 2000, quando a rede ainda se chamava International Federation of Advertising Agencies (IFAA). "Estávamos procurando uma agência no Brasil e ficamos impressionados com as pessoas, a operação, os clientes e o espírito da Rino Publicidade. Nunca nos desapontamos."

A competência para os negócios é apenas uma das boas referências que a publicitária norte-americana Marilyn Bockman tem de Rino Ferrari. Inicialmente ela conheceu Rino Filho em Nova York, quando era vice-presidente sênior da American Association of Advertising Agencies de Nova York, e foi visitá-la por recomendação do pai. Em novembro de 1986, quando veio pela primeira vez ao Brasil, conheceu a Rino e seu fundador. "Lembro-me dele como um cavalheiro encantador e uma pessoa muito interessante." Ela sabia de sua boa reputação como proprietário e diretor de uma agência de publicidade muito bem-sucedida no Brasil, que vinha fazendo um excelente trabalho para os clientes. Tinha conhecimento também do sucesso obtido em outras áreas de negócios. Porém, com o tempo, pôde perceber que ele teve êxito não apenas nos negócios, mas também na criação dos filhos. "O Rino Filho é diretor regional da rede de agências independentes ICOM há alguns anos. Ele é muito competente, inteligente e um excelente profissional. Não há dúvidas de que conta com todo o respeito, admiração e consideração de seus colegas. Sua recente eleição como presidente mundial da ICOM talvez seja a maior prova disso." Marilyn lembra que, em sua primeira visita à Rino Publicidade, após a apresentação da agência, estava conversando com Rino Filho sobre a atividade publicitária no Brasil e no mundo. Foi durante esse bate-papo que o fundador da agência olhou para ela e disse: "Quando o Rino Filho me falou sobre você, eu sabia que seria uma pessoa agradável, mas agora estou impressionado com a sua inteligência.". "Eu me senti lisonjeada. Desde então, é essa a imagem, a lembrança mais forte que tenho do Rino Ferrari. Ele, sentado do outro lado da mesa, fazendo esse comentário. Mesmo depois de inúmeras ocasiões em que meu marido e eu tivemos a oportunidade de contar com a companhia dele em Nova York."

Álvaro de Moya também trabalhou na agência quando saiu da TV Bandeirantes, em 1967. Encontrou-se com Rino em uma festa da rádio do grupo e recebeu dele um convite: "Você conhece todo mundo. Vem aqui para a Rino.". A idéia era que Álvaro, com seus contatos, trabalhasse na prospecção de clientes. Ele não apenas aceitou, como levou consigo o filho Sérgio, que também é publicitário. Os dois ficaram por um período na Rino, trazendo novos e importantes clientes e abrindo contas, até que Álvaro retornou à televisão, dessa vez na TV Cultura, em 1983. "Foi quando eu conheci o Esdras e o Rininho, e fiquei mais amigo deles. Depois, uma pessoa de São Carlos queria fazer uma campanha e eu recomendei a agência. Esse cliente comentou: 'Ah, o cara já veio com tudo mastigado. Você já deu toda a linha em que ele deveria fazer a campanha para facilitar'. Foi curioso.".

O diretor-presidente da Editora Pensamento, Ricardo Ferraz Riedel, avalia que Rino Ferrari Filho é um profissional brilhante, pois dirige uma agência de tamanho médio, mas com uma concorrência enorme. Com sua simpatia, aliada à capacidade de trabalho pessoal e da equipe, conseguiu manter os clientes por longo tempo. Pelo fato de ter sido cliente na época em que trabalhava na Pfizer, ele avalia que toda a equipe, especialmente seus diretores, é muito pró-ativa, pois, mesmo que não exista necessidade de uma campanha de produtos, eles faziam sugestões, ou mesmo chegavam com o material quase pronto. Ricardo acredita que esse perfil de atuação, essa idéia de ir à luta e buscar soluções, é uma herança do próprio Rino Ferrari. "Pessoalmente, o Rino Filho é um homem de um coração enorme, que não mede esforços para ser agradável com todo mundo."

Para Rino Ferrari, a transição foi um processo natural. Ele comenta que "percebeu ter chegado a hora". Isso aconteceu há cerca de 10 anos, e sua saída foi definitiva. Ele comenta que o filho e os demais funcionários da agência têm o "DNA da Rino". Este seria o grande segredo, ou melhor, a solução do mistério. A agência continua, até hoje, com a mesma filosofia definida por seu fundador e que vem trazendo resultados por mais de 40 anos. "Eu apareci do meu jeito e ganhei muito dinheiro em propaganda. Por isso, eles vão ganhar mais porque são muito melhores do que eu. Eu seria um péssimo publicitário hoje, com esse complicômetro modernístico-informático, pesquisas e tudo o mais." Rino avalia que os atuais diretores sofreram sua influência do passado e rezam por sua cartilha naturalmente, porque sabem que é o certo. "Correção, proposições sérias para o cliente e nada que não seja limpo e honesto."

Kobayashi atribui o sucesso da agência como um todo, até o final da década de 80, diretamente à atuação de Rino. "Nós todos estávamos aqui trabalhando, colaborando, mas o maestro era ele, o homem que conduzia a orquestra sempre bem afinada. Nós sempre fomos muito agressivos nos negócios. Agressividade no bom sentido, de trabalhar, de construir e de empreender para os clientes. Acho que ele deu esse tom, mas temos conseguido dar continuidade desde que ele se afastou. Ele deixou lições sempre muito vivas." Ivan Nicolas Dannias assistiu ao crescimento de Rino Filho como profissional, desde que era estagiário, e confirma que ele nunca foi o "filho do dono", pois dava satisfações de tudo o que fazia ao chefe Esdras. "Ele não tinha prerrogativas por ser filho do Rino, e isso foi a chave do sucesso para que o pai tivesse um filho capaz de seguir os seus passos. Hoje, vejo esse trio muito unido, que trabalha muito em conjunto. Esse é o fator de sucesso da Rino."

Esdras sente certa falta do "porto seguro" que representava Rino para a agência. "A gente sabe tocar, sabe fazer, aprendemos a administrar do jeito que ele nos ensinou. A filosofia dele continua presente. Porém, nos falta esse porto seguro, o trocar idéias. O Rino fala que eu sou o filho torto dele. Então, é uma relação assim. Depois de 45 anos juntos, eu o considero meu pai, ele me considera o filho torto. Não sou filho dele, mas sou um filho de criação publicitária." Esdras comenta que Rino Filho costuma dizer que ele foi seu primeiro professor na propaganda. "Quando o Rininho começou a trabalhar aqui, a gente saía muito junto, ia visitar cliente junto. Trabalhava na mesma sala, como essa mais ou menos, com uma mesa de frente para a outra, e o Rino Filho não sabia nada da agência. Então, eu ficava falando e orientando. Ele costuma dizer que eu fui o primeiro professor dele."

Para Rino Filho, quando o pai decidiu afastar-se da agência, aposentar-se da publicidade, a insegurança bateu forte. Ele, no fundo, aspirava por esse momento profissional. Queria enfrentar o desafio. Achava que seria capaz e que seria bom para ele, mas, é claro, teve medo quando ouviu do pai: "Eu não estou mais agüentando. Quero ir embora, fazer outras coisas, e você vai ficar no meu lugar. Vou conversar com o Esdras e com o Fernando e espero que eles entendam isso. Porque, para mim, é você que deve assumir a agência, mesmo que não fosse meu filho. Graças a Deus, eu não criei um herdeiro; eu criei um sucessor."

No começo, Rino ainda se interessava, acompanhava balanços da agência, mas nada obrigatoriamente. "Foi um processo difícil para mim, parar de consultá-lo, porque, ao mesmo tempo em que você faz isso, você conta com sua própria opinião. E foi um processo de amadurecimento também. E, às vezes, eu pensava: 'Ele teria feito o quê?'. Eu me colocava no lugar dele, e imaginava como é que ele faria aquilo. Meio que consultava, sem consultar. Passei a usar o alter ego dele e o meu."

No começo, também, Rino Filho sofreu com algumas interferências do pai, mas logo isso acabou. "Acho que o meu pai foi corajoso na hora de ir embora. Quando ele decide virar a página, vira mesmo. Pode até se arrepender depois, mas muda seu interesse para outro negócio. E ele nunca faz nada pela metade; faz para valer, seja o que for. É um aspecto que eu admiro demais nele: a coragem de romper, trocar, mudar. Parece quase irresponsável, mas isso é ser corajoso. Ele vai e faz."

Capítulo 6 – Novos horizontes

A fazenda

Mestre pela escola da prática – formado pela coragem, humildade e determinação, sob a égide da ética –, o publicitário e corretor de imóveis que subiu a pulso a corda da vida, Rino Ferrari ganhou o dom de enxergar, em rápida passada de olhos no caderno de classificados, o mais ínfimo anúncio, que normalmente jamais seria visto por outras pessoas. Afinal, desde os 13 anos de idade, ele conferia aquele volume monstruoso de anúncios dos clientes da Sem Rival, sempre publicados nos jornais. Era um verdadeiro radar para localizar aqueles que deveria cortar e arquivar. Foi graças a esse olho clínico que ele encontrou, certo dia, o anúncio de uma fazenda à venda. Acaso ou destino? Não importa: presente mais uma vez a vontade divina, a mão que castiga e afaga, sempre a conduzir a vida do pequeno entregador de pão que se tornou um grande empresário.

Era final do ano de 1998 e, àquela altura, Rino havia decidido que iria começar a procurar algo novo, quem sabe uma propriedade rural – um sonho antigo e ainda não realizado. A fazenda de Rio Claro, que por tantos anos era sua, não seria satisfatória aos projetos que vinha acalentando em seu íntimo. Além disso, com a ampliação da cidade, o local havia se transformado em uma área urbana. Acabara de deixar a administração da Rino Publicidade para o filho Rino Filho, que vinha se saindo muito bem na tarefa, ao lado de Fernando, Esdras e Kobayashi. Era o momento de dar vazão ao antigo desejo de ter uma fazenda. Na verdade, de empreender algo novo, revolucionário e que o levasse a estar próximo da terra e da natureza.

Desde os tempos em que atuava como corretor de imóveis, Rino desejava envolver-se com o agronegócio, tanto que estava sempre de olho em propriedades à venda no Centro-Oeste do Brasil. Ficava atento à publicidade de leilões de bancos que anunciavam ofertas incríveis de fazendas, e a preços acessíveis. Não faltava dinheiro, e sim tempo, porque, naquela época, ele era a "equipe" da

Rino Publicidade – aliás, essa foi também uma das razões daquele negócio com a cervejaria não ter dado certo...

Era uma quarta-feira e ele abriu o jornal O Estado de S. Paulo. Encontrou um anúncio do Bradesco, de quase dois terços de página, sobre 5 mil leilões de imóveis. Ateve-se apenas a um deles. Umas poucas linhas, em corpo 6, na qual estava escrito: "Fazenda São Carlos", relacionando algumas benfeitorias, o número do telefone e informando que as visitas deveriam ser feitas aos sábados e domingos. A propriedade estava em leilão porque era garantia de uma dívida com o BCN, que fora incorporado pelo Bradesco naquela época.

Os pequenos olhos do velho publicitário, treinados desde os tempos da Sem Rival, não piscaram. Recortou e arquivou o pequeno anúncio dos classificados, como sempre fizera profissionalmente. Mas, dessa vez, para si mesmo, seguindo a intuição de sempre.

O leilão seria no sábado, dali a três dias. Na sexta-feira, viajou para São Carlos ao lado do filho mais velho e de seu advogado, para ver a fazenda. Lá chegando, não permitiram a entrada dos três. O anúncio deixava claro que as visitas ocorreriam apenas em fins-de-semana. Atrevido, como sempre, Rino deu um jeito de entrar na fazenda: pulou a cerca. Decidido, e talvez para aliviar certo peso na consciência que porventura sentisse ao fazer algo proibido, pensou em voz alta: "Eu vou comprar esta fazenda.". Estava resolvido, e ponto.

Como muitas outras iniciativas que teve na vida, praticamente vislumbrou o negócio realizado bem diante de seus olhos. Ora, se a fazenda era sua, então... Assim mesmo, por um ou dois momentos, pensou que talvez não fosse possível, que talvez não tivesse cacife para arrematar uma propriedade de mais de 300 alqueires. Porém, certo é que o imóvel estava muito barato, devido às condições da dívida em que se encontrava.

A sorte falaria mais alto novamente, obedecendo aos desígnios que o destino escreveu, no imenso céu estrelado, nas noites frias em que o menino deitava sobre migalhas de pão na carroça conduzida pelo pai. Rino Ferrari estava prestes a enfrentar mais um desafio. Mal sabia que, em todos os sentidos, esse seria o mais importante de toda a sua existência...

O leilão aconteceu em Ribeirão Preto. No superlotado recinto no qual se realizava o leilão, umas seis pessoas apreensivas estavam atentas aos movimentos e às palavras do leiloeiro, todas elas realmente interessadas nos imóveis a serem colocados à venda. Em sua experiência de grande negociador de imóveis, Rino sabia que deveria calcular previamente o valor aproximado daquela propriedade. Longe de se meter em um mau negócio, havia estipulado que disputaria a propriedade, dando lances até um determinado valor. Se, a "queda-de-braço" chegasse a um preço muito acima do real, ele desistiria.

Aconteceu que, na excitação da disputa, o valor acabou ultrapassando esse limite prévio. As propostas iam aumentando, mas, apesar da decisão inicial, Rino continuava a cobri-las. Definitivamente, ele não é um homem habituado à palavra "desistência". Tinha em mente que aquela fazenda era ótima, possuía terras muito produtivas, geografia apropriada e, assim, renderia uma boa produção. Estava convicto de que faria aquela compra. E, a esta altura, todos já sabemos que não seria fácil convencê-lo a deixar aquela oportunidade passar.

Rino Filho e Kobayashi, que o acompanhavam no leilão, ficavam mais nervosos a cada minuto com as proporções que a disputa tomava. Qual seria o valor do lance capaz de fazer Rino recobrar a consciência e admitir que ele não arremataria a tal fazenda? Aos poucos, porém, todos se envolviam naquele jogo. Em certo momento, Rino Filho, perdendo também a racionalidade, se colocou ao lado do pai, que não desistia, apoiando-o.

Ao seu lado, no momento em que o martelo caiu sobre a mesa e se ouviu o grito de "vendido", Rino Filho dava pulos de alegria, eufórico que estava. Seu sonho, que sempre fora o mesmo de seu pai, estava trilhando o caminho certo para se realizar. Finalmente, Rino arrematou a fazenda por 2 milhões e 300 mil reais, que deveriam ser pagos em cinco anos – que, mais tarde, foram estendidos para sete, graças a uma renegociação bancária. Mais uma vez, valeu seu poder de negociação para conseguir exatamente o que objetivava.

Em uma análise crua e realista, a fazenda que Rino acabara de comprar era uma grande extensão de terra abandonada, apesar de isso não privá-la de suas qualidades brutas. Havia, sim, construções que serviam como moradia aos antigos proprietários, outras que eram usadas por funcionários, mas tudo precisava de uma boa reforma. Foi necessário, inicialmente, um grande investimento apenas para a recuperação da propriedade como um todo. Depois, mais capital foi empregado em tecnologia para mecanizar a produção e garantir a competitividade do negócio no mercado.

Rebatizado como Fazenda Nova Sapé, o empreendimento está avaliado hoje em um valor infinitamente superior ao da aquisição, graças às reformas feitas em benfeitorias e sistemas produtivos. Suas atividades envolvem a engorda de bovinos para corte, o ciclo completo da criação de suínos, destinada aos frigoríficos, além do plantio de alimentos para os animais.

Em 2007, a fazenda foi equipada para outra tarefa: a distribuição de cortes de carnes diretamente ao varejo, por meio da mais nova empresa do grupo, a Frigorino. No início, comprou-se um caminhão frigorífico e foi iniciado o processo seletivo de estabelecimentos para comporem sua carteira de clientes, primando pelo grande varejo, mercado muito mais lucrativo, mas atendendo também aos pequenos comerciantes da cidade e redondezas. Os produtos destinam-se, prioritariamente, ao interior paulista, uma vez que o mercado da capital é mais competitivo e, portanto, difícil de ser atingido. Além do que, suas particularidades aumentariam o custo da produção.

A Frigorino é ainda nova no mercado, mas seu proprietário sempre soube que, para ganhar espaço num terreno tão competitivo, é indispensável buscar os diferenciais de qualidade. Neste ponto, poderíamos, pela história de empreendimentos de Rino Ferrari, dizer que, a grosso modo, a publicidade e o agronegócio não diferem muito quando se fala de conquistar mercado: aquele cuidado especial, o carinho, observar e saber atender às necessidades do cliente. Segredos de qualquer atividade bem-sucedida.

A Fazenda Nova Sapé conta com a visita periódica de um veterinário contratado, além da supervisão diária e permanente de um agrônomo especializado em saúde animal, trabalhando em parceria com um gerente especializado em ração. Cada uma das áreas de trabalho da fazenda tem um chefe, designado por seus conhecimentos específicos. Ao todo, são 120 funcionários. Assim que comprou as terras, antes de começar a colocar em prática as benfeitorias e dar início às atividades produtivas, Rino recebeu várias propostas de pessoas interessadas em lotear a propriedade. "Aqui, até em função do que eu investi, tem de ser fazenda", respondeu.

Rino enxerga o futuro do País de maneira positiva, a despeito de tantos e tantos problemas políticos e econômicos que o Brasil cronicamente tem vivido ao longo de sua história. Isso, graças a alguns "teimosos" que, como ele, nasceram vocacionados para fazer negócios. Em sua opinião, são pessoas corajosas, que lutam para continuar empreendendo. "Claro que há os que desistem, porque é realmente difícil você crescer neste país e fazer algo sério. Muitas vezes, o setor de agronegócios é deixado em segundo plano. É muito difícil ser empresário no Brasil, mas, graças a Deus, temos um povo trabalhador e empreendedores fanáticos pelo que fazem."

Nesse sentido, a Fazenda Nova Sapé é um modelo para o setor. Recebe, diariamente, visitas de empresários interessados em conhecer o sistema de produção e, até mesmo, o funcionamento de algumas máquinas agrícolas que não são comuns na região. A reputação de Rino Ferrari perante a população e o poder público de São Carlos é excelente. "Aqui é uma cidade de gente muito boa, que me adora, que confia em mim. A cidade me recebeu muito bem. Sou visto como um gerador de produção e, conseqüentemente, de emprego e renda."

Nesse novo negócio, Rino, mais uma vez, conta com a participação dos filhos, que compartilham suas realizações. Há algum tempo, Ricardo Ferrari está à frente da atividade de compra de gado para a fazenda. Rino designou o filho para essa tarefa, pois sabia que o cargo exigia uma pessoa de inteira confiança. Durante todo o primeiro ano em que o jovem morou com o pai na fazenda, acompanhava-o, ao lado do funcionário Antonio Vanderlei Biason Júnior, à época chefe da equipe de manejo de bois, nas viagens para compra de rebanhos. Assistia às negociações e absorvia cada detalhe das conversas, aprendendo, aos poucos, como deveriam ser feitas as compras.

Relativamente seguro depois desse aprendizado, Ricardo decidiu ganhar o mundo. Arriscou-se e saiu para fazer a primeira compra de bois, totalmente sozinho, aos 19 anos. Estava, na verdade, muito apreensivo. Tinha consciência de que seria fácil para um astuto vendedor passar-lhe a perna, enganar um garoto com cara e postura de novato no ramo. Ele sabia que qualquer erro poderia levar à perda de muito dinheiro e, pior, a decepção perante o pai, a quem tanto desejava mostrar que estava crescendo, tornando-se um homem responsável.

Ricardo, muito atento a tudo e não confiando apenas na palavra do vendedor, tinha em mente as lições aprendidas com seu pai e com seu colega Júnior. Deu tudo certo. A primeira compra foi muito bem-sucedida, mas a confiança só viria mesmo com a prática e com o tempo. Coisa de gente que lida mesmo com o gado. "Você olha no olho do bicho e sabe quanto ele pesa de verdade." São causos de boiadeiro, garantias que só a experiência acumulada pode trazer.

E assim, com alguns pequenos erros – com os quais Rino jamais se irritou, até por saber que é impossível acertar sempre, especialmente quando se trata de grandes lotes — e com muitos acertos, Ricardo foi-se firmando na função de comprador de gado. No começo, ia sozinho, mas com o tempo e as distâncias cada vez maiores para encontrar lotes bons para a compra, além da falta de uma companhia para dividir opiniões, ele percebeu que seria melhor ter um parceiro. Foi, então, que passou a viajar ao lado de Júnior, dividindo a enorme responsabilidade que, sem exageros, é o que move as operações da fazenda.

Assim, ao longo dos anos, o número de bois colocados em confinamento foi sendo ampliado, e a Fazenda Nova Sapé começou a ser reconhecida no Brasil inteiro, ganhando a confiança de vendedores que fecham negócio sem maiores burocracias e complicações. Um orgulho para Rino Ferrari. "Quando o Ricardo sai para comprar bois, ele fecha negócios de até 1 milhão de reais apenas 'na palavra'. O sujeito que está vendendo nunca o viu, nunca visitou a Sapé, nunca me viu, mas já ouviu falar na fazenda. Ele, simplesmente, vai ao Banco do Brasil tomar informação e entrega 500 ou mil bois para o Ricardo, em absoluta confiança, porque nós só vamos pagar dali a 30 dias."

Rino Ferrari, cuidando diretamente da administração do negócio, sabe que em qualquer empresa existe um trabalho de grande significado, que é a valorização social das pessoas, algo com que se preocupa desde os tempos da agência. O pessoal da fazenda é bem treinado, a mão-de-obra aperfeiçoada por meio de cursos técnicos, desde os operadores de máquinas e aqueles que necessitam de treinamentos específicos sobre suínos e bovinos, até a alfabetização de funcionários adultos que não freqüentaram escola.

Essa capacitação dos empregados reflete-se de maneira positiva nos processos da fazenda, aumentando a produtividade e criando um ambiente de trabalho propício ao crescimento. A propriedade tem fama, na região, de ser uma grande empregadora, uma vez que oferece os melhores salários e benefícios. "A Nova Sapé é disputada para vir trabalhar, e as pessoas são muito boas. É preciso ensinar muitas coisas, mas o importante é que eles estão correspondendo", comenta Rino Ferrari.

O trabalho de Clélia Ferrari no Centro de Recursos Humanos da fazenda é fundamental para colocar essa proposta em prática com toda a excelência. Formada em psicologia, ela trabalha garantindo esse suporte aos funcionários, realizando atendimentos diários, quando presta orientação sobre problemas profissionais e até mesmo pessoais, além de cuidar da programação dos cursos de capacitação. Antes de começar a atuar na fazenda, Clélia mantinha consultório em São Paulo.

Quando começou a namorar Nelson, ela passou a viajar mais a Rio Claro e São Carlos para encontrá-lo, já que ele trabalhava a maior parte do tempo fora da capital, prestando serviços também para seu pai. Clélia enxergou, nessa feliz oportunidade, o momento de estar mais próxima do pai. Conversou com uma amiga que precisava de uma parceira para ministrar um curso na Universidade Federal de São Carlos. Encarregou-se de algumas aulas e, assim, passou a ir à cidade duas vezes por semana.

Mais tarde, porém, decidiu-se pela transferência definitiva do consultório para a cidade de São Carlos, onde hoje mora ao lado de Nelson. Clélia começou a perceber que poderia passar a olhar mais pelo pai. Acreditava que, depois de tantos anos de afastamento, chegara o momento de buscar a reconciliação plena com ele, não apenas estando ao seu lado em um momento em que, ela sentia, ele precisava de alguém e do carinho da família, como também para colocar o necessário ponto final naquela distância fria que permeava o relacionamento dos dois.

Finalmente restabelecido, levado para um terreno pacífico, o convívio entre os dois permitiu o ressurgir daquela intimidade que uma relação entre pai e filha deve ter, como um dia, de fato, existira. Finalmente, Clélia pôde mostrar ao pai a pessoa e a profissional que havia se tornado, até então praticamente desconhecida por ele. O ciclo fechou-se quando Rino a convidou para trabalhar com ele na área de Recursos Humanos da fazenda.

Por outro lado, esse novo trabalho fez com que Clélia compreendesse melhor o ponto de vista do pai como homem de negócios. Em seu terceiro ano de trabalho na fazenda, agora vivenciando os conflitos do ambiente empresarial, ainda que não seja um terreno urbano, ela conseguiu perceber quanto Rino teve de ser brilhante na sua vida para se manter tranqüilo em todas as decisões que se via forçado a tomar, muitas delas tão difíceis. Clélia, a menina que sempre teve o coração enorme, caridoso, a moça que lutou por seus ideais, teve de aprender a lidar com uma nova realidade.

Sem deixar de lado suas crenças, descobriu como separar o coração da razão, a emoção da prática. Passou a trabalhar diretamente com a busca de solução para os problemas trazidos pelos profissionais da fazenda e, com isso, conseguiu o equilíbrio das decisões que coloca em seu trabalho. "Eu acho que, até como fruto desse intercâmbio, meu trabalho no consultório está mais amadurecido, porque eu conheço muito bem o aspecto das emoções e passei a viver, também, o lado empresarial, podendo unir os dois." Encarregada da seleção de funcionários, trabalhos em grupo e mediação de reuniões, é considerada por Kobayashi peça fundamental nos Recursos Humanos da fazenda. Rino está sempre próximo ao seu trabalho, observando as atividades que faz. Estimula seu crescimento, seja por meio de críticas construtivas – algo que sempre fez com os funcionários da agência –, seja por incentivos à formação de Clélia, como fez há dois anos, quando proporcionou à filha um curso de pós-graduação em sua área.

Christiana

Preconceitos, dúvidas, temores. São sentimentos que afligem a maioria das pessoas que estão em uma idade madura e se apaixonam por alguém mais jovem. Casar, ter um filho, passando da casa dos 70, é experiência restrita a poucos. É algo para quem não tem medo de amar, para quem acredita que a busca da felicidade sempre vale a pena. Darcy Ribeiro, Vinicius de Morais, Dias Gomes... apenas alguns homens foram assim. No entanto, note-se, são pessoas especiais, com ternura e nobreza presentes na alma. Rino Ferrari é uma dessas raras pessoas, que vencem os obstáculos para descobrir que, no final, tudo vale a pena se a alma não é pequena, como disse o poeta Fernando Pessoa.

E a alma de Rino, como bem sabemos, nunca foi pequena. E sua sorte grande foi ter encontrado um par – a tal alma gêmea, talvez. O que temos a esta altura da história é que o garoto, o adolescente, o homem que viveu uma trajetória de dificuldades, de percalços e decepções, muitas vezes viu sua vida entremeada por momentos de luz, de certezas quase intuitivas, de fé, coragem e de superação nos muitos desafios cotidianos. Esse homem, aos 70 anos, encontrou a felicidade no amor, tornou-se pai novamente, redescobriu sua família e sonha – ainda, e por que não? – com o que ainda irá empreender no futuro.

Essa coragem e a capacidade de sonhar seriam apenas um gesto de desprendimento de uma grande alma, ou o fruto de anos de terapia, de um trabalho acadêmico de promoção do autoconhecimento? Rino sabe que, antes mesmo de pensar em se unir a alguém novamente, precisou de coragem para começar um namoro com uma mulher 48 anos mais nova do que ele. Uma diferença que não é qualquer homem que tem coragem de enfrentar. Foi fácil, harmonioso, tranquilo? De modo nenhum. Para que existisse uma vida em comum entre Rino Ferrari e Christiana Tony Ferrari, foi preciso muita persistência para vencer períodos tumultuados e grandes diferenças que os colocavam em lados opostos, em vários aspectos e diferentes momentos.

Christiana, natural de São Carlos, veio ao mundo em 9 de junho de 1978.

Ela é a segunda filha em um quinteto, criado por pais simples e muito severos. Nada de sair de casa, nem mesmo para ir à casa dos primos, ainda que eles pudessem vir visitá-los para brincar. Seus pais acreditavam que bastaria que os cinco filhos fossem a companhia uns dos outros, porque fora de casa as crianças "só aprendiam o que não deviam". O pai, David, perdia fácil a paciência com as crianças, que se esforçavam para manter sempre o silêncio na casa, na tentativa de não irritá-lo. A mãe, Rose, mais suave, sempre defendia os filhos das broncas do pai e se colocava na frente, impedindo que ele batesse nas crianças, mesmo quando haviam realmente aprontado.

Na época, Chris enxergava o casamento dos pais com os olhos de qualquer criança que vive em um ambiente de dificuldades. Hoje, com a maturidade, percebe a fortaleza que a mãe foi ao lutar para manter a família unida sobre todas as coisas. O empenho valeu, e muito. Hoje, sua família vive dias de tranqüilidade.

Foi nesse ambiente rígido e tradicional, meio fora de época nos dias de hoje, que se formou o temperamento de uma menina quieta, que se refugiava na leitura para criar seu próprio mundo de fantasia, para viajar por lugares que não poderia sequer sonhar em conhecer um dia. Até os 12 anos, Chris viveu no ritmo da casa para a escola e vice-versa, também ajudando com os afazeres domésticos e nos cuidados com os irmãos, uma vez que a mãe ficava muito tempo fora, trabalhando.

Foi nessa idade que decidiu também começar a trabalhar fora, para poder ajudar a pagar seus estudos e para conhecer uma nova realidade. Queria descobrir o mundo, pois o que conhecia, do lado de dentro de sua casa, era muito diferente do que encontrava nos livros e do que, no futuro, sabia intimamente, pretendia para si. Seu primeiro emprego foi de babá, cuidando de duas meninas de uma família vizinha. Não encontrou dificuldades no trabalho, pois sempre cuidara de seus irmãos, e gostava muito de crianças. Continuou como babá até os 14 anos, quando concluiu o antigo curso ginasial. Nessa mesma época, desenvolveu com muita ternura e profunda espiritualidade o seu lado materno, como professora voluntária de catecismo em São Carlos.

Foi aos 22 anos que tomou conhecimento da existência de Rino, ou melhor, de sua fazenda. Seu pai era mestre de obras da Nova Sapé. E foi por ele que Chris soube de uma vaga no Departamento de Pessoal. O único encarregado da área era Moacir, que trabalhava no escritório, mas a maior parte do tempo ele estava fora, ocupando-se de outras tarefas, como a compra de suprimentos. Portanto, precisavam urgente de mais um funcionário para os Recursos Humanos, pois os negócios da fazenda cresciam dia após dia.

Chris acabara de deixar um emprego e não desejava voltar para dentro de casa. Além de ter seu próprio dinheiro garantido, uma vez que sempre mantivera certa independência financeira, sabia que poderia fazer muito mais para crescer e poder continuar seus estudos. Assim, quando soube da vaga na fazenda, percebeu uma oportunidade promissora. Seu pai lhe dizia que Rino era um ótimo patrão, sempre justo com os funcionários, e que a fazenda era um excelente ambiente de trabalho. Curiosamente, sem saber do que o futuro lhe destinava, Chris sentia grande admiração por Rino Ferrari, devido a esses comentários de seu pai.

Assim, mesmo sob certo protesto do pai, que não aceitava que a filha trabalhasse para o mesmo patrão, enviou seu currículo e foi chamada para uma entrevista. Saiu-se muito bem e foi contratada como recepcionista-secretária.

O primeiro dia de trabalho começou com uma briga entre Chris e o pai. Ainda irritado pelo gesto da filha, que o contrariou em sua opinião, recusou-se a levá-la à fazenda. Decidida, Chris contrariou-o e deu um jeito de ir sozinha apresentar-se, pontualmente, em seu primeiro dia de trabalho. Passou no teste. Em poucos dias conheceu a fazenda, os funcionários e foi efetivada no cargo.

Em 2000, quando completou 70 anos, Rino comemorou o aniversário com uma grande festa na Rino Publicidade, organizada por Rininho e com a presença de todos os familiares, amigos e funcionários. Mesmo nesse momento de alegria, Rino sentia-se solitário, o que, por natureza, sempre fora, afinal. Porém, seu coração desobediente, rebelde —afinal, este é Rino Ferrari —, iria colocar-se mais uma vez à disposição para um novo amor. Quem poderia saber o que viria?

Naquela época, ele estava praticamente em tempo integral na Fazenda Nova Sapé, mas o prédio da administração não era um local por onde passava todos os dias. Embora fosse interessado em conhecer todas as pessoas que trabalhavam com ele, demorou um tempo considerável para ser apresentado à nova recepcionista-secretária. Até que esse dia chegou.

O encontro aconteceu na recepção da fazenda. Chris estava ao telefone, terminando uma ligação qualquer, quando o viu. Não sabia que era o seu patrão, pois nunca havia visto sequer uma foto sua. Colocou o telefone no gancho e foi recebê-lo com um sorriso atencioso no rosto, fisionomia de quem irá dizer um "pois não, em que posso ajudá-lo?". Rino Ferrari olhou a moça com um ar divertido: "Você não sabe quem eu sou?". Quando respondeu que não, Chris ouviu: "Eu sou o senhor Rino, aqui da fazenda.". Surpresa e um pouco sem graça, ela sorriu e pensou que, finalmente, estava conhecendo o homem sobre quem tanto ouvira positivos comentários.

Claro que não foi uma surpresa ruim, mas, ainda assim, ao menos para a moça, não foi o momento em que nasceu qualquer tipo de interesse que não o de ser uma funcionária atenciosa com o patrão. Rino, muito pelo contrário, imediatamente se encantou com ela, é claro, seduzido por sua beleza e juventude e por seu jeito tão delicado de ser. No entanto, naquele momento e em todas as ocasiões que a encontrou dali por diante, tratou-a respeitosamente, como um patrão deveria fazer, sem jamais supor o que viria a acontecer mais tarde. Embora seu indomável coração já tramasse o futuro...

Se o prédio da administração não fazia parte de sua rota diária de fiscalização do trabalho na fazenda, passou "curiosamente" a fazer. Logo, a intenção de manter a postura distanciada e respeitosa de patrão cedeu lugar a uma paixão que ia crescendo no coração do Rino de sempre, aquele homem que não esmorece no seu objetivo se souber que existe uma só possibilidade, por menor que seja.

Decidiu tentar uma aproximação. Encantador como sempre, apresentou à funcionária um pedido irrecusável: precisava de alguém que lhe indicasse o caminho para o consultório de um dentista na cidade. Alegou não conhecer muito as ruas de São Carlos. Na certa, se perderia se tentasse ir sozinho. Na verdade, ele já havia ido ao lugar diversas vezes, mas fingiu não saber o caminho para que Chris fosse sua guia e, assim, pudessem conversar mais tranquilamente.

Sem desconfiar, prestativa com o patrão que tanto respeitava, a jovem o acompanhou no carro e foi indicando o caminho. Foi a primeira oportunidade que Rino teve para flertar com Chris, conhecê-la, saber o que pensava aquela moça tão reservada e centrada em seus afazeres na administração da fazenda. Foi, obviamente, muito discreto e suave em sua investida, mas quase não conseguia esconder seu encantamento pela cicerone. Chris, ele sentiu, correspondia aos seus sinais de interesse, mas também mantinha uma respeitosa distância, ciente da posição que ocupava naquela situação. Porém, isso ele também notou. Não negava claramente o interesse recíproco.

Depois da visita ao dentista, o relacionamento entre os dois assumiu forma de amizade. Mantinham conversas mais longas, nas quais pouco se falava sobre trabalho.

De maneira crescente, a convivência foi revelando à Chris a mente viva de Rino. Sua inteligência, carisma e todo o brilhantismo que surgia prontamente, nas respostas para todos os assuntos. Um homem culto, educado, com quem mantinha conversas estimulantes. Aos poucos foi se encantando por um Rino que se tornava, cada vez mais, seu amigo e, cada vez menos, seu patrão.

As conversas e os encontros aumentaram. E, sem que fosse possível para qualquer um dos dois controlar o que sentiam, uma paixão arrebatadora deu início ao namoro. Apesar de Rino ter terminado o relacionamento anterior, o casal ainda se encontrava às escondidas. Afinal, havia muito mais fatores externos que poderiam ser contra o seu envolvimento do que motivos para que desse certo. Só os dois apostavam em seu próprio futuro.

Em 2001, a convivência passou para nova etapa de intimidade, mas o casal continuou a se ver em segredo, até mesmo fazendo furtivas viagens nos fins-de-semana. A paixão foi maior, e eles decidiram revelar ao mundo o que sentiam. Quando o pai de Chris soube do namoro, que já durava oito meses, deixou explícito seu preconceito, furioso que ficou com aquela união. "Quando declaramos que queríamos namorar, que queríamos até casar, ele repudiou a idéia, dizendo que jamais poderíamos ser felizes com tamanha diferença de idade, mas as coisas foram acontecendo", lembra Rino.

Não demorou que passassem a viver juntos, agora que a família de Chris já sabia do namoro. Embora ela continuasse a morar na casa dos pais, passava algumas noites na fazenda. Enfim, diante dessa situação, o pai de Chris decidiu deixar o emprego na Nova Sapé. O que não foi exatamente uma surpresa, pois, tendo sua vontade contrariada, o orgulho não permitiu que continuasse a trabalhar ali. Afinal, Rino era mais velho do que o próprio pai de Chris, condição difícil de ser aceita por um homem com mentalidade tão tradicional. A mãe de Chris não se alarmou tanto. Mulher simples, confiava na responsabilidade e no caráter da filha. Nunca interferiu no namoro, até porque Chris acabara de sair de um relacionamento conturbado com um homem que ela não aprovava e que insistia em perseguir a moça. Achava melhor ver a filha com uma pessoa conhecida, que sabia ser um homem de bem, do que em risco.

O relacionamento também foi mantido em segredo ante a família de Rino. Chris freqüentava bastante a fazenda, mas como ela trabalhava lá, ninguém desconfiava que houvesse algo mais do que o mero relacionamento entre funcionária e patrão.

A história começou a se abrir quando Rino, em certo sábado, pediu para que Fernando fosse à fazenda e levasse seu baralho de tarô para lê-lo para Chris, uma habilidade que o sobrinho-filho desenvolvera havia alguns anos.

Rino o levou para seu escritório, onde se encontrava Chris, e pediu a Fernando que lesse sua sorte nas cartas. Sem saber dos acontecimentos, Fernando ia revelando o que diziam as cartas que apareciam diante de si. As figuras milenares do jogo divinatório apontavam conflitos e alegrias: o arcano maior, que significa um período de sombras; o arcano que representa a humildade; e a imperatriz e seus poderes de maga e rainha, simbolizando a feminilidade, a simplicidade e a afetividade. Fernando interpretava as cartas: "Você teve dificuldades, você já varreu o chão, você já fez um trabalho humilde, mas o seu lugar é de princesa; o seu lugar é de conduzir um reino; o seu lugar é de ter sucessores.". Pelas palavras de Fernando, que soube interpretar as cartas do tarô com a sensibilidade e a perspicácia que exigem, estava ali delineada a trajetória de Christiana em seus próximos anos.

Alguns meses depois dessa visita de Fernando, o clima de romance entre Rino e Chris tornara-se evidente. Todos sabiam que algo acontecia, mas não tinham qualquer certeza de aonde aquilo ia chegar, qual a profundidade desse novo relacionamento de Rino Ferrari. Afinal, todos conheciam sua história com as mulheres e jamais apostaram, logo no início, se ele estava realmente envolvido ou apenas se protegendo da solidão e buscando companhia descompromissada.

Até que Rino decidiu abrir o jogo e foi muito direto ao conversar, primeiro, com o filho Rininho: "Ah, conheci uma pessoa.". Objetivo, sintético, mas com seu jeito peculiar de ser simplesmente o que é, de saber que o pouco que diz será o suficiente para aqueles que o conhecem chegarem a uma conclusão. Sim, havia encontrado alguém. Agora estaria com alguém, e as outras pessoas que se adaptassem a essa novidade. A pouca idade de Chris não foi um choque tão grande para a família. Desde o início, todos perceberam que ela não era uma jovenzinha qualquer.

O namoro caminhava bem, mas, em dado momento, começaram as divergências entre Rino e Chris, que, é claro, tinham distintas perspectivas de vida. Tiveram muitos entreveros. Ela, jovem, queria aproveitar todas as oportunidades de uma vida que, aos vinte e poucos anos, mal começara a se delinear. Ele, maduro, vivido, experiente, tinha outros planos. Chris deseja freqüentar os barzinhos da cidade, sair, dançar, passear, encontrar os amigos, mas ao lado do namorado. Rino apenas queria estar junto dela, de preferência sozinho, para curtir mais intensamente cada momento.

No começo, sofriam também com os olhares alheios. Um simples passeio ao shopping era motivo de certo constrangimento, porque, é claro, era visível a diferença de idade entre os dois. Chris assume que não poucas vezes evitou entrar de mãos dadas com Rino em locais públicos, como proteção aos comentários alheios. "Já faz um tempo que a gente não liga, até porque conseguimos trabalhar bastante a nossa imagem. Acredito que as pessoas nos viam e pensavam que não iria durar, ou que estávamos só curtindo, mas conseguimos mostrar para todos que se estamos juntos é por amor. Construímos uma família juntos; temos parentes e amigos ao nosso lado."

Também pesavam os ciúmes de Rino, pois Chris tinha um ex-namorado que continuava perseguindo-a, insistindo em reatar. O sujeito chegava a interceptar os telefonemas entre os dois. É claro que isso gerava mais atritos, mas os ciúmes eram provocados por todo e qualquer motivo. Acontece que Chris sempre foi uma pessoa muito suave, afável, e Rino não suportava isso. "Ela ainda é assim, só que eu hoje a conheço. Sei que é dela, que ela não vai mudar, e controlo meu ciúme. Isso tudo atrapalhou muito." Independentemente de como sempre fora, Chris insistia em ter sua vida. Não queria ser uma sombra de Rino, um homem tão grande em suas conquistas e realizações. Talvez por isso mesmo, sentisse tanta admiração por ele, mas desejava, por si, alcançar as metas de estudar e lutar por seus ideais.

Quando passou a morar na fazenda, assumindo uma relação de casamento, a moça ainda não havia sido capaz de assimilar aquela vida fechada entre quatro paredes, exatamente como se sentira quando ficou na casa dos pais durante o tempo em que passou desempregada. Amargurava-se porque sua vida se restringia aos afazeres domésticos e, também, não conseguia sentir-se confortável em um ambiente que não acreditava ser seu. Não desistiu de cursar a faculdade de Administração de Empresas, como já vinha fazendo, mas Rino não gostava, embora não a proibisse. O agravante é que ela optou por estudar à noite, o que provocava mais e mais desavenças entre o casal.

Ela admite que era também uma espécie de desafio, uma atitude imatura, de certa rebeldia, mas isso iria mudar. Chris acabou transferindo-se para outra faculdade, em período vespertino, mas, no final, deixou os estudos. Mesmo assim, o relacionamento entre eles estava muito desgastado, devido às pequenas discussões, causadas agora pelo menor motivo que fosse.

E assim começaram diversas idas e vindas, muitas brigas e discussões. Em um dado momento, Rino entregou os pontos. Separou-se da amada. O ano era 2001. Não era a primeira vez, mas foi a mais longa: quatro intermináveis meses de sofrimento para os dois. Nesses 120 dias, mesmo afastados, o amor falou mais alto e o namoro continuou por telefone.

Chris voltara para a casa de seus pais e, depois de certo período, acabou retomando a faculdade e arrumou um novo emprego. Quase tudo estava bem, não fosse aquele sentimento de vazio que existia em seu coração, o lugar que antes pertencia a Rino – ou que, talvez, pertencesse para sempre. Ela tentava ser forte, como aprendera a ser desde os tempos de menina. Não conseguiu durante muito tempo.

Dois meses após a separação, Rino recebeu um telefonema de Chris, fazendo acordar o vínculo que os unia, mostrando que aquela emoção não poderia cair no esquecimento. Porém, ainda estavam em um momento delicado e não foi desta vez que reataram. Ficaram mais um mês absolutamente sem contato.

No início de 2004, um novo ano, a saudade aperta no período de festas natalinas, aguçando um amor que não havia morrido. Chris tentou uma reaproximação. Na verdade, assim pensava, seria apenas uma ligação inocente, para saber como estavam as coisas. Com a sua iniciativa, as ligações telefônicas voltaram a acontecer entre os dois, e as conversas estenderam-se por três fins-de-semana. A volta definitiva só aconteceu depois do estabelecimento de um pacto, um acordo de paz. O conhecido momento do "vamos discutir a relação", que apontou, claramente, quais eram os erros de cada um dos enamorados – e aí, claro, ponto positivo para a psicanálise que ambos freqüentaram. Foi ela quem tomou a iniciativa. Ligou para Rino: "Eu quero voltar, mas tenho algumas condições. Vamos nos encontrar no fim-de-semana.".

Era 25 de janeiro e os dois marcaram um encontro. Sairiam de São Carlos, sem programa, sem destino certo. Decidido, mesmo, apenas que ia acontecer a tal conversa para discutir a relação. Foram para um hotel em Águas de São Pedro. Porém, naquele mesmo dia, Rino iria ver-se em mais uma encruzilhada em sua vida. O encontro estava marcado para o sábado à tarde. Antes disso, ele tinha um compromisso, um almoço de aniversário de um grande amigo. A festa aconteceu em um restaurante de São Carlos, e ali, espaço público, havia muitas mulheres, algumas convidadas do aniversariante, outras clientes do local. Expansivo, charmoso e encantador como sempre, Rino foi muito paquerado pelas mulheres à mesa. Uma delas, jovem de seus 25 anos, chamou-lhe a atenção com mais força. Por alguns instantes, diante de insistentes pedidos para que continuasse na festa, Rino reconsiderou o pedido de Chris. Por dois ou três segundos pensou em faltar ao encontro decisivo, mas escolheu o amor. E escolheu certo! Entrou no carro e foi buscar aquela que, em breve, seria a mulher da sua vida, a mãe do seu filho.

Chegaram ao hotel depois de uma viagem quase sem palavras. Um clima levemente tenso pairava entre os dois no carro. Privacidade garantida no quarto do hotel, a conversa teve seu começo. Sentada na cama, rosto impassível, voz tranqüila, Chris disse: "Vamos conversar de uma vez por todas. Para voltarmos, eu imponho três condições. Caso contrário não dará certo.". Ela havia feito um balanço de sua vida, estabelecido o que teria de mudar em si e o que a incomodava nele. Estava disposta a tentar de novo.

A primeira condição colocada pela moça foi que ele permitisse a ela continuar a trabalhar, justamente porque quando foram morar juntos pela primeira vez, Chris havia parado de atuar no escritório da fazenda, e a falta de uma atividade a incomodava muito. A segunda condição era poder continuar estudando e, assim, manter o estágio que estava cumprindo, pois queria ter sua formação universitária concluída. A terceira condição é que ela queria casar-se, em prazo não muito longo. Se o casal voltasse a se relacionar, o casamento teria de ocorrer na próxima primavera.

Rino aceitou prontamente. Os dois viveram um fim-de-semana inesquecível. Um recomeço cheio de momentos felizes na pequena cidade, estância balneária. Desgastados emocionalmente depois de tantas e tantas brigas, os dois estavam um pouco retraídos ainda sob o compasso de uma expectativa — o famoso "será que vai dar certo?". A conversa, que nem sempre funciona com a maioria dos casais, deu resultados perenes. "Reatamos e nunca mais brigamos. Tivemos momentos difíceis, sempre levando em conta a diferença de idade, mas aprendemos a superar isso", observa Rino.

O casal passou a viver de um modo muito diferente. Rino diz que foi um "atrevimento", apostou em um amor que sentia, mas, consciente, temia que fosse apenas "o amor de um homem maduro e solitário por uma jovem". Acreditava que ela, por razões que somente para ele tivessem sentido, seria uma explicação real e maior daquele sentimento. Escolheu confiar no que sentia e não no que temia. Como poucos homens têm na sua idade, sentiu coragem para amar novamente.

Aqueles quatro meses serviram para eles evoluírem, para ajustar esse fantasma que era a diferença de idade. "Continuamos evoluindo até hoje. Somos um casal feliz, tranqüilo. A Chris trouxe muita alegria para mim. Ela é um elo com a família. Eu sempre tive uma família e amei meus filhos. Porém, só agora aprendi a conviver com

Retratos de uma existência única

1/2 - Os Ferraris em Gavinana, Itália.

3 - Anna Mattiazzo e Flaminio Ferrari
na "foto oficial" do casamento

4 - Os Mattiazzos em Megliadino
de S. Fidenzio, Itália

5 - Tirso Mattiazzo com Olga (esq.) e
Natalina (dir.), irmãs de Dona Anna

3

1 - Rino Ferrari, com seus pais Anna e Flaminio
2 - Vista da cidade de Gavinana, Itália

3 - Myrian Ferrari, irmã de Rino, com 6 meses
de idade

4 - Rino Ferrari, em foto dedicada à irmã Myrian,
em abril de 1947

5 - Formando como Técnico em Contabilidade,
em 1949

1 - Com seu primeiro automóvel, um Chevrolet 39, em 1951
2 - Rino Ferrari no bar Alvi-Verde, em 1947, com o jogador Lima, do Palmeiras, no destaque

3 - Rino, no destaque, com o time da Sem Rival, em comemoração de fim de ano (anos 50)

4 - Rino Ferrari (à esq.) com a diretoria da Liquigás: Nelson Mendes Caldeira, seu irmão Wilson (diretores da Bolsa de Imóveis do Estado de São Paulo), com o filho Wilsito e Arnaldo Florença, diretor de empresas do Grupo Mendes Caldeira

1 - Com Otto Cirillo Leman, advogado, e esposas de diretores do Frigor Eder (anos 60)
2 - Confraternização da Rino Publicidade no Clube Nacional, com Eder Jofre à esquerda
    e Laércio Teixeira à direita
3 - Com Gertrudes e Alexandre Eder

4 - Com Armando de Freitas Guimarães, diretor da Drogasil

5 - Com Alexandre Eder (esq.) e Henry Aidar (centro), à época Secretário de
Governo do Estado de São Paulo

6 - Com o cantor Nelson Gonçalves (sentado), Julio Viktor, gerente comercial
da Telefunken, e Paulo Machado de Carvalho, da Rede Record

9

1 - Com Jane e Clélia

2 - Rino Filho

3 - Modesto Mattiazzo, tio de Rino, irmão de Dona Anna

4 - Família reunida para o batizado de Rino Filho

5 - Quintilio Prupere com a esposa América Mattiazzo e os netos Ivone e João

6 - Com sua primeira motocicleta, uma NSU

1 - Flaminio Ferrari nos fundos da Padaria
   Iracy

2 - Comemoração dos 80 anos da avó Emma
   Mattiazzo. Da esquerda para a direita:
   Arnaldo Lucci, Olga Prupere, América
   Prupere Mattiazzo, Jane, Rino, a
   aniversariante Emma Mattiazzo, Modesto
   Mattiazzo, dona Anna, Myrian Ferrari,
   Fernando Piccinini, Doriva, Roque;
   e as crianças João Britto e Clélia Ferrari.
   No retrato, o patriarca Tirso Mattiazzo

3 - Clélia, Rino Filho, Myrian e Fernando
   Piccinini Jr (no colo)

4 - Rino Filho, Jane, Rino e Clélia

5 - Rino Filho

13

1 - Os companheiros de toda a vida: Rino Filho e Rino
2 - Os pais Flaminio e Dona Anna

14

3 - Flaminio Ferrari, em 1972

4 - Rino Ferrari Filho, como garoto-propaganda da linha de refrigerantes Mãe Preta – Cerejinha

5 - Rino (dir.) e Jane (esq. ao fundo) recebem para uma confraternização João Eder, Hans Schnell e esposas. Abril de 1970

1 - Dona Bebé (mãe de Jane) com Clélia na comemoração de seus 15 anos

2 - Flaminio e, no destaque, Jorge Bricarello e esposa

3 - Os Ferraris em Gavinana. Visita do Rino com seu amigo Milton Fernandes (à época diretor do Banespa em Milão)

4 - Com Renato Gimenez e Waldemar Simone de Dourado

5 - Com diretoria dos vinhos Izidro

6 - Rino com Idalina de Oliveira, Ângelo Grigoletto e Hélio Ansaldo

7 - Confraternização da Rino Publicidade com Miroel Silveira e Manoel Bandarra nos destaques

8 - Confraternização na sede da Rino Publicidade, com os atores Jaime Barcelos e Bibi Ferreira nos destaques

1 - Rino Ferrari Filho, garoto-propaganda do Santos Futebol Clube, divulgando a promoção "Peixão Milagroso"

2 - Rino Ferrari (esq.) com a família Melo Pimenta

3 - Com Orlando Duarte, jornalista; Carlos Joel Nell, diretor da Gazeta Esportiva, e João Carmona

4 - No destaque, Carlos Longo

5 - Antonio Di Pierre (destaque)

6 - Com Rubens Furtado e Ricardo Fisher

7 - Com Jane (dir.), na inauguração da primeira Escola Vocacional de São Paulo, no Brooklin Novo

8 - Alfredinho Machado de Carvalho e Dilo Gonçalves

1 - Com Waldir Pires
2 - Eder Jofre
3 - Álvaro e Mirella Masi
4 - Odil de Sá (Presidente do Sindicato dos Corretores de Imóveis)
5 - Com Jacob Simes (empresário do setor de eletrodomésticos, anos 60)
6 - Com João Wolfrum, e nos destaques Itálico e Dante Ancona Lopes
7 - Com José Moreira Damas
8 - Com Dona Mariquinha Calfat

9 - Na sede da Rino Publicidade, anos 70: da esq. para a dir.,
   Dimas Melo Pimenta, Stig-Ivan Dale, Michel Pingeot,
   Rino Ferrari e Lair Antonio de Souza

10 - Com Gunter Pollack

11 - O colaborador e amigo Rubens Balota

21

1 - Com Emile Salerin e Clélia Ferrari
2 - Com Michel Pingeot e Emile Salerin
3 - Com Luiz Gonzaga Bertelli
4 - Com Esdras Maciel, Henri Robin
   e Michel Pingeot
5 - Com Nadir Calfat e Jane (ao fundo)

6 - Equipe da Rino Publicidade, anos 70

7 - Rino Ferrari Filho com Murillo Macedo Filho (esq.) e Julio Viktor (dir.)

8 - Com Tom Eisenlor e Armando Ferrentini

9 - Família Eder, liderada pelo Sr. Alexandre Eder "batizando" Rino Ferrari

23

1 - Confraternização da Rino Publicidade: no destaque, Francisco Lotufo Filho e esposa
2 - Com amigos em festa da Rino: no destaque, o amigo-irmão Fernando Severino
3 - Cerimônia de Formatura em Direito, em 1972
4 - Com o primo Marcelo Marchiori na Itália
5 - O filho da Dona Anna com a mãe
6 - O fiel amigo Rex

7 - Em Nova York no início dos anos 90

8 - Com Rino Ferrari Filho e Norval Stephens, ex-diretor executivo da ICOM

9 - Rino Filho com Gary Burandt, diretor executivo da ICOM

1 - Com o amigo Barros Munhoz
2 - Nos destaques, Roberto Santucci (esq.) e
Orlando Marques (dir.)
3 - O amigo Paulo de Tarso Muzi
4 - Com Mendes Thame (esq.) e o ex-deputado
Dr. Nelson Salomé (dir.)
5 - Com a diretoria da Rino Publicidade (anos 80)
6 - Com Silvio Casale

7 - Christiana e Rino com os casais
    Candinha e Aldo Demarchi e Adriana
    e Nevoeiro Júnior
8 - Com Silvio Montemorensi,
    Dagoberto Rosa, Ana e Newton Lima
9 - Com Rino Filho e Marilyn Bockman
    em Nova York
10 - Com o casal de amigos Marina
    e Fernando Rizzo

1 - Vista aérea da Fazenda Nova Sapé
2 - Vista aérea do Residencial Florença, em Rio Claro

3 - Com Alina Correa Ferrari e Christiana, em Florianópolis
4 - Christiana e Rino com os primos Marlene e Ivo Lucci

1 - Fachada da sede própria da Rino Publicidade
2 - Vista interna da Rino Publicidade em uma de suas festas
3 - Com Ricardo, Fernando e Rino Filho

1 - Vista parcial da sede da Fazenda Nova Sapé
2 - Com Rino Filho, festa junina de 1999 na Fazenda Sapé
3 - Rino Filho e sua paixão: os cavalos

4 - Boiada na Fazenda Nova Sapé
5 - O "construtor de sonhos" diante de sua criação de gado

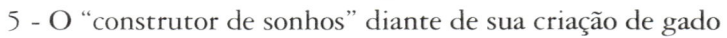

1 - Com Roberto Civita, Fernando, Esdras e Rino Filho,
    na reunião mundial da ICOM, em São Paulo, em 2002
2 - Kobayashi, companheiro e amigo há 30 anos
3 - Rino e Christiana

4 - Rino e Christiana com Myrian Ferrari e o cunhado José Gilberto

5 - O casal Rino e Christiana com Ricardo Ferrari e o casal Henri Robin e Almerinda

6 - No casamento de Christiana e Rino, Nelson Pereira dos Santos e Clélia, Martha e Fernando, Ricardo e Patrícia Altarugio (escondida), Rino Filho e Alina Correa Ferrari

1 - Com os primos Grazia e Marcelo Marchiori

2 - Christiana no 8º mês de gestação de Flaminio

3 - Christiana, Rino e Flaminio recebem a família do autor deste livro: Ricardo Viveiros com sua mulher Márcia e o filho Miguel

4 - Da esq. para a dir.: Marta (mãe de Ricardo), Ricardo, Christiana, Flaminio, Rino, Clélia, Rino Filho e Jane

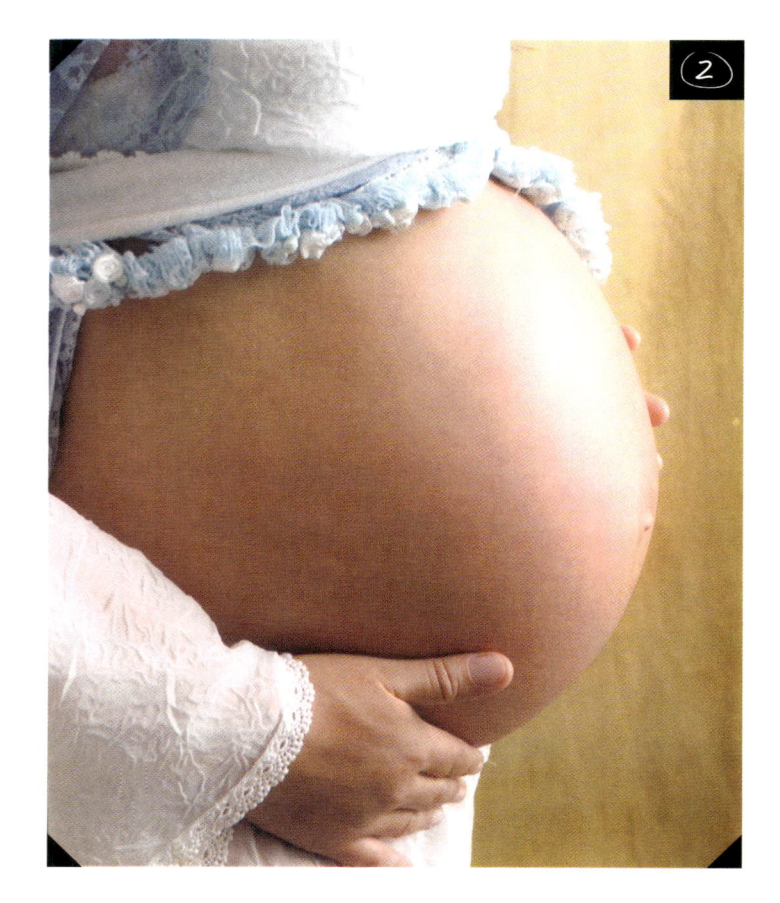

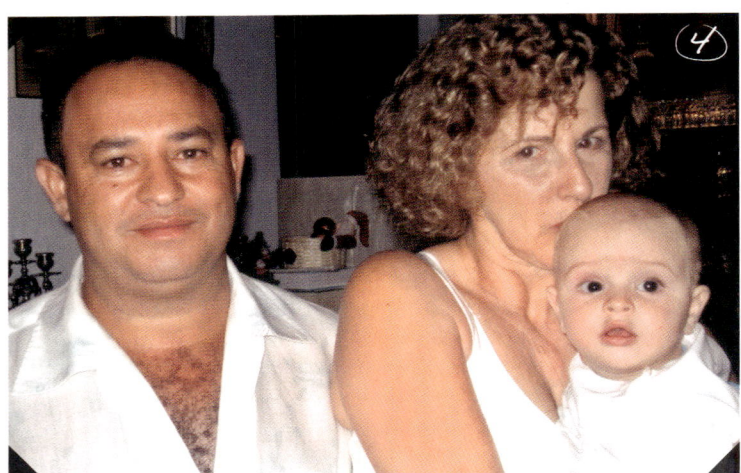

1 - Isadora Piccinini, sobrinha-neta, com Flaminio

2 - Patrícia e Ricardo com Flaminio

3 - Flaminio com Fernando Piccinini e Martha
   Mellinger Piccinini, padrinhos

4 - Nelson, Clélia e Flaminio

5 - Christiana, Rino e Flaminio com o amigo de
    infância e empresário Lair Antonio de Souza
    e sua esposa Maria

6 - A família Ferrari com Elizabeth e Stig-Ivan
    Dale, empresário da indústria farmacêutica

7 - Rino e Flaminio, janeiro de 2008

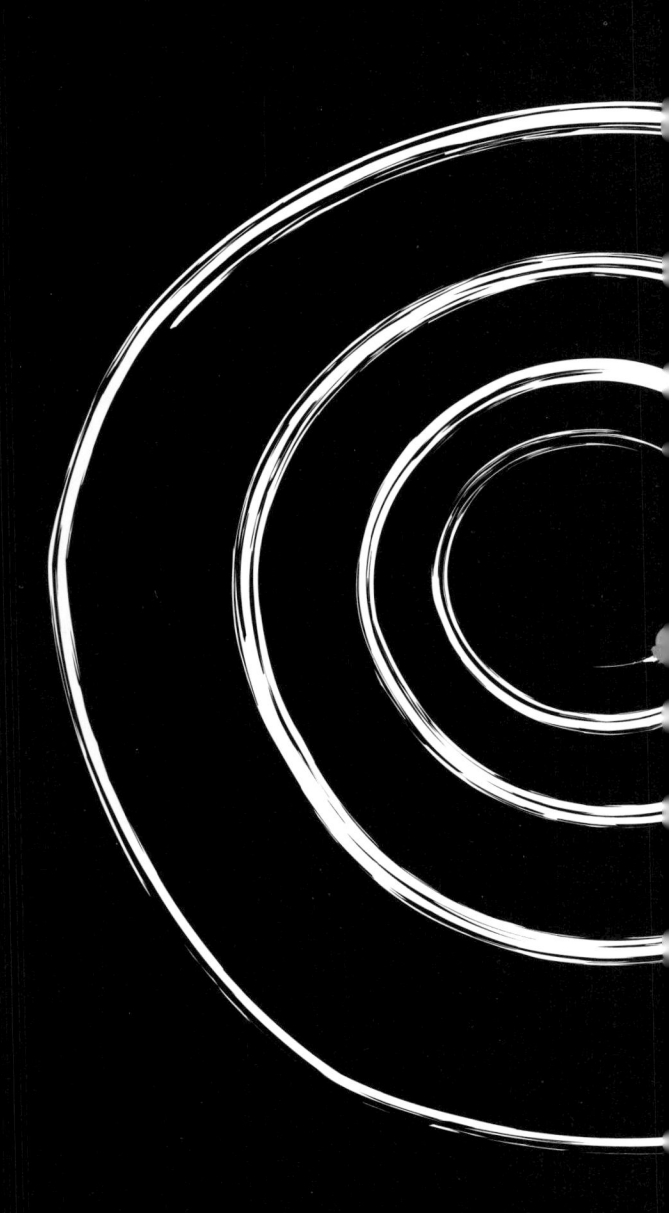

eles, com o Fernando, com minha irmã, com os amigos. Eu aprendi muito, aprendi a conviver melhor com todas as pessoas." Foi um processo, um aprendizado, um crescimento do casal no sentido da harmonia e do amor consolidado, confiável.

Para quem assistisse à situação de fora, vendo uma jovem casar-se com um senhor de 70 anos, tão bem-sucedido quanto Rino, chegaria facilmente à conclusão de que aquela mulher havia forçado um compromisso, movida por puro interesse. Entretanto, quem conhecia Chris estava consciente de que esse não era seu caso. Fernando, sempre tão sensível e muito próximo ao tio, seria o primeiro a levantar tal hipótese caso percebesse más intenções, mas nada encontrava nas atitudes da moça que a culpasse de um golpe do baú.

"Essa menina não é do mal e está bem-intencionada", pensava, enquanto observava Chris cuidar com tanto carinho de Rino. De fato, ela sempre tivera Fernando como um grande aliado. Ele os aconselhava a esquecerem as opiniões dos outros e a continuarem juntos. Via ali um amor que não sabia explicar. Muito espiritualizado, acredita ser simplesmente esse sentimento o que une o improvável casal, de modo tão forte que, provavelmente, tenha nascido de alguma história que compartilharam em outras vidas, algo cármico.

Assim, a família Ferrari acolheria Chris de uma vez por todas. Primeiramente como pessoa, como alguém que trazia alegria para aquele homem que todos admiravam. Porém, ainda assistiam ao desenrolar do namoro sem muita convicção de que seria algo duradouro. O maior temor que pairava sobre esse novo relacionamento de Rino era simplesmente se Chris seria capaz de fazê-lo feliz. Afinal, ele já sofrera decepções amorosas demais. Embora torcessem pelo melhor, os filhos, sobrinho, irmã, enfim os mais próximos, quase podiam pressentir que aquela história tão bonita poderia ser um conto de fadas com tempo certo para terminar.

Não foi uma fábula, mas sim uma história verdadeira, que continua até hoje. Clélia viu em Chris uma menina recatada e silenciosa em sua juventude. Longe de criticá-la, preocupou-se com o fato de uma menina tão nova entrar na história de vida de seu pai, já cheia de enredos antigos, problemas do passado. Assim, por esse cuidado, Chris ganhou indiretamente uma protetora. A partir do momento em que se deu conta de que a moça não estava ali com uma atitude imponente e deslumbrada, que não oferecia o mesmo nível de desavenças que já presenciara em outros relacionamentos do pai, Clélia atestou que, de fato, Chris tinha a intenção de apenas ficar ao lado de Rino. E que, para isso, estava disposta a digerir todo seu passado, uma assustadora carga de memórias de um homem que viveu 70 anos intensamente.

Com o apoio da família para esse relacionamento que se mostrava cada dia mais harmônico, a condição do casamento, imposta naquele feliz fim-de-semana em Águas de São Pedro, logo foi revogada por Chris, que pensou e até insistiu pela não-realização da união formal. E insistia nesse ponto porque não desejava que pensassem que estava "se casando com o dinheiro de Rino". Porém, agora era ele quem batia o pé, quem fazia questão: "Eu sou muito familiar, queria ela como minha esposa. Eu forcei o casamento. Não que ela não quisesse, mas preferia evitar comentários maldosos.". Rino já havia encontrado em sua vida muitas mulheres que se aproximavam dele simplesmente em razão de seu patrimônio. Agora, mais experiente, acreditava ser capaz de reconhecer a honestidade que via nos atos e nos olhos de Chris. Sabia, claro, que a cabeça de muita gente deveria estar repleta de dúvidas e temores, mas a cada dia essa jovem que tanto amava lhe dava provas de que estava ali por ele.

Mesmo morando na fazenda, Chris não esbanjava o dinheiro que tinha à disposição. Muito pelo contrário, ficava assustada quando Rino a presenteava com algo mais caro, mesmo quando ele insistia em dizer que gostaria que ela tivesse sempre o melhor. Dois dos enfartes que Rino sofreu aconteceram depois dos 70 anos. Portanto, quando já estava namorando Chris. Em ambas as ocasiões, ela o socorreu prontamente, levou-o para o hospital e tomou todas as precauções para que ele tivesse o melhor tratamento, o mais rapidamente possível. Ela, que jamais tivera interesse em guiar um automóvel, aprendeu a dirigir para estar pronta em caso de qualquer emergência.

Enfim, casaram-se em fevereiro de 2005. Uma vez que Rino estava na condição de divorciado, o casal não poderia ter uma cerimônia religiosa na Igreja Católica, um desejo de Chris. Assim, a união civil foi celebrada na capela da fazenda, seguida por magnífica festa, com a família reunida e os amigos. Como é natural nas pessoas, embora os que ali estivessem torcessem pela união, as opiniões divergiam: "Rino é maluco."; "Esse homem é um corajoso.".

Fernando, que sempre apostara naquele amor, sabia quanto aquela realização era importante para o tio. Em férias em Nova York, conseguiu uma passagem de volta para São Paulo na noite anterior ao casamento, após muitas ligações e muita insistência na companhia aérea. Faria uma surpresa ao tio. Só se deixou ver quando já estava na fila dos convidados que davam os parabéns aos noivos. Ao vê-lo, Rino demorou alguns segundos para reconhecer quem estava a sua frente: seu sobrinho, que deveria estar nos Estados Unidos, deixara suas férias para abraçá-lo, viver ao seu lado mais aquele importante momento. "Porra, o que você tá fazendo aqui?", foi o cumprimento de um Rino entre surpreso e feliz. Fernando não poderia deixar de assistir ao último casamento do tio.

Aos filhos, a notícia do casamento oficial do pai já os havia deixado impressionados, mas eles o conhecem bem demais. Questionar as suas ações sempre estivera fora de cogitação. Sabiam que, uma vez tomada a decisão, Rino era irredutível e persistia em suas vontades, mesmo contra as críticas. Tinham consciência de que ele fazia isso também pensando na posição de Chris e que ele proporcionaria, a ela e a si próprio, tudo o que fosse possível para tornar aquele momento feliz, inesquecível. Então, aproveitar a festa e dividir com ele esta nova felicidade que tomava conta do casal era só o que importava naquele momento. A amada de seu pai, portanto, foi aceita como a mais nova integrante da família. Alguém que estava ali para agregar amor. Após a bela cerimônia, o casal seguiu em viagem de lua-de-mel.

De volta à fazenda, Christiana, já acostumada com a vida de casada, assumia sua posição como esposa de Rino com mais tranqüilidade, agora sentindo estar em sua própria casa. Longe de ficar relegada à posição de sombra, que temera um dia, a vida de casada lhe trouxe nova responsabilidade – conviver com a família que existia antes de sua chegada. Aprender a minimizar os conflitos que aquela nova realidade poderia trazer. Esse era a única preocupação que ficara, porque Rino e ela, depois do casamento, surpreendiam-se a cada dia descobrindo novas formas de completar um ao outro.

Flaminio

O casamento de Rino e Chris continuava em ritmo de intensa felicidade. Porém, um antigo entrave à plenitude da relação dos dois ameaçava a felicidade de Chris. Ela queria ter filhos. Essa vontade era ainda mais aguçada pela presença de um bebê na casa. Uma das empregadas tivera um filho em dezembro do ano anterior, e ele estava morando ali na fazenda também, para ficar próximo da mãe enquanto ela trabalhava. A angústia tomava conta da moça recém-casada, quando lembrava que Rino não desejava, nem poderia lhe dar um filho. Ele havia feito vasectomia logo após o nascimento de Ricardo. Chris sabia disso quando se casou, mas, até aquele momento, vinha apenas contornando sua própria vontade em nome do bom relacionamento do casal. Engolia em silêncio o sofrimento causado pelo desejo sem esperança de ser mãe. Pensou em adotar uma criança. Rino sequer quis discutir a idéia. Ele, porém, via em seus olhos cada vez mais aquilo que já sabia em seu íntimo: Chris nascera para ser mãe, para ter uma família, alguém a quem estender seu grande sentimento de amor, de carinho e de cuidado. Rino ponderou que talvez tivesse um filho e jamais o visse crescer. Talvez nem mesmo fosse possível conceber esse filho, se analisasse a situação apenas do ponto de vista biológico.

Muito além disso, Chris tinha uma esperança. Lia muito sobre o assunto e descobriu que as técnicas de fertilização artificial vinham passando por grande evolução. Acreditava, sim, ser possível, se o marido mudasse de idéia. Para confirmar suas crenças, procurou um médico especializado no assunto, que lhe recomendou a fertilização in vitro. No começo, a idéia não foi levada muito a sério. Porém, a vontade de ser mãe reforçava a cada dia aquela sugestão. Por fim, Chris decidiu-se. A barreira que teria de transpor agora seria a resolução do próprio marido. Deveria convencê-lo, embora, em todas as vezes que tentara, ele se negara terminantemente.

Chris voltou à terapia, e assim tentava conformar-se com a felicidade que estava vivendo, mesmo que sem filhos. Apesar disso, tudo era eclipsado por aquele desejo imenso de ser mãe, e por mais que tentasse, não se sentia inteira, completa, não conseguia aproveitar tudo de bom que a vida estava lhe proporcionando naquele momento. Ouvindo sua história, a terapeuta a incentivou a conversar seriamente com Rino sobre o assunto e expor verdadeiramente sua vontade.

Apesar de estar preparada para ouvir um não, Chris magoou-se muito quando, mais uma vez, o marido recusou-se a tentar a inseminação artificial. Ainda assim não desistiu. Trabalhou a idéia e formulou bons argumentos para que Rino entendesse sua situação, para que visse quanto aquilo era importante. Tiveram uma segunda conversa e ele, finalmente, aceitou a tentativa. Imediatamente, Chris ligou para o médico, o doutor Paulo Serafini, uma das maiores autoridades em fertilização do Brasil. Por isso mesmo, a agenda do médico era um desafio a mais, já que ele passava metade de seu tempo aqui e a outra metade em seu consultório nos Estados Unidos. Só foi possível marcar a consulta para dali a um mês.

Durante a espera, Rino e Chris, agora definitivamente harmonizados e dispostos a enfrentar essa nova experiência em suas vidas, buscavam, apesar disso, ficar conformados caso a tentativa não trouxesse resultados. Tão entusiasmados que estavam, tinham medo da decepção que viria caso ouvissem do médico que era impossível para o casal ter um filho nessas condições.

No dia da consulta, em São Paulo, estavam tão nervosos que esqueceram todos os documentos em casa. Ricardo teve de ir correndo até a fazenda pegar os papéis, para que pudessem se apresentar à consulta. O médico os atendeu e, após uma breve conversa, deu aos dois a primeira notícia positiva, dizendo ser possível tentar a inseminação artificial. É claro que, certeza absoluta somente depois que Rino fizesse um exame para verificar a qualidade de seus espermatozóides e se, por sua idade, estariam qualificados ou não para gerar uma criança.

No seu íntimo, Rino não acreditava que daria certo. Foi à consulta apenas para colocar à prova a ilusão de Chris. Sendo sincero consigo, não tinha a menor crença na possibilidade de engravidá-la. Qual não foi sua surpresa quando chegou a resposta ao exame que havia feito: havia alcançado quase a nota máxima na classificação que determinava o grau de capacidade de reprodução dos espermatozóides. Estava em perfeitas condições. Abria-se um caminho para realizações de sonhos, para momentos de felicidades ainda tão impalpáveis que não eram sequer imaginados por nenhum dos dois.

Seria feita, então, a inseminação em Christiana. O médico explicou que a parte de Rino, a mais simples, já havia sido feita. Agora, o tratamento mais doloroso seria o dela, que teria de se submeter a diversas injeções de hormônios que seriam fundamentais para preparar o organismo para a concepção artificial. Com todos os exames prontos, o casal viajou à Europa, na tentativa de se distrair e esquecer a aflição dos preparativos que eram feitos em São Paulo.

Assim que voltaram ao Brasil, Chris recebeu o programa com as aplicações que deveria fazer. Quinze dias depois, estava grávida. Mais uma significativa demonstração de que nada é comum na vida de Rino, e de quem está próximo dele...

Ela conseguiu ficar grávida na primeira tentativa de um processo que, em geral, não costuma dar certo nem da primeira, nem da segunda – talvez, quem sabe, somente lá pela terceira ou quarta tentativa. "É uma coisa de Deus. Em nove meses me tornei pai de um menino lindo. E eu que sempre dizia que não adiantaria. No começo, eu aceitei apenas para agradá-la, para dar um filho a ela. E quem ganhou o filho fui eu, porque eu sou louco por ele. Ele é uma criança extraordinária." Por força do processo da geração in vitro, não houve aquele momento mágico em que toda mulher aguarda o sorriso do marido ao pronunciar as palavras "estou grávida". Ainda assim, não existe palavra que possa descrever adequadamente o dia em que souberam que o tratamento havia sido bem-sucedido. "Foi o dia mais feliz de nossas vidas", simplifica a nova mãe.

Essa realização, a princípio, não foi vista por todos da mesma forma. Rino Filho, ao receber a notícia que lhe foi dada pelo próprio pai, num primeiro momento achou uma loucura. Talvez porque fosse seu pai, talvez por uma regra da sociedade, que não comporta que um homem acima de 70 anos tenha um filho, que se torne responsável pela criação de um recém-nascido.

Ainda demoraria um pouco para absorver tudo. Naquele mesmo dia, tinha um encontro marcado com o vereador Roberto Tripoli, então presidente da Câmara Municipal de São Paulo e grande amigo seu. Ao contar a nova "invenção" do pai, recebeu como resposta algo que até aquele momento não havia considerado: "Isso é maravilhoso. Ele está feliz?". A reação do amigo abriu a visão de Rino Filho. Sob esta nova ótica, foi fácil admitir a verdade. O pai estava feliz. Relembrando, percebera mesmo uma sinceridade e uma pureza que há muito tempo não encontrava na sua voz e fisionomia. Deu-se conta de que Rino talvez estivesse, finalmente, satisfazendo aquela ânsia que nos faz buscar, a vida inteira, uma felicidade utópica.

Ele havia encontrado algo em que se apoiar para a alegria plena. Vivia um momento raro no mundo, que poucos conseguem alcançar. Aos 76 anos, Rino era um homem cheio de perspectivas positivas de sua vida, a qual pretendia alongar ao máximo. Um novo empreendimento, um novo casamento e, agora, uma criança que traria ainda mais vida àquele homem — seu patrimônio sentimental mais valioso.

Clélia, ao saber da novidade, também demonstrou a sua imensa surpresa. Não precisou de muito tempo, porém, para compreender a rara beleza do fato. Ao ver Christiana caminhando pela casa da fazenda, radiante, orgulhosa de sua barriga, lembrou-se de que as coisas não acontecem em nossas vidas só porque decidimos que assim será. Não se trata apenas de uma decisão nossa, de um caminho que, em tese, escolhemos.

Algo desconhecido e poderoso, bem acima de nós, é que dita o que deverá acontecer. Um filho não viria assim sem motivo. Existia uma vontade maior que havia mandado aquela criança pra cá, para o seio daquela família com uma história tão especial. Ela não deveria julgar nada. Mesmo assim, naquele momento, se comprometeu internamente a ser uma boa irmã, ajudar aquela criança a ser feliz e se estabelecer no ambiente tão pouco convencional que encontraria.

Para Esdras José Maciel, grande amigo de Rino e funcionário da agência desde a sua fundação, a notícia de que Rino seria pai mais uma vez não o surpreendeu. Com grande respeito por tudo que o amigo fez na vida, avaliou que, se Rino tomou essa decisão, foi com todo o direito. "Ele é assim, arrojado, acredita no que faz. Mais um ato de coragem. Isso prova a incansável vontade de uma pessoa diferenciada, como gosta de dizer, que tem força para começar tudo outra vez, sempre que quiser."

Os filhos esforçavam-se para entender aquela nova realidade, enquanto Rino e Chris aproveitavam cada momento da gravidez. O pai praticamente passava os dias "namorando" a barriga da mulher, e fazia o máximo para lhe dar todo o apoio que pudesse. Rino esperava a chegada de um menino. Queria mais alguém para dar continuidade ao nome Ferrari, para com os irmãos e a irmã assumir, no futuro, os negócios da família. Chris, inicialmente, queria uma menina, mas logo mudou de idéia quando ouviu que os filhos homens se apegam bem mais à mãe. Logo na primeira vez que viu a barriga, Fernando afirmou: "É um menino.". E, realmente, era. Mais uma grande alegria que chegava para o casal.

Depois de quase nove meses de intensa alegria, o parto acabou sendo antecipado. Aos 76 anos, Rino Ferrari foi pai novamente. O temor inicial de colocar um filho no mundo e, quem sabe, não poder viver a felicidade de vê-lo tornar-se um homem adulto jamais o abandonou. Porém, o que o fez decidir foi a conclusão de que estaria dando à sua mulher um filho seu. Claramente, um ato de amor. "Eu achei que tinha a obrigação de dar um filho a ela. Ela não poderia ser feliz sem isso. Não acreditava na possibilidade, mas no momento em que eu acreditei, eu embarquei na idéia." Esse era seu pensamento, mas transcendeu em significado no momento em que Flaminio deu seu primeiro grito para o mundo. Arrependimento? Nenhum. Apenas confiança no destino, paixão pela vida, aceitação de que simplesmente existir é algo muito maior do que imaginamos. E Rino agarrou-se a isso.

A capacidade de amar supera todos os obstáculos: "Quando Deus me chamar, eu vou feliz. Sei que Flaminio terá uma boa mãe para cuidar dele, um padrinho capaz de zelar por ele, irmãos que lhe ensinarão o que eu quis mostrar a todos." O nascimento do menino foi uma luz. Ao primeiro berro de Flaminio, Rino permitiu-se uma lágrima, emocionado. No quarto, ao menor sinal de choro, tirava o menino das mãos das enfermeiras e, em seus braços, Flaminio logo se acalmava.

"Ninguém sabe quanto valeu isso para mim. Ele sente a minha proteção. Ainda hoje, quando Chris não consegue fazê-lo parar de chorar, eu o agarro, aperto e ele pára na hora. Olha para mim candidamente, docemente. Ele tem um olhar muito expressivo, ele 'fala' comigo."

A família inteira reuniu-se no hospital para presenciar os primeiros dias da criança. O único que não pôde ir à maternidade foi Rino Filho, que passava o fim-de-semana em um hotel fora de São Paulo, onde seu telefone celular não funcionava. Quando conseguiu ligar o aparelho, começou a receber as ansiosas mensagens que os familiares haviam enviado, avisando do nascimento de seu irmão. Encontrou no berço uma criança linda, bem-humorada, que ganhou instantaneamente uma paixão muito mais forte do que qualquer desavisado ciúme.

O batizado de Flaminio aconteceu, como o casamento de seus pais, na capela da fazenda. Rino Filho lembra que foi um momento muito bonito. Um belo dia de sol, quando até o clima contribuiu para tornar a ocasião ainda mais especial. Os padrinhos, Fernando e sua esposa Martha, seguraram nos braços, orgulhosos, o garoto, que estava se tornando oficialmente, perante Deus e os homens, Flaminio Ferrari. "A chegada de Flaminio e o presente que foi para nós dois termos sidos escolhidos como padrinhos mostram a harmoniosa relação que há entre todos desta família", comenta Martha.

Rino Filho observa: "Foi muito bonito, porque eu acho que o sentimento era de uma realização para o meu pai.". Ele, mais tarde, comentou com o pai: "Eu vou cuidar desse garoto, mas é por puro interesse, porque daqui a 20 anos eu quero que ele cuide de mim.". E o pai respondeu, no mesmo clima de diversão: "Boa idéia, não tinha pensando nisso." A renovação da família Ferrari exposta em verdade, mas em tom leve, alegre, feliz para todos.

Flaminio, o neto do imigrante italiano, ainda um bebê, nasceu tão charmoso e conquistador como foi seu avô, de quem recebeu o nome, num gesto de carinho de Christiana — ela escolheu o nome do sogro, e Rino se sentiu honrado. Gostava do nome do pai, mas nunca sonharia em dá-lo a um filho, até porque não imaginava mais essa possibilidade. "Todos o adoram. Ele é dócil, é gostoso, é inteligente, sedutor, é disponível para ser amado", diz entre sorrisos o pai orgulhoso. E feliz, como nunca. Rino Ferrari deixou de ser um homem solitário. "Minha vida é muito saudável. Eu sou feliz, sou amado, amo, tenho tranqüilidade, luto, trabalho muito, mas com prazer imenso. Nunca me senti tão bem na vida."

Aquele medo de não ser um bom pai, que quase impediu Flaminio de vir ao mundo, tinha uma origem um tanto quanto abstrata, mas que ainda assim o perturbava. Lembrava-se de um amigo que também teve um filho, quando já em idade avançada, e que, infelizmente, sofria profunda rejeição do garoto, sabe-se lá o motivo. Aquela lembrança o atormentava. Rino agradece que não tenha sido assim com Ricardo, e está certo de que nem o será com Flaminio. "Ele me adora, é louco por mim. Então, acho que isso vale e pode até me dar uma longevidade acima do que seria esperado."

No momento em que esse livro é concluído, o filho de Rino Ferrari começa a dar seus primeiros passos e a balbuciar suas primeiras expressões sonoras. A criança, aos sorrisos, passa de um colo ao outro, cativando a todos que se reúnem para "assisti-lo", porque ele é um show para a Família Ferrari, seus parentes e amigos próximos.

Os pais acompanham, sensibilizados, o crescimento do tão esperado filho. Curioso, Flaminio demonstra interesse por tudo, quer se aproximar logo de todas as novidades, procurando saber o que significam as coisas ao seu redor. Absorve rapidamente tudo o que lhe é ensinado. "É uma loucura, no melhor sentido, viver isso intensamente como estou vivendo. É fantástico você acompanhar um filho assim. Acho que nenhum pai acompanha, porque não tem a condição que eu tenho hoje. Moro aqui, vivo aqui, trabalho aqui, faço o que eu quero do meu tempo. Então, é uma aventura maravilhosa", diz Rino, emocionado.

A família de Chris também está feliz. O pai, que nunca aceitou o namoro, mantém a pose de seriedade. Disfarça um pouco seu interesse, mas a verdade é que o neto desarma toda a sua frieza. Desde que Flaminio nasceu, ele passou a ir buscar, todos os dias, a esposa que também trabalha na fazenda, pois assim pode ficar ao menos uma hora brincando com o neto. Também a mãe de Chris cumpre o papel da perfeita avó. Trabalha na fazenda quase exclusivamente para ficar com o bebê. Assim, pode passar dias inteiros em sua companhia.

Para Chris, a maternidade também trouxe mudanças. A jovem, antes um pouco temperamental, embora sempre amorosa, hoje é tranqüila em todos os aspectos. Assumiu as responsabilidades com magnificência de mãe, esposa e dona do lar. Desdobra-se. Está inteira na vida que escolheu para si. Dos tempos da "vontade de ir ao barzinho", Chris só guardou o desejo de viajar com o marido e, agora, com o filho. E os dois programam as viagens que farão com o mais novo integrante da família Ferrari.

É natural que os filhos mais velhos sentissem ciúme de Flaminio, um novo rebento que chegou para desequilibrar uma equação já resolvida. Podem, sim, e com todo direito, ter sentido algo assim no início, ao saberem sobre a gravidez de Christiana. Hoje, não é mais assim. Rino Filho, Clélia, Ricardo e o sobrinho-filho Fernando são fãs incondicionais do irmão e primo. O relacionamento de Clélia com Chris – a incomum condição de madrasta mais jovem do que a enteada – é vivido como o de irmãs que muito se gostam, admiram-se mutuamente e trocam confidências. Irmãs que se adoram, trocam amor e palavras de carinho.

Rino não pensa se Flaminio será fazendeiro, publicitário, empreendedor no ramo imobiliário ou se escolherá outra profissão, quem sabe até a Medicina, na especialidade da psicanálise. Tem apenas a certeza de que, seja o que for, será uma pessoa competente, realizadora e líder. "Ele será um pólo de qualidade. Tenho fé, muita fé, pelo que ele mostra. Tenho fé nele, na Chris, na educação dele, no Fernando, no Rino Filho, na Clélia e no Ricardo. Enfim, todo mundo terá sua participação na educação dele." O pai deixa à disposição do filho todas as condições necessárias para que tenha a melhor educação, desenvolvendo suas qualidades ao máximo, mantendo a tradição de excelência da família. Porém, desde já, é notável uma forte característica em Flaminio: a capacidade de conquistar todos. "Sedutor. Esta é a palavra para definir o que acho que ele herdou de mim", orgulha-se o pai.

Chris tenta não pensar se e quando chegará o dia em que se verá sozinha na criação do filho. É uma angústia que acredita extremamente desnecessária. Tem certeza de que o marido vai conhecer o homem que o filho será, que irá participar de seu crescimento e presenteá-lo com toda a sabedoria que aprendeu na longa vida que ainda lhe promete muito tempo pela frente. Gosta de assistir ao entusiasmo do seu marido com tudo o que se desenrola ao seu redor, e não consegue imaginá-lo ausente.

Rino ainda é o espírito de tudo o que construiu, e está longe de deixar tudo isso para trás. Gosta de focar suas ações naquilo que está vivendo, em todas as realizações que estão por vir, e deixa para o futuro decidir como isso acontecerá. É um entardecer de vida que dá espaço ao amanhecer.

Quando relembra o passado, Rino sabe que, se nunca fora feliz com as mulheres, a culpa não pode e nem deve ser atribuída a elas — mais um ponto para a terapia. O problema, talvez, fosse o rancor nascido em tempos remotos, que estava ainda entranhado nele. Começara lá atrás, com a mágoa de uma mãe que não se preocupava com os filhos, que só pensava em trabalhar, em ganhar dinheiro. Rino prefere dizer, porém, que sua vida familiar não deu certo no começo por "incompetência" sua. Ou que, talvez, não fosse seu momento. "Eu tinha muitos problemas pessoais. Meu primeiro casamento foi maravilhoso. Minha mulher era linda, jovem, séria, de família. Não sei o que houve. Em algum momento não me sentia mais conquistado, apaixonado por ela. Houve uma falha no relacionamento, que eu, claro, culpo acima de tudo a mim. Tornei-me um desajustado no sentido social, emocional. Eu não me considerava ninguém, não tinha direito a nada. E vim encontrar essa felicidade toda agora". Sem arrependimentos, aprendeu que a vida é assim, uma exigência, um rito de passagem.

Christiana Tony Ferrari foi a responsável por resgatar um Rino até então escondido sob as diversas camadas de medo nas quais se protegera para passar pelas dificuldades da vida. Quando a conheceu, ele descobriu o que era amor de verdade. Das demais mulheres, até hoje, havia conhecido outros sentimentos que se disfarçavam em amor. O respeito, o carinho, a vaidade e, até mesmo, o interesse. Porém, Chris foi quem lhe mostrou o que é aquele sentimento indiscutível que nos une a outra pessoa, e não é preciso mais nada.

Para Rino, se hoje sua família é unida como nunca foi antes, isso se deve, em grande parte, ao poder de unir pessoas que tem sua mulher. Ela sabe conquistar naturalmente, com coração, pureza e honestidade, com transparência. Todos gostam dela. E quem acabou de solidificar essa união foi uma criança. O "fator" Flaminio teve o poder de aumentar as visitas de Myrian à fazenda, as visitas dos filhos, de toda a família, que se tornaram mais presentes. "Hoje, entendo que a Chris nasceu para ser mãe. Ela é mãe, esposa e dona de casa primorosa. Tem grande vitalidade."

Realmente, com a chegada do bebê, a vida na fazenda transformou-se. Uma nova condição de alegria instalou-se em cada canto do lugar. Com muita disposição, Rino acorda cedo com o filho, fica com ele boa parte do tempo brincando. "Isso eu não dei para os outros filhos, não dei para o meu sobrinho. Era outro mundo, outros tempos. Eu sofria muito, mas valeu." Ele sabe que o sofrimento na vida afetiva serviu para trazer maturidade e segurança. Para a surpresa de Chris, ele é um pai extremamente participativo, a ponto de revezar com ela os cuidados com o menino. Chega, muitas vezes, a se levantar de madrugada para acudir o filho que chora.

É uma paz de espírito que lhe permite estar sempre presente, disponível para as pessoas que ama – algo que nunca foi possível antes. A ansiedade acabou.

Agora consegue parar e ouvir as pessoas ao seu redor. Não se preocupa mais em ser aceito. Aquela sensação de não pertencer a lugar nenhum finalmente o abandonou. "Sou mais eu, finalmente. Por isso, a minha vida foi sempre trabalho. Trabalhando, eu era alguém." É claro que está mais maduro. Deixou para trás preocupações de um jovem que pretendia abraçar o mundo inteiro.

A solidão do menino sem lugar no mundo, reflexo de tudo o que aconteceu em sua vida, foi suprida pela harmonia de quem vive em um reino construído para si próprio, edificado com as pessoas que, agora tem certeza, o amam de verdade. Rino acredita em uma "pegadinha" divina. "Para mim só pode ser. Quando eu sonhava ter mais um filho? Então, isso é um milagre na minha vida. É a alegria de existir, é o êxtase de ser: o Flaminio, minha mulher, esse casamento e a família unida como nunca."

O amanhã que se faz hoje

Até os vinte e poucos anos, é normal pensar no "futuro". Fazer planos sobre a carreira, sobre casamento, filhos. Aos 20 anos, acreditamos que a vida segue uma receita matemática, cartesiana. E, sobretudo, infalível, incorruptível e imutável sobre tudo aquilo que estabelecemos. Porém, é inútil tentar explicar a um jovem com essa idade o que descobrimos uma ou duas décadas depois, aquilo que muitos dizem, mas que ninguém leva a sério: o futuro é o hoje, o futuro é o agora. E a vida nos surpreende, nos conduz, muda nossos sentimentos e pensamentos. E o que causa espanto é que descobrimos que, em grande parte das vezes, foi melhor assim.

Rino Ferrari nunca planejou sua vida, talvez nem mesmo aos vinte e poucos anos. Agiu pela intuição, deixou-se levar pelo impulso positivo. Venceu como empresário, teve filhos, construiu uma grande família, viveu paixões e um grande amor. Nunca antes, porém, se sentiu amado. Jamais em sua vida teve a oportunidade real de se integrar totalmente à família, em paz, com as pessoas que fazem parte de sua vida hoje e com aquelas que integraram um passado, mas que voltam para um futuro que acontece agora, hoje mesmo e promete ser para sempre.

Os casamentos quando se desfazem deixam a tristeza de um afastamento de famílias que se gostam. Assim foi com os parentes de Jane Ferrari, que sempre tiveram Rino em alta estima. Dona Bebé e todos os irmãos e irmãs sempre gostaram muito dele. Com a separação, num caminho natural, perderam o contato. O tempo passou, a reaproximação aconteceu. Hoje, da família da ex-esposa, apenas sua muito querida irmã Brisa, com 88 anos, está viva. Ela, que sempre tratou Jane como a uma filha, tinha no cunhado um grande amigo. A amizade voltou.

Na Fazenda Nova Sapé, onde vive hoje, Rino Ferrari organiza festas para as quais convida também os parentes. O primo Ivo Lucci garante que não perde uma ocasião e se surpreende com a personalidade carismática de Christiana. "Sei que foi a responsável pela união de toda a família, as ex-esposas e os filhos. E ele está feliz com o filhinho, que é uma coisa linda."

No último Natal, Jane e Brisa estiveram com ele na fazenda. "Nós somos amigos. Eu freqüento a casa dele, passo o Natal lá, fico três, quatro dias. E ele reclama se eu demoro para ir", diz Jane, com um sorriso de quem também sente que as tristezas foram superadas. A paz chegou também para ela. Marta Piccin, a mãe do Ricardo, igualmente, participou da festa na fazenda, no Natal de 2006, a convite de Christina e Rino, e esteve no batizado de Flaminio. "Foi muito gostoso. Hoje, Rino é um homem feliz. Acho que faltava alguma coisa." Mágoas superadas, perdões concedidos, esse relacionamento de amizade torna-se um fato, uma realidade. Marta sabe que isso será fundamental para Ricardo, até para reforçar o relacionamento com seus irmãos.

Quando moço, ao contrário da maioria dos jovens de hoje, Rino divertia-se com os amigos, que faziam planos e mais planos para o futuro. Agora, permite-se o prazer de sonhar com o futuro, mas não se preocupa se as metas serão ou não realizadas. Ele sempre recebeu conselhos dos amigos, mas, moleque teimoso, no clamor da juventude, acabava fazendo o que bem entendia. "Os conselhos que eu recebia eram muito justos, mas eu só me dei conta depois. Se eu os ouvisse, não teria acontecido tanta burrada. Só que ainda acho engraçado esse negócio de pensar no futuro. Lembro muito bem da palhaçada que fazia com os amigos que agiam assim, e agora eu estou na condição deles." Porém, os seus planos e os seus sonhos de "futuro" são imediatos. Estão aqui e agora.

Por si, sente que esse "planejar" é algo muito tranqüilo. Em suas conversas com Deus, agradece o momento de felicidade que vive agora. Pensa em quem lhe é caro e traça os planos para deixá-los com toda a segurança e conforto. Na verdade, uma mensagem por escrito sobre aquilo que considera justo e correto, para o bem de todos. "Eu quero fazer o máximo possível para harmonizar interesses daqueles que amo."

Com a aproximação da família, Rino também volta suas atenções para o lar, a casa da fazenda onde vive. Preocupa-se com a decoração, móveis, objetos que representam não o profissional bem-sucedido, mas que sejam símbolos de um momento de novos valores pessoais. Vontade de renovar! "O que pretendo é curtir mais a minha família, a casa, viajar", diz, especialmente motivado por "apresentar os lugares que conhece à esposa", mas sempre ao lado de Flaminio. "Sem ele, não vamos. E ele é ótimo, não estranha nada. É uma criança fabulosa. Acho que nasceu para viajar mesmo." Seus projetos são simples.

Aposentadoria é uma palavra que não existe no vocabulário de Rino Ferrari. No ramo imobiliário, porém, faz apenas o necessário para concretizar aquilo que estabeleceu como a melhor solução. Ele sabe que a Rino Imóveis é uma empresa idônea, com 30 anos, que tem excelente conceito no mercado. Caso seus planos se realizem, os negócios terão autonomia talvez em 5 ou 10 anos. O mercado e a empresa lhe darão essa resposta.

Rino está muito mais atento ao crescimento da fazenda. Sai todos os dias para percorrer a propriedade e fiscalizar obras, a chegada de novos rebanhos e as operações do escritório. Envolve-se com as atividades diariamente, trabalha com afinco. "Tenho uma ótima equipe de obras permanente. Os projetos aqui são muitos." E Rino vai simplesmente fazendo, fazendo, fazendo, como sempre aconteceu em sua vida.

Clélia enxerga em si também o dom da intuição, parecida com a do pai, mas é para outras áreas, como a psicologia, sua profissão. No irmão mais velho, ela percebe o carisma de um diplomata, aquele sujeito que é conciliador, que consegue administrar com grande competência. Sobre Ricardo, ela opina que ele vem se empenhando em seguir os caminhos do pai, e torce muito por ele.

Talvez a soma desses talentos e, principalmente, do objetivo que sem dúvida os três têm em comum, de tornar perene e ainda mais profícuo cada um dos negócios do pai, o caminho seja mesmo a união, incluindo, no futuro, o hoje pequeno Flaminio. Ela sabe ser essa integração a melhor alternativa para que todos tenham mais força. "Eu tenho uma afinidade enorme com Flaminio, que começou quando ele ainda estava na barriga da mãe. Ganhei uma grande consciência de família." Sobre Chris, Clélia espanta-se com a sua maturidade. "Não parece que ela é jovem, mas sim que já foi mãe 500 vezes. Ela é muito tranqüila e tem boa cabeça."

Clélia sabe que fará de tudo para superar qualquer dificuldade que venha a surgir daqui para frente. "Gostaria muito de levar adiante o que o papai fez, porque são os sonhos dele também. Estou gostando muito de trabalhar na fazenda. Então, quero poder melhorar e crescer nesse sentido, assumindo mais responsabilidades."

Ricardo também começou a se envolver com a criação de suínos, tendo iniciado as operações do Frigorino, na distribuição de carne. Ainda que tenha participação nessa nova empresa, ele prefere mesmo continuar com a compra e venda de gado, que, embora tome muito de seu tempo, é um trabalho que lhe dá prazer em realizar. Viaja, conhece novos lugares e pessoas diferentes. Porém, ele sente falta da fazenda quando está longe. Deseja, sobretudo, ter mais tempo para conviver com o pai e aprender ainda mais com ele.

Fernando sabe que o tio mudou muito depois do último casamento, especialmente com o nascimento de Flaminio. Seu coração está mais humanizado, mais aberto. Rino, que sempre teve a tendência a ser centralizador e autoritário, passou a ouvir opiniões e as pessoas, ganhando flexibilidade. "A Chris, a maturidade, o amor! Ele se abriu para o mundo e se encontrou aqui na fazenda. Aos 70 anos de idade, ele começou um novo negócio do zero e o fez transformar-se no que é hoje, uma das cinco maiores fazendas do Estado em confinamento de gado." Fernando comenta que o tio tem o "toque de Midas", o rei mitológico que transformava em ouro tudo aquilo em que tocava. "E, agora, ele tem consciência disso." Avalia que o tio absorveu tudo de bom e tudo de ruim que aconteceu em sua vida. Hoje, magnanimamente, ele está entregando de volta o que recebeu, de maneira muito bonita.

Rino Filho, que também sempre se interessou pela atividade de agronegócios, visita a fazenda ao menos uma vez por mês. Não o faz mais vezes porque a agência exige muito de seu tempo – exatamente como foi com seu pai. Quando Rino reclama de sua ausência, ele brinca: "Ah, ele fala isso porque agora me largou com a agência e fica curtindo a fazenda." Rino Filho mantém na fazenda uma paixão que tem desde pequeno, os cavalos. Logo após a compra da Nova Sapé, ele levou para lá dois cavalos, cultivando ali um ideal de vida de sossego, no qual possa sentir-se bem, fora do estresse da vida corrida que leva em São Paulo.

Quando pára e pensa nos dias que se seguem, Rino não planeja detalhes para o futuro de seu filho mais novo. "Ele vai estudar aqui, talvez até mesmo o curso superior. Prefiro assim, distante das fantasias, tentações e vícios da cidade grande. Quem vai administrar é o padrinho e a mãe dele." O que Rino teme é apenas que Flaminio não possa encontrar o País com que todos os brasileiros sonham daqui a alguns anos. "Eu acho que o futuro dele será até melhor se o Brasil tiver um futuro melhor."

Rino assusta-se com a violência crescente e a passividade dos políticos, mas acredita nas novas gerações que virão. Daqui a 10 anos, talvez tenham melhores perspectivas, a partir da nova consciência crítica que se forma na sociedade ante a intolerância e a impunidade. Ele tem esperança de que essa mesma sociedade, com disposição para criar outra realidade, melhor e mais justa, que combata as diferenças sociais, poderá conduzir a Nação a um caminho de desenvolvimento, geração de renda e menos violência.

Após superar vários enfartes, quatro cateterismos e duas angioplastias, Rino também cuida de sua própria saúde, tomando todos os cuidados que qualquer pessoa deve ter, seja mais ou menos jovem. Alimentação saudável, exercícios com personal trainer, ioga, caminhadas, fisioterapia e visitas regulares ao médico. O essencial, porém, é a tranqüilidade: "Tenho uma paz de espírito que nunca tive, e acho que é o mais importante." Ele vive cada dia intensamente, preparando as empresas para o futuro. Também acredita que Flaminio não seja apenas mais um bebê no mundo. "O menino tem uma luz especial!" Fernando sabe de sua responsabilidade ao se tornar padrinho do garoto, mas ressalva: "Olho para o Rino e enxergo esse cara chegando aos 100 anos e vendo o filho ir para a faculdade. Acredito que não terei de cuidar de todo esse legado relativo ao Flaminio que ele quer que eu assuma, porque o próprio Rino irá cuidar."

Fernando comenta que, com o nascimento de Flaminio, Rino percebeu que estava ganhando não apenas um filho, e sim uma família mais harmonizada em torno dele. "A Chris é uma grande mãe, uma grande esposa, uma grande mulher. Ela tem um imenso mérito no meio dessa história toda. Ela é a pessoa que chegou para celebrar esse momento mágico na vida dele." Fernando pára e observa os núcleos atuais da família, que superou problemas, dificuldades e distâncias, com as diferenças de cada um. Cada núcleo consegue, em torno de Rino, Chris e Flaminio, chegar ao equilíbrio.

Epílogo

Estamos na sala de jantar da fazenda Nova Sapé. Em torno da mesa, estão reunidas muitas pessoas, num ambiente harmônico como não se imagina que possa existir. É possível pensar que é uma cena da telenovela no horário nobre, que não é real, mas existe sim. É a mesa da sala de jantar da Família Ferrari. Reúnem-se para mais uma ceia. Não é uma ocasião qualquer. Rino anunciou que, naquela noite, gostaria que todos estivessem juntos, pois ele iria dar mais detalhes sobre as festas de comemoração dos 10 anos da fazenda. Estão todos ansiosos, silenciosos. Se pudéssemos imaginar o que se passa na mente de cada uma dessas pessoas, não seriam pensamentos muito diferentes.

A noiva de Ricardo, Patrícia Altarugio, formada em Administração de Empresas, funcionária da Agroceres, em Rio Claro, está ali sempre, desde o início do relacionamento, há três anos. Superou o medo que teve de conhecer toda a família, especialmente porque, desde o começo, foi muito bem recebida. Também se encantou com o futuro sogro à primeira vista. Ao seu lado, Ricardo está sorrindo. Teve um exemplo de vida com o pai. Sabe que ainda irá ter algumas discussões com o "velho teimoso" e, apesar de ser um jovem cheio de sonhos, tem absoluta certeza de que quer ficar cada vez mais próximo de Rino.

Martha Mellinger Piccinini, casada há 12 anos com Fernando, sabe que tem a personalidade tão forte quando a de Rino Ferrari, pessoas que cuidam de proteger seus respectivos territórios, mas o caminho dos dois foi tranqüilo. "Eu amo o Fernando e o tio o ama como a um filho. Amor junta, cola, une. Aí fica tudo fácil." Em sua opinião, a família Ferrari é um grande núcleo que se adora, que respeita os limites e as características de cada um.

Gilberto de Santis segura a mão de Myrian entre as suas e sente-se contente. Lembra que foi graças ao cunhado que conheceu a esposa, uma união feliz de 25 anos. Foi imediatamente aceito por Rino e por Fernando, seu enteado. Ficaram amigos de imediato. Admira demais o cunhado, que vê como um empreendedor, que está sempre na contramão das tendências. Ele não espera, vai e faz. "Ele é como uma locomotiva que fabrica a própria energia. É como se tivesse um dínamo e, conforme anda, recarrega as próprias baterias."

Myrian aperta os dedos entre suas mãos, parece ler os pensamentos do marido. Sente-se feliz ao lado do homem que ama, do irmão que representa tudo para ela, do filho que se tornou um homem tão especial e adorável e, principalmente, os sobrinhos, a quem agora, finalmente, pode entregar todo seu amor de tia.

Esdras, funcionário há tantos e tantos anos, está feliz. Sente-se, com todo o direito, como se fosse da família. Rino foi padrinho de seu casamento com Sônia. Ele e a esposa são padrinhos de Ricardo. Também foram padrinhos de Rino Filho, em sua primeira união e, depois, testemunhas em seu casamento com Alina. Os casais tratam-se alegremente como compadre e comadre. Ao seu lado, a esposa Sônia aproveita o momento para lembrar do dia em que viu Rino pela primeira vez. Vestida de noiva, em seu casamento, ele no altar, como seu padrinho. Desde então, o amigo, praticamente um segundo pai para seu marido, fez parte de muitos momentos de suas vidas. Sentada ali, junto à família Ferrari, ela pensa: "Hoje, depois de um longo percurso, posso celebrar esforços e realizações e preservar e valorizar o vínculo profundo que nos liga. Foram tantas coisas, momentos fotografados pelas lentes da emoção, que estão muito bem guardados num baú chamado coração.".

Kobayashi também é um dos convidados da noite. Sente-se grato, porque teve a oportunidade de conviver tanto tempo com Rino e, agora, está junto de sua família, tomando parte desse importante momento. Ele pensa: "Mais do que patrão, ele é o grande 'paizão' nosso. Acho que ele me deu mais educação do que meu próprio pai, na trajetória da vida e na construção de minha carreira.".

Alina Correa Ferrari, esposa de Rino Filho, tem muitas coisas em comum com o sogro. Arquiteta por formação e profissional de marketing e finanças, teve a oportunidade de conhecer Rino Ferrari e seu filho na mesma ocasião. Ela ficou encantada com os dois. Não demorou a que começasse a namorar Rino Filho e casar com ele. Isso foi há pouco mais de 10 anos. Além de admirar a personalidade de grande energia do sogro, Alina tem com Rino Ferrari um grande entrosamento, porque ele tem um olhar para a solução de problemas que só os arquitetos e engenheiros costumam ter. Alina acabou desenvolvendo vários projetos para a fazenda de São Carlos, grande parte deles inspirados por Rino. Para a nora, ele é uma pessoa extremamente contemporânea, que agrega valor em tudo o que faz. É atualizado e pertinente com seu tempo. "Ele está sempre olhando para frente, vivendo na maior energia".

Nelson Pereira dos Santos enxerga o pai de sua esposa Clélia como se fosse o seu próprio. Dele recebe apoio, força, orientação, respeito e carinho. Ele ainda se lembra da primeira vez que esteve à volta dessa mesa, exatamente como agora, com a família toda reunida. Um momento mágico, que ele tomou para si como "presente de Deus". Sente-se satisfeito por Rino admirar seu trabalho como empreiteiro "Eu aprendi e estou aprendendo muito com ele." Ao lado de Alina e Nelson, Rino Filho e Clélia estão sorrindo, esperando a chegada do pai. Onde terá se metido o "velho" Ferrari? Na certa, está cuidando de Chris e Flaminio, que ainda não se sentaram para jantar.

Não distante daquela mesa, Rino Ferrari está também ansioso. Chris foi até o salão de jogos cuidar dos últimos preparativos para a reunião da família, que será realizada ali, logo após o jantar. Está ao lado de um inquieto Flaminio, que insistiu em acompanhar a mãe.

Rino sorri, pensando no momento em que irá anunciar a todos os familiares e amigos tudo o que pretende fazer na festa de aniversário da fazenda, marcada para dali a um mês. As obras estão prontas, a fazenda está nos "eixos", a agência continua sendo um sucesso, e tudo vai bem.

Então, é mesmo hora de comemorar, como sempre gostou. Ele aguarda na porta da cozinha e olha mais uma vez para o caminho de pedras que conduz ao salão. Chris vem subindo. Ao seu lado, o pequeno Flaminio pára um instante para brincar com Coquinho, o poodle da família, verdadeiro cão de guarda da casa, apesar de seu pequeno tamanho. A mãe do menino abaixa-se ao seu lado, sorri, diz algo para o filho e, juntos, retomam o caminho. Rino observa e, mais uma vez, se encanta com a beleza de sua esposa. Emociona-se ao olhar para o filho. Dá dois passos em direção àquelas preciosas pessoas de sua vida, abraça a esposa e ergue Flaminio em um dos braços. E, juntos, entram na casa, para se somar aos demais, em volta da grande mesa dos Ferrari.

Fernando é o primeiro a avistar os três chegando. Personagem importante dessa história – por estar nela e fora dela por tantos anos –, ele pensa: "Milhares de vidas giram em torno desse cara, e esse movimento é harmônico. Hoje, ele é equalizado, o equilíbrio reina. Hoje, não tem chuva de asteróide, não explode uma supernova, não tem terremoto, não tem tsunami. Chove, faz sol, a chuva irriga. Faz calor, tem seca para fazer aquela plantinha crescer. Não tem tragédia.".

Rino Ferrari, de vez em quando, ainda sonha que está sendo demitido da Publicidade Sem Rival, mas já não acorda assustado como antigamente. Descobriu, afinal, que ser gente não é apenas trabalhar, trabalhar, trabalhar...

Superou, também, o sofrimento dos tempos da carvoaria, da entrega de pão na assustadora e fria madrugada paulistana, de quando foi obrigado a se passar pelo irmão morto, do office boy lutando pela vida, do menino solitário e discriminado até pelos vizinhos do cortiço em que foi criado.

Superou as dificuldades com ele mesmo, com os pais, com as mulheres, com os parentes e com as pessoas. Sabe quem foi, quem é e quem será. É um homem realizado, pelo menos por enquanto...

Agradecimentos

Sem os depoimentos do biografado, de seus parentes e amigos, teria sido impossível escrever este livro. Foram horas, dias, semanas e meses de muito trabalho, pesquisando, entrevistando, gravando, filmando, transcrevendo e redigindo. É verdade que, na grande maioria das vezes, com muito prazer. Notadamente, nos dias passados na Fazenda Nova Sapé, em São Carlos, Estado de São Paulo.

Ao Rino e a todos os demais aqui mencionados, em especial a Fernando Piccinini Jr. – que me acompanhou durante a realização de todo o projeto e foi fundamental na sua realização –, o meu muito obrigado.

Um justo agradecimento também à equipe da RV & A - Oficina de Comunicação, que trabalhou comigo neste projeto, com destaque para os jornalistas Ada Caperuto e Marco Antonio Eid.

Por fim, um carinhoso agradecimento à Márcia, minha mulher; ao Felipe e ao Miguel, meus filhos; e à Juliana e ao Lucas, meus netos, que souberam entender a minha ausência durante o trabalho nesta obra.

Ricardo Viveiros

DEPOENTES

Familiares (por ordem alfabética):

Alina Ferrari, Clélia Ferrari, Christiana Tony Ferrari, Fernando Piccinini Jr., Ivo Lucci, Ivo Prupere, José Gilberto de Santis, Marina Franceschi, Martha Mellinger, Myrian Ferrari, Nelson Pereira dos Santos, Olga Prupere, Patrícia Altarugio, Ricardo Ferrari e Rino Ferrari Filho.

Amigos (por ordem alfabética):

Alberto Quartim de Moraes, Alfredinho de Carvalho, Alfredo Renato F. Decke, Alida Fleury Bellandi, Álvaro de Moya, Armando Ferrentini, Arnaldo Madeira, Bachir Haidar Jorge, Carlos Miguel Aidar, Chico Paes de Barros, Demerval da Fonseca Nevoeiro Jr., Deolinda Simões de Alvarenga, Douglas Ribas, Edson Di Fonzo, Élvio Mencarini, Esdras José Maciel, France Pingeot, Fulvio Stefanini, Gary Burandt, Gunter W. Pollack, Henri Robin, Humberto Alves Mendes, Ioshiaki Kobayashi, Ivan Nicolas Dannias, Janete Cavalcanti, Jô Soares, João Dória Jr., José Aldo Demarchi, José Carlos de Salles Neto, Juarez Daque, Lair Antonio de Souza, Luiz Gonzaga Bertelli, Luiz Whately Thompson, Marilyn Bockman, Marta Piccin, Mauro Mendonça, Milton Penha Ribeiro, Newton Lima, Norval Stephens, Odil de Sá, Odinei Edson, Orlando Marques, Paulo Gomes de Oliveira Filho, Paulo Lemos, Renato Pires, Ricardo Riedel, Ruben Goulart de Andrade, Rubens Damato, Samir Razuk, Sonia Pellegrini Paes Maciel, Stig-Ivan Dale e Umberto Spadoni.

FICHA TÉCNICA

Projeto Editorial
RV & ASSOCIADOS – OFICINA DE COMUNICAÇÃO

Coordenação
ADA CAPERUTO

Pesquisas / Entrevistas
ADA CAPERUTO
MARÍLIA RAMIRES
TAINÃ GÓIS
TAINÁ IANONE

Entrevista do biografado
RICARDO VIVEIROS

Texto básico
ADA CAPERUTO
TAINÃ GÓIS

Edição
ADA CAPERUTO
MARCO ANTONIO EID
RICARDO VIVEIROS

Texto final
RICARDO VIVEIROS

Revisão
MARCO ANTONIO EID
RINO PUBLICIDADE: ROBERTO VALDERRAMOS

Assistente de Produção
ADRIANA ALMEIDA
RINO PUBLICIDADE: ALINE CHAMMA

Projeto gráfico / Diagramação / Direção de Arte
RINO PUBLICIDADE: FABRÍCIO PILOTO

Finalização
RINO PUBLICIDADE: KALINE ZENARO

Edição de imagens
RINO PUBLICIDADE: FERNANDO PICCININI JR.

As fotos pertencem aos acervos familiar e profissional do biografado, e são de autoria desconhecida.

Formato: 20,5 x 26 cm

Mancha: 15,8 x 21,5 cm

Número de páginas: 224

Papel: Chamois 70 g/m² (textos) - Couché fosco 90 g/m² (fotos)

Tipologia: Garamond - 14 pt

Impressão: Gráfica Prol

Tiragem: 2200

Primeira edição: 2008

Dados Internacionais de Catalogação na Publicação (CIP)
(Câmara Brasileira do Livro, SP, Brasil)

Viveiros, Ricardo
O filho da Dona Anna : a vida de Rino Ferrari,
um construtor de sonhos / Ricardo Viveiros. --
São Paulo : Cultrix, 2008.

ISBN 978-85-316-1004-2

1. Ferrari, Rino 2. Publicidade - Brasil
3. Publicitários - Brasil 4. Reminiscências
I. Título.

08-00712   CDD-659.1092

Índices para catálogo sistemático:

1. Publicitários : Biografia e obra   659.1092